퓨처프루프

퓨처프루프
Futureproof

케빈 루스 지음

김미정 옮김

당신의 미래를 보장해줄 9가지 법칙

쌤앤파커스

목차

Part 1. 주도할 것인가, 밀려날 것인가?

당신의 미래를
보장해주는 것

최근 샌프란시스코에서 열린 파티에 갔는데 한 남자가 다가오더니 자기를 작은 인공지능(Artificial Intelligence) 스타트업의 창업자라고 소개했다.

그는 내가 〈뉴욕 타임스〉의 기술 전문 기자라는 얘기를 듣자마자 본격적으로 회사 소개에 들어갔다. 그의 회사는 '심층 강화 학습(deep reinforcement learning)'이라는 인공지능 신기술을 활용해 제조업 부문에서 혁신을 꾀하고 있다고 했다.

그는 현대 공장들이 요일별로 어떤 기계가 무엇을 생산할지 계산하는 이른바 '생산 계획'이라는 복잡한 기술로 고군분투하고 있다고 설명했다. 그의 말에 따르면 오늘날 대다수 공장은 이를테면 화요일에는 플라스틱 성형 기계로 X맨 피겨를 만들고 목요일에는 TV 리

모컨을 만드는 계획을 결정하려고 인간을 고용해 엄청난 양의 데이터와 고객 주문을 확인하고 있다. 지루하지만 지금의 자본주의를 작동시키는 데 꼭 필요한 일이기에 많은 기업이 조금이나마 이를 개선하려고 해마다 수십억 달러를 쏟아붓는다.

그 창업자는 자사의 인공지능이 모든 공장의 가상 시뮬레이션을 수백 번, 수백만 번 돌려서라도 가장 효율적이고 정확한 제품 생산 프로세스를 도출한다고 설명했다. 그는 이 인공지능이 생산 계획을 담당하는 인간을 전부 대체하고 그들이 의존했던 낡은 소프트웨어도 거의 다 갈아치울 수 있다고 했다.

"우리는 이 인공지능을 부머 리무버 Boomer Remover 라고 부릅니다." 그가 말했다.

"부머… 리무버…라고요?" 내가 물었다.

"네. 공식 명칭은 아닌데요. 우리 회사를 찾는 의뢰인들의 사업장을 보면 더는 필요치 않은 인력인데도 여전히 과한 급여를 받는 오래된 중간 관리자가 너무 많더군요. 우리 플랫폼으로 그런 사람들을 갈아치울 수 있습니다."

술을 몇 잔 걸친 듯한 그는 이제 의뢰인 이야기로 넘어갔다. 한 의뢰인은 수년간 특정 생산 관리자의 자리를 없애려고 기회를 엿보고 있었으나 그 일을 완전히 자동화할 방법을 알아내지 못하고 있었다. 그러던 중 이 스타트업의 소프트웨어를 도입한 뒤로 업무 효율이 그대로 유지되자 며칠 만에 그 관리자의 자리를 없앨 수 있었다.

나는 흠칫 놀라 그 직원은 어떻게 되었냐고 물었다. 다른 부서로 재배치되었을까? 아무런 절차도 없이 해고되었을까? 상사가 자기 일을 로봇으로 대체하려 했다는 사실을 알기는 했을까?

그 창업자는 껄껄 웃었다.

"그야 제 알 바 아니죠." 그는 이렇게 말하고는 또 한잔 마시려고 칵테일 라운지로 향했다.

실리콘밸리 창업자들이 간과한 3가지

나는 어렸을 때부터 기술을 사랑했다. 시간 날 때마다 웹사이트 구축에 몰두했고 새 컴퓨터 부품이 나오면 부푼 마음으로 용돈을 모으기도 했다. 여러 해 동안 컴퓨터가 일자리를 파괴한다느니, 사회의 안정을 깨뜨린다느니, 우리를 절망스러운 미래로 끌고 간다느니 하는 소리를 들으면 콧방귀를 뀌었다. 특히 언젠가는 인공지능이 인간을 쓸모없게 만들 것이라고 예견하는 사람들의 말을 쉽게 무시했다. 닌텐도 게임이 우리 뇌를 망가뜨릴 것이라고 경고하며 기술 앞에 벌벌 떨던 사람들도 있지 않았는가? 그런 두려움은 늘 과했다고 판명되지 않았나?

몇 년 전 〈뉴욕 타임스〉 기술 칼럼니스트로 처음 일을 시작했을 때 들었던 대다수 인공지능 이야기도 나의 낙관적 견해와 닮아 있었다. 내가 만난 실리콘밸리의 스타트업 창업자들과 엔지니어들은 딥러닝 같은 분야가 거듭 발전한 덕에 더 나은 세상을 만드는 온갖 제품을 설계할 수 있었다고 입을 모았다. 그들은 농부의 수확량을 늘려준 알고리즘, 병원의 효율적 운영을 돕는 소프트웨어, 낮잠을 자거나 넷플릭스를 보는 동안 목적지에 데려다주는 자율 주행차를 내게 보여주었다.

당시는 한창 인공지능에 대한 기대가 정점에 달해 도취감에 빠져 있을 때였다. 구글과 페이스북, 애플, 아마존, 마이크로소프트 등 미국의 대형 기술 기업, 이른바 빅테크^{big tech} 기업들이 너나 할 것 없이 인공지능 신제품을 개발하고 최대한 자사 응용프로그램에 기계학습^{machine learning} 알고리즘을 끼워 넣으려고 수십억 달러를 쏟아붓던 시절이었다. 기업들은 인공지능 연구팀에 백지수표를 써주었고 눈이 휘둥그레질 정도로 좋은 조건을 제시하며 일류 대학 컴퓨터 과학부의 교수와 졸업생을 영입했다(한 교수는 내게 조심스럽게 말하길, 한 기술 기업에서는 그의 동료에게 금요일에만 일하는 조건으로 연봉 100만 달러를 제안했다고 했다). 스타트업들은 팟캐스트 진행부터 피자 배달까지 모든 곳에서 인공지능 혁명을 이루겠다고 호언장담하며 투자금을 쓸어 모으고 있었다. 적어도 내가 만난 취재원들은 의심할 여지 없이 인공지능에 기반을 둔 도구들이 사회에 유익하리라 믿고 있었다.

하지만 최근 몇 년간 인공지능과 자동화◆와 관련해 심층 취재를 하면서 이러한 낙관론을 다시 생각하게 한 3가지 계기가 있었다.

◆ 이 책에서 '인공지능과 자동화'는 과거 인간이 했던 업무를 실행하는 다양한 디지털 프로세스를 통칭하는 말로 사용된다. 대개 컴퓨터 과학자들은 기계 학습 등의 기술을 활용해 기계가 스스로 적응하고 학습하도록 프로그램하는 자동화의 하위 분야를 가리켜 '인공지능'이라고 말한다. 따라서 이 분야에 정통한 사람들은 누군가 그저 규칙을 따르는 정적인 알고리즘을 가리켜 '인공지능'이라고 말하면 매우 언짢아한다. 하지만 독자에게 이런 구분은 큰 의미가 없다. 이에 나는 최대한 오류를 피하고자 가능한 한 인공지능과 자동화를 함께 사용할 것이다. 같은 의미에서 '로봇'이라는 단어 사용도 최대한 자제할 것이다. 로봇 역시 공상 과학 영화로 이미지가 왜곡된 데다 드로이드에서부터 식기세척기까지 온갖 것을 묘사하는 데 사용되는 까닭에 많은 공학자가 꺼리는 단어가 되었다.

첫째, 기술 변화의 역사를 되짚어보니 기술은 늘 일자리를 파괴하기보다 창출했고 인간과 인공지능은 서로 경쟁하기보다 협력할 수 있다는 기술 전문가들의 주장은, 알고 보니 틀리지는 않았어도 매우 불완전했다(이 주장들의 허점은 1장에서 자세히 살펴볼 것이다).

둘째, 인공지능과 자동화가 세상에 미치는 영향을 취재해보니 이 기술을 만드는 사람들의 약속과 이를 사용하는 사람들의 실제 경험 사이에 큰 간극이 있었다.

유튜브나 페이스북 등 소셜 미디어 플랫폼 사용자들을 인터뷰한 결과 인공지능이 주도하는 추천 시스템이 관심 있는 관련 콘텐츠를 찾는 데 유용할 것 같았지만 오히려 잘못된 정보와 음모론이 가득한 곳으로 빠졌다고 말했다. 교사들은 학생의 성취도 향상을 기대하며 첨단 기술을 활용한 '맞춤화된 학습' 시스템을 도입했지만 고장 난 태블릿 컴퓨터와 변덕스러운 소프트웨어를 능숙하게 다루지 못해 애를 먹었다고 털어놓았다. 우버와 리프트의 운전기사들은 유연한 근무 시간에 대한 약속을 믿고 뛰어들었다가 가혹한 알고리즘에 붙들려 도리어 더 오래 일하고 있다고 했다. 자신들이 좀 쉬려고 하면 제재를 받았고 끊임없이 급여가 조작되었다고 하소연했다.

이 모든 이야기를 고려할 때 인공지능과 자동화는 일부 사람, 즉 기술을 설계해 이익을 보는 기업 임원과 투자자에게는 유익하나 모든 사람의 삶을 향상하지는 않는 듯했다.

셋째, 뭔가 잘못되었다는 가장 분명한 징조는 2019년 들어 자동화에 관한 더 진솔한 대화를 들으면서부터 감지되었다.

이 대화는 기술 콘퍼런스 무대나 번지르르한 비즈니스 잡지에 나오는 장밋빛 낙관주의를 담고 있지 않았다. '부머 리무버' 소프트웨어에 관해 말해주었던 스타트업 창업자 같은 일부 엘리트 집단과 공학자들 사이에서만 조용히 이루어지는 대화 내용이었다. 인공지능과 자동화의 미래를 가까이에서 본 이들은 첨단 기술이 추구하는 방향에 대해 아무런 환상이 없었다. 그들은 기계가 광범위한 직업과 활동에서 충분히 인간을 대체할 수 있거나 곧 대체할 것임을 알고 있었다. 일부 사람은 애니메이션 〈루니 툰 Looney Tunes〉 캐릭터의 두 눈에 달러 표시가 생기듯이 돈에 혈안이 되어 사업장을 완전히 자동화하려고 탐욕스러운 경주에 뛰어들고 있었다. 그런가 하면 대규모 자동화가 초래할 정치적 반발을 우려해 관련 피해자들이 충격을 덜 받게끔 조치하려는 이들도 있었다. 하지만 **분명** 피해자가 생긴다는 사실은 모두 알고 있었다. 그들 중 누구도 인공지능과 자동화가 모두에게 좋다고 여기지는 않았지만, 그렇다고 당장 브레이크를 밟겠다는 사람은 전혀 없었다.

"현재 직원의 1%만으로 일하지 못할 이유가 뭡니까?"

나는 스위스 다보스에서 열리는 연례회의인 세계경제포럼(이하 다보스포럼) 기간 중에 자동화에 관한 색다른 대화를 처음 접했다. 포럼의 주최 측은 해마다 세계 엘리트들이 모여 가장 시급한 세계 문제를 논한다며 고상한 척하지만, 사실 이 모임은 자본주의 코첼라Coachella (캘리포니아주 리버사이드카운티에 있는 도시 코첼라에서 열리는 미국 최대의 음악 축제-옮긴이)에 더 가깝다. 재벌과 정치인 그리고 좋은 일깨나 한다는 유명 인사들이 모여 서로 안면을 트는 이 자리는 풍자도 아까운 시시한 행사다. 골드만삭스 CEO와 일본 총리, 래퍼 윌아이엠이 한자리에 앉아 37달러짜리 샌드위치를 먹으며 소득 불평등을 얘기해도 전혀 이상하지 않은 곳은 여기밖에 없을 것이다.

〈뉴욕 타임스〉의 상사들은 내게 2019년 다보스포럼의 취재를 맡겼다. 주제는 '세계화 4.0'이었다. 세계화 4.0은 인공지능과 자동화 기술이 이끄는 새로운 변화의 물결로 정의되며 신흥 경제 시대를 뜻한다. 하지만 다보스 측에서 만들어낸 이 말 속에는 아무 의미도 없다. 포럼 기간 내내 '신시장 구조 형성'과 '미래 공장' 등을 주제로 내건 회의에 들어갔는데, 매번 권력을 가진 기업 임원들이 나와서 회사와 노동자 모두에게 유익한 '인간 중심의 인공지능'을 설계하겠다는 맹세만 했다.

밤이 되면 분위기가 달라졌다. 공식 행사가 모두 끝난 뒤 포럼 참석자들은 선량한 가면을 벗어던지고 사업 이야기를 꺼냈다. 화려한 비공식 만찬과 칵테일파티가 열리는 가운데 기업 임원들은 기술 전문가들을 붙잡고 자동화를 통해 자기 회사를 멋진 이윤 기계로 탈바꿈하는 데 인공지능이 어떻게 도움이 될지 집요하게 물었다. 경쟁업체의 자동화 제품에 관해 험담을 늘어놓기도 했다. 또 인간 노동자에 대한 의존성을 줄여 수백만 달러를 아껴볼 심산으로 '디지털 전환' 프로젝트를 설명하는 컨설턴트와 계약을 맺기도 했다.

하루는 한 컨설턴트와 마주쳤다. 모히트 조쉬 Mohit Joshi 라는 이 남자는 대기업의 운영 자동화를 돕는 인도의 컨설팅 기업 인포시스의 대표였다. 기업 임원들과의 회의가 어땠는지 묻자 조쉬는 난처한 표정을 지었다. 그는 자동화에 대한 다보스 엘리트들의 집착이 **실제로 업무를 자동화하는 일로 먹고사는** 자신의 기대보다 훨씬 심하다고 했다.

한동안 의뢰인들은 인간 노동자를 95% 정도 유지하는 선에서 주변 업무만 자동화하여 인력을 점차 줄여나가려 했다. 하지만 지금은 다들 "현재 직원의 **1%**만으로 일하지 못할 이유가 뭡니까?"라고 묻는다고 했다.

다시 말해 기업 임원들은 카메라와 마이크만 꺼졌다 하면 노동자를 돕는 일에 관해서는 입을 다물고 오히려 그들을 완전히 없애버릴 공상에 빠져든다.

다보스에서 돌아온 뒤에 인공지능과 자동화에 관해 최대한 많이 알아보기로 했다. 이런 질문에 답을 얻고 싶었다. 실제로 각 기업과 엔지니어링 부서 내에서는 무슨 일이 벌어질까? 기계로 대체될 위험에 처한 사람들은 누구일까? 혹시라도 우리가 스스로를 보호하려면 어떻게 해야 할까?

이후 몇 개월간 엔지니어, 기업 임원, 투자자, 정치인, 경제학자, 역사학자를 인터뷰했다. 연구소와 스타트업 여기저기를 방문하고 기술 콘퍼런스와 업계 모임에도 참석했다. 표지에 로봇이 인간과 악수하는 모습이 담긴 책도 100권쯤 읽었다.

취재 과정에서 살펴보니 자동화를 둘러싼 대중적 논의도 점차 낙관주의적 빛을 잃어가고 있었다. 사람들은 사용자를 이념의 감옥에 가두고 더 극단적 신념으로 이끄는 소셜 미디어 알고리즘의 파괴적 여파를 알아채기 시작했다. 빌 게이츠와 일론 머스크 같은 기술 지도자들은 인공지능이 직장에서 수백만 명을 내몰 것이라고 경고하면서 정치인들에게 이를 하나의 심각한 위협으로 여기라고 촉구했다. 경제학자들도 인공지능이 노동자들에게 미칠 영향에 관한 우울한 전망을 했고 정치인들도 자동화가 부추긴 실업 위기를 막을 과감한 해법이 필요하다며 목소리를 높였다.

뉴욕의 기업가 앤드루 양은 이를 경고한 가장 유명한 사람이다. 앤드루 양은 2020년 미국 대선 당시 민주당 경선 후보에 출마하여 모든 미국인에게 매달 1,000달러의 '자유 배당금'을 지급해 자동화로 인한 충격을 완화하겠다고 약속했다. 비록 선거에서는 패했지만 다가올 인공지능 혁명에 대한 그의 경고는 시대정신으로 자리 잡아 기술이 가져오는 실업과 관련한 논의를 주류로 밀어 넣었다.

팬데믹이라는 거대한 가속기 속에서

일자리를 죽이는 기계에 관한 공포는 새로운 것이 아니다. 사실 이 두려움은 기원전 350년경 아리스토텔레스가 "알아서 실을 짜는 직조기와 스스로 연주하는 하프가 있다면 노예노동에 대한 수요를 줄일 수 있다"고 말했을 때부터 존재했다.[2] 그 이후로 기계와 관련한 불안은 오르락내리락했고 급격한 기술 변화의 시기에는 최고

조에 이르렀다. 1928년 〈뉴욕 타임스〉는 "기계의 행진이 할 일 없는 사람들을 만들어낸다"라는 제목의 기사를 냈다.[3] 이 기사에 나온 전문가들은 새로운 발명품(전기로 돌아가는 공장 기계)이 곧 수작업을 쓸모없게 만들 것으로 예측했다. 제2차 세계대전 이후 점점 더 많은 공장에서 제조업에 로봇을 도입하자 노동자들의 미래는 암울하다는 생각이 널리 퍼졌다. MIT 연구자로서 인공지능의 아버지라고 인정받는 마빈 민스키는 1970년 "3~8년 안에 평균 정도의 인간 지능을 가진 기계가 나올 것이다"라고 말했다.[4]

이 두려움이 현실화된 적은 없다. 하지만 에릭 브린욜프슨과 앤드루 맥아피의 《제2의 기계 시대》와 마틴 포드의 《로봇의 부상》 같은 대중 서적이 나오면서 인공지능에 대한 불안이 다시 커졌다. 두 책 모두 인공지능이 사회에 근본적 변화를 일으키며 세계 경제를 바꿔놓을 것이라고 주장했다. 일의 미래를 다룬 학계 연구들도 있다. 옥스퍼드 대학에서 실시한 연구[5]에 따르면 미국 전체 일자리 중 향후 20년 안에 자동화될 '고위험' 직종에 속한다고 추산되는 비율이 47%에 달해 노동자들에게 임박한 미래를 더 암울하게 만든다. 2017년 미국 성인 4명 중 3명은 인공지능과 자동화가 창출하는 일자리보다 파괴하는 일자리가 더 많을 것이라고 믿었고,[6] 대다수는 기술이 빈부 격차를 심화할 것으로 예측했다.

나는 2019년 내내 이렇게 변화하는 태도를 취재하면서 이 두려움이 과장되었 가능성도 염두에 두려고 했다. 미국의 실업률은 여전히 역대 최저를 기록하고 있었고 기업 임원들이 인공지능과 자동화에 관해 아무리 자기들끼리 왈가왈부한들 아직은 노동자들이 피해를 봤다는 확실한 증거가 없었기 때문이다.

그러던 중 '신종 코로나바이러스 감염증'(코로나19)이 발생했다. 2020년 봄 미국 대다수 지역이 대피소 수준의 봉쇄에 들어갔고 나는 팬데믹(감염병 유행)이 자신들의 자동화 계획에 어떤 영향을 주었는지 말해주는 기술 기업 관계자들의 전화를 받느라 정신이 없었다. 과거와 다른 점은 이제 회사들이 업무 자동화 노력을 **널리 알리려** 한다는 것이었다. 로봇은 아플 일이 없으므로 인간을 기계로 성공적으로 대체하는 회사는 바이러스가 맹위를 떨치더라도 변함없이 재화와 서비스를 생산할 수 있을 터였다. 자동화가 되면 사람과 접촉할 일이 없어지므로 소비자들도 이를 반겼다.

팬데믹은 기업들이 자동화하는 데 유례없이 큰 발전을 꾀하면서도 반발을 사지 않을 방패막이 되었다. 이에 기업들은 지칠 줄 모르고 자동화에 열을 올렸다. 미국의 육류 가공 회사인 타이슨 푸드는 자동 발골 시스템을 도입해 닭고기를 비롯한 육류 수요를 따라잡고자 로봇 전문가를 영입했다.[7] 페덱스는 발송부 노동자가 아프거나 결근했을 때 그를 대신할 상품 분류 로봇을 사용하기 시작했다.[8] 쇼핑센터와 아파트 단지 내 상가, 식료품점도 가게를 위생적이고 안전하게 만들고자 큰돈을 들여 청소 로봇과 보안 로봇을 배치했고 이로 인해 로봇 공급업체들은 물량이 모자랄 지경이었다.[9]

코로나19는 전반적으로 자동화의 시계를 수십 년까지는 아니어도 족히 수년은 앞당긴 듯했다. 글로벌 컨설팅 기업인 맥킨지는 이를 가리켜 '거대한 가속'이라고 표현했다.[10] 마이크로소프트 CEO 사티아 나델라는 그의 회사가 "2년이 걸릴 디지털 전환을 2개월 만에" 경험했다고 말했다.[11] 2020년 3월 회계법인 EY가 한 설문 조사 결과 기업 임원의 41%가 코로나19 이후를 대비해 자동화에 더 많은 투자를 기울이고 있었다.[12] MIT 경제학자이자 자동화 분야의 선도적 전문가인 데이비드 오터는 팬데믹을 가리켜 "자동화를 강제하는 사건"이라면서, 이로 인해 바이러스가 사라진 후에도 오랫동안 지속될 기술적 경향이 나타날 것으로 전망했다.[13]

팬데믹은 자동화의 이점을 다보스포럼의 패널보다 훨씬 명확하게 보여주었다. 기업들은 로봇과 인공지능 덕분에 전보다 많은 직원이 병가를 내는 동안에도 필수품과 서비스를 꾸준히 공급할 수 있었다. 제약 회사들은 인공지능과 자동 제조 시스템을 활용해 효과적인 치료제와 백신 개발에 박차를 가할 수 있었다. 밀접 접촉이 두려워 집에서만 지내던 수십억 명은 아마존, 구글, 페이스북과 같은 기업들이 제공하는 인공지능 기반의 자동 서비스에 의존해 필요한 물건을 갖추고 사회생활을 유지할 수 있었다.

동시에 코로나19는 자동화의 몇몇 한계도 드러내며 아직은 기계에 맡길 수 없는 중요한 일들이 무수히 많다는 점도 일깨워주었다. 우리는 사회가 돌아가는 데 꼭 필요한 서비스를 제공하는 사람들을 '필수 노동자'라 부르기 시작했다. 이들 중 다수는 첨단 기술이나 금융 등 명망 높은 업계가 아니라 간호, 자동차 수리, 농업 등 비교적 매력적이지 않은 업계에 종사한다. 또한 몇몇 활동은 가상 환경에서 전혀 이루어질 수 없다는 것도 알게 되었다. 컴퓨터 화면을 사회생활의 유일한 통로로 여기고 몇 달을 실내에서 지낸 결과 많은 사람이 실제 세상으로 돌아가고픈 강한 욕구를 느꼈다. 가상 수업만 들던 학생 중 일부는 배우는 게 전혀 없다거나 수업이 전혀 흥미롭지 않다며 불평하기 시작했다. 재택근무로 집에만 갇혀 있는 화이트칼라 노동자들은 팀원들과 더 수월하게 협업하고 경력을 쌓을 수 있는 사무실로 돌아가고 싶어 온몸이 근질거렸다(내가 아는 기술 노동자는 "줌^{Zoom}을 통해 승진하는 사람은 없다"라며 불만을 토로했다). 팬데믹 초기 몇 개월간 가상 소통에 만족했던 사람들도 식당에 가고 바에서 술을 마시고 친구들과 콘서트장이나 교회에 가고 싶어서 사회적 거리두기 지침을 어기기 시작했다.

결과적으로 기계는 사람들 간의 소통을 적절히 대체하지도 못했고 우리가 앞으로 나아가는 데 필요한 것을 제공해주지도 못했다. 아마 영원히 그럴 것이다.

기술 변화를 주도한 것은 늘 '인간'의 욕구였다

나는 몇 년에 걸쳐 인공지능과 자동화의 과거와 현재를 살펴본 후, 이 도구들이 진보와 조화의 미래로 나아가는 탄탄대로라는 순진하고 이상적인 주장을 믿을 수 없게 되었다. 그렇다고 지능적 기계들이 세상을 지배할 것이며 우리는 그저 인간의 쇠퇴를 받아들일 수밖에 없다는 식의 인공지능을 둘러싼 가장 절망적이고 무시무시한 이야기도 썩 만족스럽지 않았다.

우선 낙관론자든 회의론자든 인공지능과 자동화를 논할 때면 이상할 정도로 먼 미래를 바라보는 경향이 있다. 이들은 첨단 기술이 수년 또는 수십 년 뒤에 가져올 영향에만 집중하고 **이미** 나타나고 있는 여파는 살펴보지 않는다.

우리는 매일 수십 가지 인공지능과 접촉한다. 우리가 이를 깨닫든 깨닫지 못하든 소셜 미디어 피드의 순위를 매기는 것도, 호텔 객실료와 항공료를 결정하는 동적인 가격 책정 소프트웨어를 돌리는 것도 인공지능이다. 우리가 소통하는 알렉사나 시리 같은 가상 비서도 인공지능이다. 정부가 지원 대상의 적격성을 평가하는 데 사용하는 알 수 없는 알고리즘과 지역을 순찰하는 법 집행 기관이 사용하는 범죄 예측 알고리즘도 전부 인공지능을 기반으로 한다. 이 시스템들 모두가 없어서는 안 될 것들이지만 이에 '대형 자율 주행 화물차로 인해 장거리 화물차 기사들이 일자리를 잃을 것인가' 하는 질문처럼 면밀하게 추궁을 하는 일은 거의 없다.

인공지능과 자동화에 관한 논의는 대부분 인공지능이 생산성 증진과 실업률 같은 일부 경제 건전성 척도에 어떤 영향을 줄지에는 많은 시간을 들이지만, 이러한 갖가지 기술이 정말 사람들의 삶을 개선할지와 같은 본질적인 질문은 외면한다. 캐시 오닐, 사피야 우모자 노블, 루하 벤자민 등 전문가들이 관찰한 대로 잘못 설계된 인공지능은 제대로 '작동'하더라도 취약한 소외 계층에 해를 끼칠 수 있다. 새로운 형태의 자료 수집과 감시망에 그들을 넣어두고 차별을 일삼아온 역사적 패턴을 자동 시스템에 적용하기 때문이다. 피해 형태는 다양하다. 이력서를 선별하는 알고리즘은 여성보다 남성을 선호하도록 학습하고 안면 인식 시스템은 젠더 비순응자를 정확히 식별하지 못한다. 위험 예측 모형 시스템은 흑인 대출 신청자에게 더 높은 이율을 부과하도록 학습한다. 따라서 인공지능과 자동화에 관한 책임 있는 논의에는 이런 문제들도 포함되어야 한다.

하지만 인공지능에 관한 주된 논의에서 내가 가장 걱정하는 부분은 양측 모두 기술적 변화를 단순히 알 수 없는 곳에서 비롯한 자연적 힘에 의해 **벌어지는** 일쯤으로 치부한다는 것이다. 마치 중력이나 열역학처럼 말이다. '병을 치료하는 알고리즘', '일자리를 빼앗아가는 로봇'을 운운하는 낙관론자와 회의론자 모두 기계가 감지력과 직업적 야망을 품은 주체로 프로그램될 수 있는 것처럼 말하곤 한다. 매일 아침 일어나 이 시스템을 설계하고 활용하고 그 효과성을 측정할 방법을 결정하는 게 인간이라는 사실은 잘 깨닫지 못한다.

'자동화는 운명이다'라는 말을 늘 듣는다. 특히 실리콘밸리에 있는 사람들은 기술 진보라는 쾌속 열차에 올라타지 않으면 그 밑에 깔린다고 말한다. 그렇게 믿는 이유를 모르지는 않는다. 나도 오랫동안 같은 생각이었으니 말이다. 하지만 잘못된 생각이다. 우리 모두 마음속 깊은 곳에서는 이것이 잘못되었다는 사실을 알고 있다.

호모사피엔스가 나무 막대기 2개를 비벼 처음 불을 만들어내던 때부터 기술 변화를 주도한 것은 늘 인간의 욕구였다. 인쇄기, 증기기관, 소셜 미디어 등은 어느 날 갑자기 완전한 모습으로 등장해 사회 속에 녹아든 도구가 아니다. 이 도구를 설계하고 관련 법규를 제정하고 이를 통해 어떤 사람들의 이익에 기여할지 정한 것은 우리다. 혁신도 되돌릴 수 없는 현상이 아니다. 이전 세대는 핵무기, 석면 단열재, 납 페인트 같은 해로운 도구의 유포를 막는 데 성공했는

데, 모두 당대 기술적 진보를 대표하던 것들이었다.

인공지능과 자동화가 장차 인류에게 유익하다고 생각하든 해롭다고 생각하든 이미 결정된 것은 아니라는 사실을 기억해야 한다. 기계가 인간 노동자를 대체할지는 알고리즘이 아니라 기업 임원들이 결정한다. 안면 인식 시스템과 디지털 타기팅 광고 같은 기술이 등장하면 어떤 제한을 둘지도 로봇이 아닌 정책 입안자들이 정한다. 새로운 형태의 인공지능을 만드는 엔지니어들은 이 도구들을 어떻게 설계할지 정하고 사용자들은 이 도구들이 도덕적으로 받아들일 만한지를 판단한다.

이것이 인공지능 혁명에 관한 진실이다. 무시무시한 기계가 장악할 일도, 악랄한 로봇 군대가 봉기를 꾀해 우리를 노예 삼을 일도 없다.

어떤 사회를 만들어갈지 결정하는 것은 다름 아닌 인간이다.

* * *

이 책은 일자리의 일부 또는 전부를 로봇이 빼앗아간다거나 반대로 그럴 일은 전혀 없다고 주장하지 않는다. 기술 자본주의의 공포를 구구절절 늘어놓거나 기계 지능과 공존할 방법을 고민하지도 않는다. 언제 특이점이 도달할지 예측하지도 않을 것이며, 인공지능 스타트업을 설립해 부자가 되는 방법을 일러주지도 않을 것이다.

여기에서는 날이 갈수록 기계가 주도하고 기계에 적합한 방식으로 변해가는 세상에서 인간으로서 살아갈 방법을 논한다. 인공지능과 자동화 시대에 행복하고 보람 있는 삶을 살아갈 비결은 코딩을 배우거나 개인적인 비효율성과 낭비를 전부 없애버리는 방식으로 기계와 정면으로 경쟁하는 게 아니다. 그보다는 우리가 이미 지니고 있는 인간 고유의 기술을 강화하여 기술이 **할 수 없는** 일을 더 단단히 준비해야 한다. 이 책을 쓴 이유는 바로 이 점을 알려주고 싶어서다.

세상이 내 옆을 스쳐 지나간다고 느껴지거나 기술적 변화를 따라 잡을 수 없을 것 같아 걱정한 적이 있다면, 이 책을 통해 그렇지 않다는 점을 확신시켜주고 싶다. 독자 여러분이 일자리를 지키는 데 이 책이 유익했으면 한다. 집에서 사용하는 기술 도구들과 더 건강한 관계를 맺고 당신의 구매 방식, 관심 대상, 가치관을 바꿔놓으려는 알고리즘과 평화롭게 공존하는 데도 도움이 되었으면 한다.

궁극적으로는 기술에 관한 우리의 대화가 행복과 공포의 양극단에서 벗어나 앞으로 일어날 일과 우리가 할 수 있는 일을 더 정직하게 논의하는 데 이 책이 토대가 되길 바란다.

1부에서는 기본적인 논의의 장을 마련하려 했다. 전문가들과의 인터뷰, 관련 책과 연구 논문들, 3세기에 걸친 산업의 역사를 통해 이미 인공지능과 자동화가 우리 사회에 심오한 변화를 일으켰다고 믿는 이유를 설명하고 장래에는 이 변화가 가속화되리라 예측하는 이유도 밝힌다. 또한 기계가 노동자를 대체하는 방식에 관한 몇 가지 통념을 살펴보고 우리가 잘못된 종류의 로봇을 걱정해왔다고 생각하는 이유를 설명한다.

2부에는 나의 제언을 담았다. 각자 자신의 인간다움을 지키고 가장 인간적인 특성을 활용하는 한편, 현대 기술의 몇몇 해로운 효과를 피함으로써 미래에 대비하는 9가지 법칙을 하나하나 소개한다. 이 법칙으로 수 세기 동안 기술적 변화를 성공적으로 헤쳐온 사람들의 사례를 언급하고 그들이 얻은 교훈을 우리 삶과 일에 어떻게 적용할지 설명한다.

책을 읽고 난 후에 인공지능과 자동화 그리고 이로 인해 나타날 경제적, 정치적, 사회적 난제에 관해 내가 품고 있는 몇 가지 우려에 공감하게 되길 바란다. 동시에 이러한 난제에 대처할 수 있다는 자신감도 얻었으면 한다. 궁극적으로 나는 전혀 걱정할 필요가 없는 사람이 될 수 있다는 사실을 이해시키려 한다. 인공지능이 할 수 있는 일과 할 수 없는 일이 무엇이든 우리 각자는 대체 불가능한 인간다움을 지닌 사람이 될 수 있다.

이 책은 거대한 부분보다 미세한 부분에 더 초점을 맞추고 있다. 생산성 측정이나 노동 참여율 등을 장황하게 논하지 않을 것이며 독자 여러분과 공유할 완벽한 인공지능 정책 제안도 없다. 물론 기술적 변화 앞에 정치, 경제 관련 기관을 마련해놓는 것은 중요한 일이다. 수많은 전문가가 다가오는 자동화의 물결 앞에 우리 사회를 개편할 방법을 고민해왔다(전문가 중 일부는 이 책 뒤에 실은 '더 읽을거리'의 저자이기도 하다). 하지만 이 책의 주된 관심은 **개인**이다. 일자리와 가족, 공동체를 염려하는 당신과 나와 같은 사람들이 무엇을 할 수 있는지 들려주고 싶었다.

읽다 보면 꽤 많은 부분을 필자인 내 처지에서 서술했다는 사실을 알게 될 것이다. 나도 같은 여정에 놓여 있기 때문이다. 나 또한 날마다 기계와의 관계 속에서 고군분투하며 자동화된 사회에서 과연 내 자리는 어디일지 끊임없이 걱정한다(나는 신문사에서 일하고 있는데 이 직업 역시 '미래의 유망 직업' 1순위는 아니다). 이 책을 쓴 데는 이기적인 목적도 있었다. 나는 미래가 날 위해 무엇을 예비해두었는지 편안한 마음으로 바라보게 해줄 일종의 훌륭한 통찰 또는 반박할 수 없는 사실을 찾고 싶었다.

하지만 나는 미래가 날 위해 아무것도 보장해주지 않음을 깨달았다. '미래' 또는 '예비'된 것 자체가 없다. 역사의 모든 지점에서 그랬듯이 현재 시점에서 생겨날 일은 무궁무진하고 각각의 결과는 우리의 선택에 달려 있다. 로봇 때문에 세상이 끝난다면 이는 우리 손이 불러일으킨 결과일 테다. 반대로 지금의 기술 혁명이 더 공정하고 행복하고 풍요로운 세상을 만들어낸다면 그것 또한 우리가 끝없는 탁상공론에서 벗어나 자기 운명의 주도권을 쥐고 스스로를 미래에도 끄떡없는 존재로 만든 결과일 것이다.

캘리포니아 오클랜드에서
케빈 루스

Future proof

주도할 것인가,
밀려날 것인가?

1.

낙관주의를 가로막는 주범은
바로 인간

"기계가 사회에 미치는 위험은 기계 그 자체에 있는 것이 아니라
이를 다루는 사람의 손에 있다."

−노버트 위너

장내 조명이 어두워지고 스피커마다 기타 선율의 배경 음악이 크
게 울리자 무대 뒤쪽 화면에 로봇들의 이름이 올라왔다.

정보 보안 회계감사 봇 − 액센츄어(경영 컨설팅 기업)
터보 추출기 봇 − 크래프트 하인즈(식품 기업)
웹 모니터 봇 − 인포시스(IT 컨설팅 기업)

나는 2019년 4월 맨해튼의 한 호텔 연회장에서 실리콘밸리 스타
트업인 오토메이션 애니웨어 관계자가 기업 임원 수백 명 앞에 신제

품을 선보이는 모습을 지켜보았다. 소개되는 로봇은 공상 과학 영화에나 나올 '삐리삐리' 하는 기계 소리를 내는 로봇이 아니었다. 이들은 전부 인력을 대신하도록 프로그램된, 바이트와 픽셀로 이루어진 소프트웨어 봇이었다.

오토메이션 애니웨어 CEO가 전하는 메시지는 간단했다. **"사무실 잡무에는 여러분 회사의 직원보다 우리가 만든 봇이 제격입니다."** 어쨌든 봇은 하루 24시간, 일주일 내내 일하고도 지치지 않을 테니 말이다. 휴가도 필요 없고 인사 고충을 토로할 일도 없으며 병가를 내지도 않을 것이다. 게다가 이론상 직원을 봇으로 대체하면 그 직원에게 자유를 주어 더 가치 있는 일에 종사하게 할 수 있다.

오토메이션 애니웨어의 CEO 미히르 슈클라는 "현재 노동력의 20~30%는 프로그램 간 작업을 메우는 역할에 손발이 묶여 있습니다. 이런 일을 자동화하면 사람들이 훨씬 가치 있는 일을 할 수 있을뿐더러 운영비도 대폭 줄일 수 있습니다"라고 덧붙였다.

미히르 슈클라의 말은 설득력이 있는 듯했다. 오토메이션 애니웨어는 유명 기업이 아님에도 60억 달러가 넘는 기업 가치를 평가받으며 세계에서 가장 빠른 성장세를 보이는 스타트업에 손꼽혔다. 이 기업의 봇들은 마스터카드, 유니레버, 컴캐스트와 같은 포춘 500대 기업을 포함해 100만 건 넘게 설치되었다.

이보다 몇 주 앞서 나는 슈클라의 초대로 산호세에 있는 기업 본사를 방문했다. 그가 안내한 사무실은 쾌적한 단층 건물이었는데 벽마다 수학 공식들이 스텐실로 새겨져 있었다. 그를 따라 둘러본 회의실 4곳의 인테리어는 시기별 산업혁명을 기념하는 디자인이었다.

'1760'이라 불리는 첫 번째 회의실에는 최초의 산업혁명을 기념하는 뜻에서 일련의 공장 도구를 벽에 걸어두었다. 두 번째 회의실 '1840'에는 에디슨 전구를 천장에 매달아 19세기 후반에 시작된 2차 산업혁명을 기념했다. '1969'라는 세 번째 회의실에는 20세기 중반의 분위기를 자아내는 벽지와 디스코 조명 기구가 설치되어 있었는데, 이는 마이크로칩, 개인용 컴퓨터, 인터넷 등의 기술을 포함한 20세기 혁신의 물결을 불러일으킨 3차 산업혁명을 표현한 것이었다.

마지막 회의실은 방 전체가 흰색으로 꾸며져 있었다. 인공지능과 자동화 혁신의 가속화로 대변되는 4차 산업혁명을 나타냈다. 슈클라는 현재 우리가 경험 중인 4차 산업혁명은 아직 끝나지 않았으며, 이를 통해 우리 삶을 향상할 잠재력이 계속 드러나고 있으므로 흰색으로 표현했다고 설명했다.

산호세에서 나와 만나는 동안 슈클라는 '로봇이 우리 일자리를 빼앗아갈까?'라는 로봇에 관한 해묵은 질문은 근본적으로 잘못되었다고 말했다. 현재 일자리들이 인간의 잠재력을 허비하고 있으므로 로봇이 이를 대신하는 게 **마땅하다**고 보았다.

슈클라는 이렇게 말했다. "우리의 목적은 지금 사람이 하는 노동을 로봇에게 맡기고 사람들이 더 위대한 일을 성취하게 하는 것입니다."

하지만 뉴욕 연회장 무대에 올라 잠재 고객을 마주한 슈클라는 한층 실용적인 내용을 발표에 가미했다. 자동화로 운영비를 대폭 줄여 더 많은 수익을 낼 수 있다고 기업 임원들에게 호소한 것이다. 슈클라는 오토메이션 애니웨어의 봇들이 그저 단일 업무를 처리하는 알고리즘이 아니라 전체 직원의 업무를 떠맡을 수 있는 '다운로드 방식의 디지털 노동자'라고 호언장담했다. 뒤이어 디지털 경리, 디지털 급여 관리자, 디지털 세무 감사원 등 기업이 클릭 몇 번으로 '고용'할 수 있는 디지털 노동자의 예시를 보여주었다.

그런 다음 슈클라는 미래에 영감을 불어넣는 이야기로 돌아와 인공지능과 자동화의 앞날에 관한 원대한 사명 선언문을 언급했다. 그와 비슷한 길을 걷는 동료 공학자들이 제시할 법한 내용이었다. 그는 기계 지능이 잡무에서 우리를 해방하고 경제를 북돋아 사람들이 중대한 사회 문제에 집중하게 하는 낙관적인 상생의 미래상을 제시했다. "앞으로 100년 뒤에는 화성의 슬로프에서 스키를 타고 200년 뒤에는 토성의 고리에서 서핑을 즐기지 않을까 상상해봅니다. 500년 뒤에는 블랙홀을 에너지원으로 쓸지도 모를 일입니다."

슈클라는 무대 위를 천천히 걸으며 다음과 같은 거창한 말로 발표를 마쳤다. "지금이야말로 인류의 잠재력을 펼칠 때입니다. 하지만 우리 노동력의 40~70%가 로봇처럼 활용된다면 그 잠재력은 계속 묻혀 있을 겁니다. 인간 지능을 해방해야 합니다!"

인공지능 낙관론자들의 4가지 주장

내가 인공지능과 자동화에 관한 책을 쓰고 있다고 하자 사람들이 보인 반응은 2가지였다.

기술을 회의적으로 바라보는 친구와 동료들은 대체로 고개를 끄덕였다. 이들은 로봇이 일자리를 빼앗을 것이라는 우울한 전망을 들었던 터라 이를 우려하면서 자동화 위기에 대한 그들의 막연한 두려움을 내가 확실히 짚어주길 바랐다.

나아가 인공지능이 대규모 실업을 초래하지는 않더라도 오싹한 감시나 자율 주행 자동차의 도주(뺑소니), 머릿속을 흩뜨리는 소셜 미디어 앱 등과 같이 새로운 해악을 일으켜 처음의 유익을 무색하게 만들 것이라는 자신들의 의구심도 밝혀주었으면 했다.

하지만 실리콘밸리 사람들 대다수는 기업 소프트웨어 전문 회사 박스의 CEO 애런 레비와 같은 반응을 보였다. "오, 저런. 설마 '로봇이 일자리를 독차지한다'는 식의 책으로 모두에게 공포와 우울을 안겨주려는 건 아니겠죠?"

오토메이션 애니웨어의 미히르 슈클라처럼 레비도 결국에는 로봇이 노동자에게 유익할 것이라고 믿는다. 애런 레비는 새로운 인공지능 기술 앞에서 공연히 소란을 피우며 군걱정을 늘어놓는 언론에 언짢아하며 우리가 괜한 걱정을 한다고 생각한다.

나는 '인공지능에 어떻게 대처할 것인가?'에 답을 찾아 나서기 전에 레비나 슈클라 같은 사람들의 주장에도 귀를 기울여 그들과 좋은 마음으로 교류하고 싶었다. 이러한 뜻에서 수많은 인공지능 낙관론자, 즉 궁극적으로 인공지능 기술의 부정적인 영향보다 긍정적인 영향이 더 크리라고 믿는 사람들과 대화를 나누었는데 그들의 주장은 크게 4가지였다.

첫째, "전에도 같은 상황이 있었으나 결과는 좋았다"라고 한다. 낙관론자들은 지난 수백 년간 쌓인 증거로 볼 때 자동화에 대한 공포는 대체로 근거가 없고, 기술로 몇몇 일자리가 사라지긴 했으나 항상 낡은 일자리를 대체할 새 일자리가 생겨났으며 그 과정에서 우리의 생활 수준이 향상되었다고 주장한다.

물론 산업혁명으로 일부 농부들이 일자리를 잃었다는 것은 낙관론자들도 인정한다. 하지만 덕분에 공장에서 수백만 개의 일자리가 생겨났고 전에 없던 소비재들을 훨씬 저렴한 가격으로 쉽게 구할 수 있게 되었다고들 생각한다. 낙관론자들은 이 패턴이 인류 역사 내내 반복되었다고 주장한다. 전등이 등장하면서 점등 기구가 쇠퇴했으나 생산, 판매, 수리해야 할 전혀 다른 새 전기 기구들이 나타났다. 가정에 냉장 기구가 들어오자 얼음 판매원은 자취를 감췄으나 식료품점과 식당, 농장에는 더 많은 일자리가 생겨났다.

낙관론자 중 한 명이자 미래학자인 바이런 리스는 《제4의 시대》에서 이렇게 썼다. "250년간 기술은 쉼 없이 진보해왔고 그 기간 내내 미국의 실업률은 5~10%에 머물러 있었다. 증기력, 전기와 같은 급진적 신기술이 등장했을 때도 이 수치를 벗어나지 않았다."[1]

이렇게 주장하는 사람들은 자신의 요지를 뒷받침하고자 오늘날의 경제지표를 근거로 든다. 그들은 '생산성 역설'을 자주 언급한다. 미국의 생산성 향상 속도가 실은 지난 수십 년간 서서히 느려졌다는 것이다. 대규모 자동화가 기업에 큰 효율성을 가져와 여기저기서 일자리가 없어질 것이라는 예상과는 반대되는 결과다.

결국 낙관론자들은 현재의 기술 변화가 앞서 일어난 것과 다르다는 증거가 없으므로 과거의 사례를 보건대 안심하고 미래를 내다봐도 무방하다고 주장한다.

둘째, "지루한 업무는 인공지능이 하고 우리는 더 나은 일을 맡을 것이다"라고 말한다. 대개 낙관론자들은 기술이 노동자의 일자리를 뺏지 않는다고 말한다. 오히려 기술이 노동자를 지루한 업무에서 해방해 더 보람 있고 가치 있는 일에 매진하게 하여 질적으로 더 나은 일을 맡게 한다고 믿는다.

2020년 미국 IT 전문 잡지 〈와이어드〉에는 "인공지능이 가장 지루한 사무실 업무를 처리하러 온다"라는 제목의 기사가 실렸다.[2] 대기업들이 자료 입력, 문서의 서식 지정, 보고서 요약과 같은 고되고 반복적인 업무를 인공지능 응용프로그램으로 처리한다는 내용의 기사였다.

낙관론자들의 말을 들어보면 이미 각계 전문가가 고된 업무를 컴퓨터에 맡기고 있다고 한다. 의사가 전자 의무 기록으로 관행적 기록 보관 업무를 처리하여 환자 진료에 더 집중한다든지, 변호사가 법률 검색 시스템을 이용해 의뢰인과 소통하는 데 더 많은 시간을 할애한다든지, 건축가가 캐드^{CAD}를 이용해 정교한 설계 도면 제작에 드는 시간을 아낀다든지 하는 사례를 주로 언급한다.

낙관론자들은 자동화가 이러한 직종을 위협하지 않는다고 말한다. 기계가 아닌 인간 의사, 변호사, 건축가가 전담해야 할 업무가 여전히 많기 때문이다. 앞으로 수년 내에 등장할 인공지능은 지루하고 반복적인 일을 더 많이 없애줄 것이므로 우리는 자유롭게 더 즐거운 일을 하게 된다고 주장한다.

셋째, "인간과 인공지능은 경쟁하지 않고 서로 협력할 것이다"라고 주장한다. 낙관론자들은 오늘날 인공지능 대다수가 인간을 대체하기보다는 인간과 **함께** 일하도록 설계되었다고 한다. 그러면서 인공지능과의 관계는 위협적 경쟁이 아닌 협력의 기회로 봐야 한다고 믿는다.

《제2의 기계 시대》에서 에릭 브린욜프슨과 앤드루 맥아피는 "기계와 경쟁하는 경기"라는 문구를 "기계와 **함께** 달리는 경기"로 고쳐 써야 한다고 제안했다. 경영 컨설팅 기업 액센츄어의 임원인 폴 도허티와 제임스 윌슨은 《휴먼＋머신》에서 인간과 인공지능의 협력이 21세기 경제의 핵심이 될 것이라고 했다. 그들은 "인공지능 시스템이 우리를 대대적으로 교체하는 것은 아니다. 오히려 우리와 협력하고 우리의 재능을 확대하여 이전에는 불가능했던 생산성을 달성하게 만든다"라고 했다.

위와 같은 낙관론자들이 자주 언급하는 예가 가리 카스파로프다. 체스 그랜드마스터인 그는 1997년에 IBM의 컴퓨터 '딥블루Deep Blue'와 일련의 대결에서 진 것으로 유명하다. 체스계의 전설적 인물 카스파로프는 딥블루에 패한 뒤 인간 체스 플레이어와 컴퓨터가 협력한다면 더 좋을 것이라는 깨달음을 얻었다. 이에 그는 플레이어가 컴퓨터 프로그램의 조언을 받아 기계의 통찰력과 인간 체스 플레이어의 전문성을 결합하는 게임 유형인 '프리스타일 체스'를 알리기 시작했다. 카스파로프는 인간과 컴퓨터가 짝을 이루면 컴퓨터만으로 구성된 팀보다 '압도적' 기량을 발휘할 수 있을 것으로 보았다.

낙관론자들은 이 원칙을 각계 전문가에게 적용할 수 있다고 주장한다. 의사는 기계 학습 모형을 참고해 병을 진단하고 판사는 상습 범죄 알고리즘을 활용해 판결하는 데 도움을 얻고 기자는 기계가 작성한 초안에 인간미를 더할 수 있다고 한다. 낙관론자들은 인간과 인공지능이 서로 협력할 때 더 대단하고 더 뛰어난 결과를 달성할 수 있다고 주장한다.

넷째, "인간의 필요는 무한하므로 인공지능이 대규모 실업을 불러올 일은 없다. 지금은 상상도 못 할 새 일자리들이 앞으로 생겨날 것이다"라고 한다. 낙관론자들은 기본적으로 회의론자들이 상상력이 부족하다고 주장한다. 그들에 따르면 몇십 년 전만 해도 페이스북, 구글, 아마존 같은 세계적인 대형 기업이 존재하지 않았다. 유튜브 크리에이터, 검색 엔진 최적화 전문가, e스포츠 전문 플레이어도 최근에야 나타났다.

낙관론자들은 인공지능이 데이터 과학, 정밀 의료, 예측 분석과 같은 분야에서 이미 새로운 종류의 일자리를 만들어내고 있다고 주장한다. 앞으로 인공지능이 향상될수록 인간이 독창성을 발휘할 기회는 더욱 무궁무진해질 것이다. 우리 곁을 졸졸 따라다니며 건강식과 운동을 챙기라며 시시때때로 조언할 개인 트레이너 로봇을 바라게 될지도 모른다. 도시를 잇는 센서들이 차량의 흐름을 역동적으로 조절해 교통 체증을 방지하고 폐수를 분석해 전염병의 확산 여부를 알아낼지도 모른다. 자율 주행 차량에 더해 자율 운영 식당이 생겨나 식사하는 동안 곳곳을 오갈 수도 있다. 이 모든 새로운 프로젝트에는 단순한 코딩 작업을 넘어 조언을 제공하고 센서를 설치하고 필요한 서비스를 제공할 인간의 손길이 필요하다.

낙관론자들에 따르면 우리는 기술이 새로운 창을 열 때마다 우리 자신을 위한 새롭고 흥미로운 일거리를 능숙하게 만들어냈다. 한계를 모르는 인간의 욕구가 있는 한 일자리가 고갈될 날은 영원히 오지 않을 것이다.

나는 인공지능 낙관론자들의 4가지 주장을 조사하고 그들이 근거로 제시하는 증거들을 살펴본 뒤 전적인 낙관론도, 전적인 비관론도 아닌 입장에 서게 되었다. '반쪽짜리 낙관론자'라고 표현하는 것이 적절할 듯하다. 이렇게 표현하는 이유는 우리가 인공지능과 자동화에 품는 최악의 공포가 실현되리라고 생각하지는 않지만, 예의 주시해야 할 현실적이고 시급한 위협이 존재한다고 믿기 때문이다. '인공지능은 경제적으로나 사회적으로 아무런 문제도 일으키지 않을 것이다'를 1점, '인공지능은 우리 자신과 우리가 소중히 여기는 모든 것을 파괴할 것이다'를 10점 만점으로 해 걱정 점수를 매긴다면 내 걱정은 7점 언저리가 될 듯하다.

기술 자체만을 놓고 본다면 내 걱정은 한결 가벼워져서 아마 2점이나 3점 정도일 것이다. 잘 설계된 인공지능과 자동화가 많은 사람의 삶을 크게 향상시키리라 믿기 때문이다. 자율 주행 자동차와 화물차만 해도 연간 수십만 명을 치명적 사고에서 구할 수 있으니, 설령 화물차나 택시 기사가 일자리를 잃게 된다고 해도 이점이 있다고 볼 수 있다. 정밀 의료 precision medicine (인공지능과 빅데이터 분석, 유전학을 결합해 새로운 방식으로 질병 치료를 시도하는 개인화된 접근법)는 심신을 약화하는 여러 질병으로부터 생명을 지킬 새로운 치료법을 찾는 데 유익하다. 인공지능이 더 나은 미래를 우리에게 선사할 방법은 더 효율적인 에너지 소비와 같은 진지한 것에서부터 새로운 형태의 맞춤형 인공지능 비디오게임과 같은 재미있는 것까지 무수히 많다.

하지만 이 모든 신기술을 설계하고 실행하는 인간을 생각하면 걱정 점수가 8점이나 9점까지 높아진다. 이윤에 눈먼 기업 임원들이나 야심 찬 기업가들은 인공지능을 열렬히 환영하는데, 이들 중 다수는 인공지능의 잠재적 위협과 노동력 대체 현상을 의도적으로 쉬쉬한다. 많은 상사가 부하들을 촘촘하게 관리하고 감시하려는 목적에서 인공지능을 사용한 결과, 많은 직종이 수월해지고 가치 있어지기보다 도리어 고되고 위태로워졌다는 사실도 익히 알고 있다.

결함이 있는 자료나 편파적인 자료를 바탕으로 만든 인공지능은 결함이 있거나 편파적이기 마련이다. 오늘날 인공지능을 설계하는 공학자의 절대다수가 비슷한 부류인 까닭에 여성과 소수 인종을 포함한 비주류 계층에 피해를 주는 시스템이 나올 가능성도 크다. 나아가 점점 더 인공지능이 취약 계층을 억압하고 정치적 이견을 억누르려는 권위주의적 정부의 손발이 될까 봐 두렵기도 하다. 안면 인식과 같은 인공지능 기술이 개인의 사생활과 인권 침해를 심화할지도 모른다는 생각만 해도 부르르 몸이 떨린다.

나의 반쪽짜리 낙관론 일부는 직감에서 나왔음을 시인한다. 수년간 기술업계를 취재하면서 이상적인 결과가 나오지 않는 현실을 지켜보니 자연스레 그런 마음이 들었다. 하지만 직감이 전부는 아니었다. 인공지능 낙관론을 세밀히 살펴보는 과정에서 각각의 핵심 주장이 낙관론자들의 생각만큼 탄탄하지 않다는 것을 알게 되었기 때문이다.

첫 번째 주장부터 자세히 들여다보자.

1, 2, 3차 산업혁명 때도 상황은 같았다?

나는 먼저 낙관론자들이 역사 공부가 부족하다는 사실을 발견했다. 많은 낙관론자는 4차 산업혁명이 인류에게 매우 유익할 것이라고 주장하지만, 앞선 3차례의 산업혁명 기간에 고통받은 사람이 많다는 사실은 까맣게 모르고 있다.

18, 19세기 미국과 영국이 산업화하는 동안 노동자들은 과밀하고 비위생적인 공장에서 수시로 가혹한 작업 환경에 부딪혔고,[3] 장시간 끔찍한 노동 착취에 휘둘린 적도 부지기수였다. 가장 가혹한 환경에 놓인 예로 아동 노동자가 있다. 이들은 터무니없이 적은 임금을 받았고 지저분한 기숙사에 빽빽이 모여 살았다. 게다가 상사가 할당한 기준을 달성하지 못하면 학대를 당하기까지 했다. 2, 3차 산업혁명이 그나마 노동자들 편에서 무난히 흘러간 이유는 1차 산업혁명의 역풍 속에 노동 보호 방침이 마련되었기 때문이다. 그런데도 숱한 문제가 존재했다. 2차 산업혁명은 도금 시대를 낳았다. 19세기 미국 역사의 한 장을 장식하는 이 시기는 심각한 부패, 피비린내 나

는 노사 갈등, 쓰라린 인종적 불의, 치솟는 소득 불평등으로 얼룩졌다. 3차 산업혁명을 장식하는 통신 기술의 진보는 막대한 생산성 향상을 가져온 동시에 24시간 일주일 내내 일하는 문화를 만들어냈고 화이트칼라 계층에 대한 선망을 불러일으켜 유례없는 수준의 번아웃과 직무 스트레스를 초래했다.

역사를 되짚어보면 기술 변화의 시기에 엘리트 계층과 자본가들의 생활 조건은 향상되었지만, 노동자들은 즉각적 혜택을 누리지 못할 때도 많았다. 예를 들어 1760년대 산업혁명이 시작된 이래 영국의 국내 총생산^{GDP}과 기업 이익은 거의 즉시 치솟았지만 영국 노동자의 실질 임금이 오르기까지는 50년이 넘게 걸린 것으로 추산된다[4](《영국 노동계급의 상황》에서 프리드리히 엥겔스가 논한 이 격차는 경제학자들 사이에서 엥겔스의 휴지기^{Engels's Pause}로[5] 알려져 있다). 산업혁명의 주인공인 노동자 대다수가 생산성 향상의 결실을 맛볼 즈음에는 이미 은퇴했거나 유명을 달리했다는 뜻이다.

일부 경제학자들은 오늘날 임금 수준은 정체된 반면 기업의 이윤은 천정부지로 치솟는 상황을 보면서 또 다른 엥겔스의 휴지기를 보내고 있다고 말한다. 최근에는 자동화가 일자리를 파괴하기보다 더 많은 일자리를 창출한다는 주장에 의구심을 드러내는 연구들도 나오고 있다.

특히 MIT 대런 애쓰모글루와 보스턴 대학 파스쿠알 레스트레포는 지난 수십 년간 자동화가 일자리를 창출하는 속도보다 파괴하는 속도가 더 빨랐음을 밝혀냈다.[6] 이 두 경제학자는 1947년부터 1987년까지는 자동화에 대한 낙관론자들의 견해가 전반적으로 옳았다고 한다. 자동화를 택한 업계에서는 일자리 파괴와 창출(애쓰모글루와 레스트레포는 이를 '변위'와 '복귀'라고 부른다)이 거의 같은 비율로 일어났다. 하지만 1987년부터 2017년까지는 업계의 일자리 변위 속도가 복귀 속도보다 압도적으로 빨랐고, 그사이에 창출된 새 일자리들은 대개 고도의 기술을 필요로 하는 탓에 이를 차지할 노동자가 많지 않았다. 달리 말해 과거 일자리에서 밀려난 사람들은 새 일자리를 기대하며 위안을 얻었지만, 오늘날 인공지능으로 인해 사라져가는 일자리 다수는 다시 돌아올 가망이 없다.

자동화는 저소득 직종에 종사하는 사람들에게 더 큰 여파를 일으켜 기존의 인종, 성 불평등을 심화하는 경향도 보인다. 2019년 맥킨지 보고서는 흑인 남성은 백인이나 아시아계 남성보다 자동화로 인해 일자리에서 밀려날 가능성이 더 크다고 예측했다.[7] 화물차 기사, 급식 노동자, 사무원 등 자동화 가능성이 큰 직종에 흑인이 많이 종사하고 있기 때문이다(그나마 흑인 여성의 상황은 나아 보이는데, 간호직이나 교육직처럼 비교적 자동화될 위험이 적은 직종에 몸담고 있기 때문이다).

이 모두 마땅히 우려를 살 만한 문제들이다. 그러므로 과거를 근거로 삼아 현재 인공지능과 자동화의 영향을 안심하고 바라보려는 낙관주의자들의 견해는 제대로 따져보고 판단해야 한다. 옥스퍼드 대학 경제학자 칼 베네딕트 프레이가 썼듯이 "'단순히' 또 다른 산업혁명이라면 경종을 울려야 한다."[8] 과거 3차례의 산업혁명 동안 수많은 이가 고통받았으므로 이번에도 같은 상황에 놓일 수 있다.

앞으로 인간은 더 나은 일을 하게 될 것이다?

이 주장을 평가하려면 '더 나은'이란 무엇인지부터 정의 내려야 한다. 자동화 덕분에 많은 업무가 전보다 육체적으로 수월해진다는 것은 대체로 사실이다. 지난 수백 년간 가장 고된 육체노동을 요구 했던 광업, 육류 가공업, 중공업 등 분야의 직종은 대부분 기계가 가 져갔다.

사무직에서도 자동화 덕분에 지루한 반복 업무가 사라진 예는 쉽게 떠올릴 수 있다. 내가 하는 일을 예로 들면, 전에는 인터뷰 녹취 자료를 문서로 옮기는 데 몇 시간이 걸리곤 했다. 이는 힘도 들거니와 시간도 많이 빼앗기는 탓에 나는 이 작업을 싫어했다. 지금은 자료를 자동 전사 서비스에 올리기만 하면 기계 학습 기반 엔진이 몇 초 만에 음성 내용을 문서로 변환해준다. 물론 자동화를 통한 전사 작업은 완벽하지만은 않았다. 음성 녹음을 문서로 변환해주는 앱은 때로 아주 재미있는 오류를 내기도 한다. 한번은 페이스북 CEO 마크 저커버그의 측근을 인터뷰했는데 변환된 결과물을 보니 '저커버그의 성향'이 '매력적인 임상의학자'라고 옮겨져 있었다('성향'을 뜻 하는 'inclination'과 '임상의학자'를 뜻하는 'clinician'의 발음이 비슷해 잘 못된 문장을 도출함-옮긴이). 그래도 나는 이 기능 덕분에 지난 수년간 수백 시간을 아껴 마음껏 취재와 기사 작성에 매달릴 수 있었다.

하지만 노동력을 절약할 혁신 기술이 있다고 해서 오늘날 노동자 들이 과거 수세대의 노동자들보다 더 행복해졌다는 증거는 어디에 도 없다. 현재 미국에서 우울증과 불안증의 발병 비율은 30년 전보다 훨씬 높다.[9] 노동자 스스로 인정하는 직무 스트레스 역시 수십 년간 꾸준히 높아져왔다.

어느 때보다 일하기가 안전하고 덜 힘들어졌지만 직장에서 더 행복해지지 않는 현상이 나타나고 있다. 이러한 외견상의 역설은 한 가지 사실을 통해 해명할 수 있다. 즉 자동화가 힘든 육체노동을 없애는 동시에 노동자가 일에서 느끼는 재미와 보람의 영역마저 남김없이 앗아갈 수 있다는 것이다.

역사학자 데이비드 나이에 따르면 1930년대 처음으로 대거 등장한 공장 곳곳에 전기가 설치되자 많은 노동자는 일상 업무가 전보다 개선되리라 기대했다.[10] 하지만 전등이 들어온 뒤로 그들의 일상에 나타난 가장 큰 변화는 소통 창구가 사라진 것이었다. 한때 힘을 모아 역동적으로 처리하던 일은 전기 기계의 등장과 함께 버튼만 누르면 되는 틀에 박힌 일이 되고 말았다.

데이비드 나이는 이렇게 논했다. "더는 공장 안에서 소문과 농담을 주고받고 서로 부대끼며 동료애를 다지기가 어려워졌다. 작업이 멈출 때마다 수시로 쉽게 어울리곤 했는데, 관리자들이 끊임없이 기계의 성능을 높이며 작업 속도에 박차를 가하자 그럴 수가 없어졌다."

이러한 변화는 화이트칼라 직종에서도 일어나고 있다. 한때는 능률이 떨어지는 시간이 있어 노동자들이 한숨 돌리며 대화할 틈이 있었지만 인공지능과 자동화가 등장하면서 기업이 이 시간마저도 남김없이 쥐어짜고 있기 때문이다.

인공지능과 자동화는 완전히 새로운 종류의 지루하고 반복적인 업무를 만들어내기도 했는데 서구에서는 이런 업무가 눈에 띄지 않는다. 메리 그레이와 시다스 수리는 '유령 노동ghost work'의 증가에 관한 책을 썼다.[11] 유령 노동이란 최종 사용자에게는 철저히 가려져 보이지 않지만 인공지능과 자동화 시스템이 원활히 기능하게끔 하는 인간 노동을 말한다. 페이스북, 트위터, 유튜브 등의 소셜 미디어는 온종일 유해 콘텐츠를 걸러내 남겨둘 게시물과 삭제할 게시물을 결정하는 수많은 저임금 계약직 노동자에 의존한다. 알렉사와 같은 인공지능 비서는 '데이터 주석자'의 도움을 받는다. 데이터 주석자들은 사용자의 대화 녹음을 들은 뒤 데이터에 라벨을 붙이고 실수를 바로잡으며 다양한 억양과 이례적 요청을 이해하도록 인공지능을 훈련하여 나날이 시스템이 개선되게 돕는다. 중국에서는 인공지능 작동을 위해 이를테면 이미지에 라벨을 붙이고 음성 파일에 태그를 붙이는 등 종일 틀에 박힌 사무를 담당할 막대한 수의 노동자를 공급하는 '데이터 라벨링' 회사들이 우후죽순 생겨났다.[12] 알려진 바에 따르면 이 노동자들은 시간당 10위안 정도를 버는데 이를 달러로 환산하면 겨우 1.47달러 정도다.

인공지능 낙관론자들의 주장, 즉 신기술이 삶의 질을 전반적으로 높이고 일단 여기에 적응하면 옛 방식으로 돌아갈 마음이 거의 들지 않는다는 말은 대체로 옳다. 기술 혁신에 가장 완고하게 반대하는 사람이라도 손빨래나 마취 없는 수술을 반기지는 않을 것이다.

하지만 낙관론자들은 우리의 삶이 총체적이지도 무한하지도 않다는 점을 놓치고 있다. 주요한 경제적 변화를 경험하고 있는 우리는 유한한 경력과 수명을 지닌 개인이다. 기술적 변화가 안겨주는 물질적 향상을 평생 누리지 못하는 사람도 많다.

안정성을 지키겠다며 시대에 뒤처진 규준이나 쇠퇴한 일자리를 고수하는 방식은 승산 없는 싸움이라는 낙관론자들의 말에 원칙적으로 동의한다. 우리 사회가 너무 쉽게 변화를 재앙으로 착각하는 오류를 범한다는 주장에도 공감한다.

하지만 이 문제를 정직하게 평가한다면 변화란 어렵고 하나의 기술 시대에서 다음 시대로 무난히 넘어가지 못하는 사람이 많다는 사실도 인정해야만 한다. 분명 그 틈새로 떨어지는 사람들이 있다. 결국에는 제자리를 찾아 안착하는 이들도 한때 누렸던 안정성을 되찾지는 못한다. 또한 신기술이라는 무기를 이용해 더 적은 임금으로 더 많은 노동을 뽑아내려는 이들에게 이용당하는 사람들도 있다. 종종 이러한 혁명은 잃어버린 세대를 낳는다. 이들은 자신이 통제할 수 없는 세력에 밀려 삶을 잃어버리고 약속의 땅에 끝내 닿지 못하며, 그곳이 어떻게 생겼는지 알게 될 만큼 오래 살지도 못한다.

간단히 말해 인공지능과 자동화는 분명 우리 삶을 향상시킬 **가능성**이 있지만, 반드시 그러리라고 확신할 수는 없다.

인간을 추가하면 왜 성과가 떨어지나?

이 주장에 관한 한 진심으로 낙관론자 편에 서고 싶었다. 인간과 인공지능이 나란히 서서 협력하며 완벽한 조화를 이룬다는 상상은 실로 아름답기 때문이다. 아무리 기계가 주어진 업무를 훌륭하게 해낸다고 해도 수치화할 수 없는 요인이 늘 존재할 것이므로 인간 전문가가 꼭 필요하다고 믿었다. 하지만 유감스럽게도 내 믿음은 틀린 듯하다.

잇따른 연구에 따르면 인공지능은 성과가 일정 수준에 도달하는 순간 인간뿐만 아니라 인간-인공지능팀의 성과를 능가하는 경향이 있다. 워싱턴 대학과 마이크로소프트 리서치 연구팀은 2019년 메타 분석을 통해 인공지능 시스템이 단독으로 내린 의사 결정과 '인공지능의 도움을 받아' 인간이 내린 의사 결정을 비교한 수많은 과거 연구를 살펴보았다.[13] 연구 결과에 따르면 예외 없이 모든 사례에서 인공지능이 독자적으로 작동한 결과가 인간-인공지능팀보다 좋은 성과를 냈다. 연구팀은 "우리가 살펴본 어느 연구에서도 보완적 성과는 관찰되지 않았다. 모든 사례에서 작업 회로에 인간을 추가하면 성과가 **떨어졌다**"라고 지적했다.

인간-인공지능 체스팀이라는 전형적 사례에서조차 결함이 나타났다. 이 하이브리드 팀이 단독 컴퓨터보다 우월하리라 기대한 가리 카스파로프의 가설도 이전 시대였다면 모를까 더는 타당성이 없는 듯하다. 한 예로 2014년 버펄로 대학 연구팀은 한때 인간-인공지능팀이 인공지능 체스 플레이어보다 앞섰을지 모르지만 "그 차이는 오늘날까지 지속하지 않는다"라고 밝혔다.[14] 달리 말해 그동안 숱하게 논의된 인간-인공지능 파트너십에서 인간은 자력으로 당당히 맞서지 못할 때가 많다.

지금은 상상도 못 할 새 일자리들이 생겨난다?

정확히 진위를 따질 방법은 없지만, 이 주장은 인공지능 낙관론자들이 주로 내놓는 어떤 주장보다 설득력이 있어 보인다. 인공지능과 자동화가 인간을 완전히 쓸모없게 만들 가능성을 생각해볼 때면 내가 어렸을 때 존재하지도 않았던 온갖 직종이 떠오르면서 과연 수십 년 뒤에는 어떤 신기한 직종이 나타날까 상상하게 된다. 전에는 앱 개발자니 소셜 미디어 관리자니 하는 직종들이 없었다.

업계 전문가들은 이미 떠오르는 몇몇 새로운 직종을 알아챘다. 2018년 액센츄어는 대기업 1,000곳을 대상으로 설문 조사를 벌인 결과, 인공지능 관련해 생겨날 직종을 '훈련가^{trainer}, 설명가^{explainer}, 유지 보수 전문가^{sustainer}' 등 3가지로 분류했다.[15] 이들은 기계를 안내하고 감독하는 데 도움을 주고 알고리즘이 내린 결과를 다른 사람들에게 설명하고 기업의 IT 부서에 인공지능을 통합하는 복잡한 일을 담당한다. 액센츄어의 경쟁사 코그니전트는 최근 리스트 하나를 발표했다.[16] 이 리스트에는 '개인 데이터 브로커', '증강 현실 여행 설계자', '청소년 사이버 범죄 재활 상담사' 등 곧 새로 등장하리라 기대되는 직종 수십 개가 실려 있었다.

물론 관건은 이 직업들이 자동화로 손실된 일자리를 대체할 만큼 충분하냐는 것이다. 또한 오래된 직종이 사라지고 새로운 직종이 등장하는 사이의 공백이 얼마나 될지도 중요한 문제다.

이런 문제들에 당장 답을 내놓기는 어렵다. 새로운 직종이 어떤 것들인지 아직 모르고 과연 그 일들이 얼마나 빨리 생겨날지도 미지

수기 때문이다. 하지만 다음 질문들에는 지금 답을 내놓을 수 있다.

- 기술이 낳을 새 직종들은 대체되어 사라지는 과거 직종만큼 안정적이고 성취감을 주며 적절한 보상을 줄 것인가?
- 과거 직종이 사라진 바로 그 자리에 직종이 생겨날 것인가?
- 새 직종들은 성별, 인종, 교육 수준과 관계없이 모든 사람이 일할 수 있는가, 아니면 여전히 백인 남성만이 불공평하게 혜택을 누릴 것인가?
- 기업 총수들은 자동화로 얻는 이윤을 노동자들과 나눌 것인가, 아니면 자신과 투자자를 위해서만 축적할 것인가?
- 기업들은 기술적 가능성이 보이면 곧바로 직원을 해고할 것인가, 아니면 재훈련을 통해 이들을 다른 업무에 배치할 것인가?
- 인공지능 연구자들은 일자리가 많은 새 업계를 만들어내는 데 집중할 것인가, 아니면 기술 진보에만 집중해 기업들이 노동자에게서 더 높은 생산성을 쥐어짜게 할 것인가?
- 과거 직종에서 새 직종으로 쉽게 넘어가지 못하는 사람들을 위해 충분한 사회적, 경제적 지원이 마련될 것인가?
- 구글, 페이스북, 아마존 등의 기업들은 인공지능을 활용해 사람들의 역량을 강화하고 그들에게 믿을 만한 정보를 제공해 더 나은 삶을 안겨줄 것인가, 아니면 인공지능을 이용해 분열을 양산하고 거짓과 음모를 퍼뜨리며 피할 수 없는 감시망을 구축할 것인가?

보면 알겠지만 기계에 관한 질문은 하나도 없다. 전부 사람에 관한 질문이다. 여기에 정치인, 비즈니스 리더, 기술 전문가들이 어떻게 답하느냐에 따라 인공지능과 자동화가 파괴를 불러오는 장본인이 될지, 인류를 위한 축복이 될지 아니면 둘 사이의 무언가가 될지가 결정된다.

여기서 나의 반쪽짜리 낙관주의로 다시 돌아가야겠다. 다행히도 내가 인공지능의 가능성을 회의적으로만 보지 않는 것은 기술의 발전 양상을 판가름할 힘이 아직 우리 손에 있기 때문이다. 우리가 제대로 행동한다면 놀라운 결과를 얻을 수 있다. 올바르게 설계되어 배치된 인공지능은 빈곤을 퇴치하고 질병을 치료하는 데 도움이 될 것이다. 또 기후변화와 조직적 인종차별에 맞서는 데도 유용할 것이다. 우리는 인공지능 덕분에 일을 삶의 중심에서 몰아내고, 즐겁고 의미 있는 일을 하며 사랑하는 사람들과 함께하는 시간을 누릴 수도 있다.

불행히도 내가 실리콘밸리의 친구들만큼 낙관적이지 않은 것은 현재 인공지능의 발전을 주도하는 많은 이들이 이런 목표를 추구하지 않기 때문이다. 그들은 고역과 어려움에서 인간을 해방하려 애쓰는 것이 아니다. 그들은 자사가 개발한 응용프로그램의 활용도를 높이거나 회계 부서의 효율성을 30% 더 높이는 일에 골몰한다. 자신들의 일이 근본적으로 어떤 결과를 불러올지 모르고 있거나 괘념치 않는다. 책임 있는 태도로 인공지능을 사용하겠다고 서약했더라도 속도를 늦춘다거나 자신들이 설계한 도구가 어떤 해를 끼칠지 숙고하는 노력은 전혀 하지 않는다.

나도 인공지능 낙관주의자로 돌아가고 싶은 마음이 간절하다는 것을 알아주었으면 한다. 하지만 지금 당장은 인간이 그 길을 가로막고 있다.

2.

인간이 할 수 있다면
기계도 할 수 있다?

"우리 인간은 신경 회로망의 묶음이다.
그러므로 우리가 할 수 있는 일은 기계도 할 수 있다."
– 제프리 힌턴

나는 몇 해 전 기업 임원들이 모인 만찬에 초청받은 적이 있다. 값비싼 샴페인과 푸아그라, 소고기 안심 요리 등 평소에 보기 힘든 음식이 나오는 자리였고 이런 모임이 대개 그렇듯 전채 요리가 차려지자 대화는 자연스레 인공지능과 자동화로 넘어갔다.

임원들은 특히 로봇의 등장에도 끄떡없는 일자리가 무엇인지 궁금해했다. 인간의 일 중에서 끝내 기계가 따라잡지 못할 일이 무엇이냐는 것이었다.

다들 제조업은 분명히 기계로 대체될 것이라고 입을 모았다. 소매업이나 사무직, 화물차 운송업도 마찬가지였다. 의료업계 한 임원은 인공지능이 방사선 전문의는 물론이고 피부과 전문의도 대체할 것이라고 말했다. 기초 수준의 재무, 컨설팅 업무도 쓸모없어질 것이라고 말하는 사람도 있었다. 그러자 다음 사람이 어떤 업무든 '편안한' 일은 전부 자동화될 위험이 있다고 했다. 나는 업무상 만찬에서 샴페인을 마시고 푸아그라를 먹는 사람의 일도 '편안하다'라고 말할 수 있느냐고 묻고 싶었으나 예의상 참았다.

내 의견을 말할 차례가 돌아오자 나는 얼어붙었다. 나는 로봇의 등장에도 *끄떡없는* 일자리가 있으리라 생각했다. 간호, 교육, 데이터 과학과 같은 특정 분야는 자동화 영향을 받지 않는다던 전문가들의 견해도 많이 들었다. 하지만 바로 이 분야들을 자동화하겠다고 나서는 스타트업도 많았다. 결국 나는 창의력과 복잡한 문제 해결력이 필요한 분야는 기계가 대체하기 어려울 것이라는 뻔한 의견을 내놓았다. 겨우 상황만 모면한 셈이었다.

만찬 이후로 나는 업무 자동화에 관한 연구를 더 깊이 들여다보기 시작했다. 알고 보니 그날 만찬에서 나눈 대화는 기본 전제부터 잘못되어 있었다. 본질상 로봇의 영향에서 자유로운 일자리란 없기 때문이다.

과거에 기계가 못 할 것이라고 여겼던 몇 가지만 생각해보자. 1895년 영국 물리학자 켈빈 경은 항공기로서 비행기가 열기구를 대체하는 일은 없을 것이라고 주장하며 "공기보다 무거운 비행 기계는 존재할 수 없다"라고 말했다.[17] 그로부터 8년 뒤 라이트 형제가 키티 호크에서 동력 비행에 성공하면서 열기구 조종사의 시대는 저물어갔다.

1962년 이스라엘의 수학자이자 언어학자 여호수아 바 힐렐은 "번역업계에 전자 디지털 컴퓨터를 도입한다고 해도 혁명적 변화가 일어나지는 않을 것"이라며 컴퓨터로 외국어를 번역할 수 있다는 생각을 일축했다.[18] 이 주장의 오류를 밝히기까지는 시간이 걸렸지만, 2018년 기준으로 구글 번역은 하루 평균 1,430억 단어를 처리하며[19] 인간 번역가에 대한 수요를 급격히 떨어뜨렸다.

내가 흥미롭게 본 기계에 관한 잘못된 예측은 1984년 사례였다.[20] 당시 〈뉴욕 타임스〉는 공항에 도입되는 자동 매표기에 관한 기사를 실었다. 이 기사에서 인용한 전문가들의 인터뷰 내용을 보면 컴퓨터가 여행사 직원을 대체할 것이라는 데 매우 회의적이었다. 한 여행사 대표는 "실수로 버튼을 잘못 누르면 어떻게 합니까?"라며 반문했다. 방어적이거나 이해가 느려서 한 말이 아니다. 그는 항공권 구매와 같은 중요한 일을 사람이 아닌 컴퓨터에 맡긴다는 **말 자체를 상상할 수 없었다.** 물론 지금은 온라인에서 항공권을 예약하는 일이 다반사이며 여행사 직원 수도 급격히 줄었다.

이런 예측은 시시한 비평을 늘어놓는 사람들이 아무 정보 없이 아무렇게나 말한 게 아니라는 점을 잊지 말아야 한다. 해당 분야를 선도하는 전문가들이, 대부분 동시대인보다 더 훌륭한 자료와 내부자로서의 더 많은 지식을 가지고 말하는 것이다. 그럼에도 이 전문가들은 몇 번이고 반복해서 헛다리를 짚는다.

사실 인공지능 예측에 관해서는 전문가들이 전혀 도움이 안 될지도 모른다. 2014년 옥스퍼드 대학 연구팀은 기술 전문가들이 인공지능 발전에 관해 내놓은 60년간의 예측을 묶어 같은 기간에 아마추어들이 내놓은 예측과 비교해보았다.[21] 연구팀은 두 그룹의 예측에 유의미한 차이가 없다면서 "인공지능 예측은… 어림짐작보다 나을 것이 없는 듯하다"라고 결론지었다.

전문가들을 헐뜯을 생각은 없다. 기술 변화의 경로를 예측하겠다는 생각에 반대하지도 않는다(그랬다면 이 책을 쓰지 않았을 것이다). 다만 우리 자신의 능력을 과대평가하고 기계의 능력을 과소평가하게 하는 전문가들의 편향성이 우리를 위험한 안도감에 빠뜨리지 않을까 우려스럽다. 리처드 서스킨드와 대니얼 서스킨드는《4차 산업혁명 시대, 전문직의 미래》에서 법률, 의학, 재무 등 다양한 분야의 전문가에게 자신들 분야의 미래를 어떻게 내다보는지 물었다.[22] 그 결과 전문가들 대다수가 인공지능과 자동화가 해당 업계에 변화를 몰고 와 일부 동료들이 일자리에서 밀려나리라 예측하면서도 자신의 일자리만은 안전할 것이라고 믿었다.

2017년 갤럽이 한 설문 조사[23] 결과도 마찬가지였다. 미국 성인의 73%는 인공지능이 '일자리를 창출하기보다 없애는 경우가 더 많을' 것이라고 믿었지만, 자신이 일자리를 잃을 것이라고 걱정하는 비율은 23%에 그쳤다. 전 세계 모든 직종을 대표하는 똑똑한 사람들은 인공지능이 매우 강력한 기술로서 초인적 효율을 발휘해 복잡한 직무도 거뜬히 수행할 것이라고 믿지만, **자신**의 일만은 결코 기계가 대신하지 못할 것이라고 확신하는 듯하다.

놀랍게도 이와 같은 부인은 이미 기계로부터 위협을 받고 있는 업계에서도 나타난다. 2019년 언론인이자 일러스트레이터인 웬디 맥노튼은 네바다, 유타, 아이다호의 화물차 휴게소에 방문해 기사들에게 자율 주행 화물차에 관한 생각을 물었다.[24] 여러 기업이 자율 주행 화물차를 개발하는 데 수십억 달러를 쏟아붓고 있고, 이미 자율 주행 화물차는 미국 고속도로를 누비며 시험 주행하고 있는데(이 책이 출간될 즈음이면 시험 주행을 마치고 양산을 시작했을지도 모른다) 기사들 대부분이 이를 터무니없는 생각이라며 무시했다. 한 기사는 맥노튼에게 이렇게 말했다. "이 일을 컴퓨터가 맡는다는 건 망상입니다. 아무도 우리가 하는 일은 못 합니다."

고학력 지식 노동자일수록 위험하다

인공지능과 자동화의 물결 가운데 사람들이 어리둥절해하는 부분은 위험 지대가 확대되었다는 것이다. 수십 년간 자동화는 블루칼라가 종사하는 제조업 중심의 반복적이고 수동적인 작업에 대부분 집중되었다. 화이트칼라 지식 노동자들은 대체로 자신이 안전하다고 믿었다. 하지만 오늘날 인공지능과 기계 학습은 회계, 법률, 재무, 의학과 같이 기획, 예측, 프로세스 최적화 등의 작업이 필요한 분야에 적용되고 있다. 알고 보면 이러한 작업이야말로 인공지능의 전공 분야다.

사실 화이트칼라 노동자는 블루칼라 노동자보다 자동화로 인해 일자리에서 밀려날 가능성이 클 수도 있다. 2019년 브루킹스 연구소는 스탠퍼드 대학에서 박사 과정을 밟고 있는 마이클 웹의 작업을 바탕으로 연구를 진행했다.[25] 웹 등은 인공지능과 관련된 특허 내용과 노동부 데이터베이스에 있는 직무 기술서 내용 중 겹치는 부분을 조사해 '품질 예측'과 '권고 사항 제시' 등과 같이 양쪽에 모두 등장하는 문구를 찾아보았다. 그 결과 이 연구에 포함된 769개 직무 범주 중 전부에 가까운 740개가 적어도 가까운 미래에 자동화될 위험이 있었다. 학사나 대학원 학위를 취득한 노동자는 고졸 노동자보다 인공지능의 위험에 노출될 확률이 거의 4배나 높았다. 그리고 자동화에 취약한 대다수 직무는 산호세, 시애틀, 솔트레이크시티 등 주요 대도시의 고임금 직종에 속했다.

웹 등이 보여준 결과는 인공지능과 자동화의 위험을 대하는 우리의 평소 생각과 사뭇 다르다. 이는 역사적으로 자동화는 그저 남의 문제라고 치부하던 고학력 지식 노동자들에게 경종을 울리는 사실이다. 몇 년 전 월스트리트 트레이더들은 자신들의 대체 가능성을 뼈저리게 실감했다. 초단타 알고리즘 매매와 전산화된 증권 거래소가 나타나 트레이더 수천 명의 일자리를 없애버린 것이다. 이제 기계들은 다른 부서에도 눈을 돌리고 있다. 2017년 JP모건 체이스는 코인 COIN 이라는 소프트웨어 프로그램을 이용하기 시작했다.[26] 이 프로그램은 기계 학습 기법을 활용해 특정 유형의 금융 계약을 검토한다. 과거 직원들이 이런 문서를 전부 검토하려면 연간 30만 시간을 들여야 했다. 지금은 눈 깜짝할 사이에 일이 끝난다. 일류 금융 기업들이 사용하는 켄쇼라는 인공지능 기반 데이터 분석 플랫폼은 과거 와튼 스쿨 졸업생들이 달려들어 처리하던 핵심 재무 분석을 자동으로 실행한다.[27] 미국 금융 서비스 기업 웰스 파고의 2019년 보고서에 따르면 이러한 인공지능과 자동화로 인해 향후 10년 사이에 금

융업계 종사자 약 20만 명이 일자리를 잃을 것이라고 추산했다.[28]

의료 분야도 기계화되고 있다. 숙련된 전문의들이 담당하던 많은 일을 인공지능이 배우고 있다. 2018년 중국의 한 기술 기업은 뇌종양을 비롯한 여러 질병을 일류 의사 15명으로 구성된 팀보다 더 신속하고 정확하게 진단하는 딥러닝 알고리즘을 설계했다.[29] 같은 해 미국 연구팀은 방사선 전문의보다 20배 낮은 오류율로 컴퓨터 단층 촬영 CT 영상에서 악성 종양을 식별할 수 있는 알고리즘을 개발했다.[30]

변호사들도 안심할 수 없다. 2018년 한 연구에서 미국의 최고 기업 변호사 20명이 로긱스 LawGeex라는 인공지능 스타트업이 개발한 알고리즘과 맞붙었다.[31] 과제는 비공개 계약서 5건에서 기본 계약법의 주요 사항인 법률문제를 최대한 빨리 찾아내는 것이었다. 알고리즘은 평균 94%의 정확도를 자랑하며 평균 85%의 정확도를 보인 변호사들을 깔아뭉갰다. 더 놀라운 점은 수임료 청구 가능 시간의 차이였다. 변호사들은 주어진 과제를 완료하는 데 평균 92분이 걸렸지만 로긱스의 인공지능은 단 26초 만에 작업을 끝냈다.

화이트칼라로 오랫동안 최고의 일자리 기회를 누려온 컴퓨터 프로그래머들조차 자동화 위험에 놓여 있다. 프로그래머가 아니더라도 누구나 최소한의 코딩, 즉 '노코드 no-code'나 '로우코드 low-code'로 앱을 만들 수 있는 개발 인터페이스가 생겼다. 아마존 웹 서비스 AWS처럼 중앙 집중식 서비스 제공 플랫폼이 등장하면서 이제 기업들은 어느 때보다도 적은 인원으로 소프트웨어를 개발하고 기술 인프라를 유지하는 게 가능해졌다. 심지어 인공지능 공학자들마저도 자동화로 일자리에서 밀려날 수 있다. 2017년 구글이 출시한 기계 학습 개발 모형 AutoML은[32] 다른 기계 학습을 설계하고 훈련하는 도구다. AutoML에 대한 구글의 초기 실험 결과는 인상적이었다. 평범한 이미지에 라벨을 붙이는 과제를 수행하는 신경망을 설계하도록 지시했더니, AutoML은 구글 소속 공학자들보다 더 정확한 모형을 설계하고 훈련할 수 있었다.

기자는 말할 것도 없다. 기자들 중 다수는 분명 대체될 수 있다. 특히 틀에 박힌 뻔한 결과물을 내놓는 기자라면 더욱 그렇다. 2020년 들어 몇몇 매체는 비영리 인공지능 연구 기관인 오픈AI가 개발한 첨단 인공지능 프로그램 GPT-3를 이용해 실험에 돌입했다. 주어진 프롬프트를 가지고 기계 학습으로 작업을 완수하는 이 프로그램은 설득력 있는 장문의 글을 써냈고 편집자들은 글에 드러난 명료함과 유려한 스타일에 혀를 내둘렀다. 〈가디언〉은 GPT-3를 동원해 인공지능과 기계 학습의 미래에 관한 사설을 작성해보고는 "인간이 작성한 사설보다 대체로 편집 시간이 덜 걸렸다"라고 결론지었다.[33]

화이트칼라 전부 혹은 대다수를 기계가 대체할 것이라는 말이 아니다. 하지만 위 사례들은 명문 대학에서 학위를 받고 링크트인에서 화려한 이력을 자랑하고 기업에서 높은 연봉을 받는 사람이라도 더는 안전하지 않다고 경고한다.

연민과 창의력은 더 이상 인간의 전유물이 아니다

사람을 돌보는 일과 새로운 아이디어를 제시하는 일과 같이 자동화할 수 없다고 여겨지는 두 직군에는 '연민'과 '창의력'이 요구된다. 하지만 연구자와 기업가들은 이 분야들을 자동화하는 데 어느 정도 성공을 거두고 있다. 최근 스탠퍼드 대학 연구팀은 워봇^{Woebot}이라는 '챗봇 치료사'를 개발했다.[34] 워봇은 기계 학습과 표준 인지 행동 치료를 활용해 사용자들의 문제를 상담해준다. 이 접근 방식은 여러 동료 심사 연구를 통해 사용자들의 우울과 불안 증상을 현저히 줄인 것으로 밝혀졌다. 일본에서는 노인에게 약 먹을 시간을 알려주고 스스로 움직이고 식사하게 도우며 누군가 곁에 있다는 느낌을 안겨줄 '케어봇^{carebot}'을 개발하고 있다. 이 로봇들은 인간과 완전히 상호작용할 수 없으나 그럴 필요가 없을지도 모른다. 뉴질랜드의 오클랜드 대학 연구팀이 주도한 2019년 연구를 비롯해 노인 보호 로봇의 효과성을 조사한 초기 연구에 따르면 치매가 있는 사람들과 상호작용하는 데 로봇이 인간만큼이나 효과적일 수 있다는 사실이 밝혀졌다.[35]

인간에게만 있다고 생각했던 감정을 읽고 해석하는 능력과 같은 몇몇 기술도 어쩌면 기계가 해낼 수 있을지 모른다. 실제로 컴퓨터공학에는 인공지능을 활용해 발언 내용과 세세한 표정을 분석하고 그 사람의 감정 상태를 인식하는 '감성 컴퓨팅^{affective computing}'이라는 하위 분야가 따로 있다. 효과와 정확성은 뜨거운 쟁점이 되고 있지만 몇몇은 놀라울 정도로 좋은 결과를 냈다. 2019년 유니버시티 칼리지 런던의 에바 크룸후버 등이 연구한 결과에 따르면 인공지능 판독기는 의도적으로 특정 감정을 드러내는 영상에서 이를 제대로 식별하는 데 인간보다 나은 성과를 냈고, 자연스럽게 표출하는 감정을 알아차리는 데서도 인간과 거의 비슷한 성과를 냈다.[36]

창의력을 요하는 직무의 경우 인공지능이 루브르 박물관에서 레오나르도 다빈치를 밀어내려면 아직 조금은 더 기다려야 할 듯하다. 하지만 컴퓨터의 도움을 받아 예술 작품을 만들어내는 초기 실험에서는 어느 정도 장래성이 엿보였다. 최근 들른 전시회에서 본 그림들은 전부 '생성적 대립 신경망generative adversarial network, GAN'이라는 기계 학습 기술을 사용해 인공지능이 만들어낸 작품들이었다. 작품들은 무시무시하고 으스스하면서도 아름다운 분위기를 자아냈고 전시회장에 모인 수집가들은 덥석덥석 작품을 사들였는데 몇몇 작품은 수천 달러를 호가했다.

인공지능은 창의력이 필요한 다른 분야에서도 장족의 발전을 보이고 있다. 이제 알고리즘이 시나리오를 쓰고 비디오게임 레벨을 설계하고 건축 설계도를 척척 그려낸다. 여러 연구에 따르면 사람들은 숙련된 인간이 만들어낸 작품보다 기계가 생성해낸 창의적인 결과물을 선호할 때가 종종 있다.

언론인 클라이브 톰슨은 주크덱Jukedeck에 관한 글을 썼다.[37] 이 인공지능 작곡 시스템을 이용하면 순식간에 곡을 쓸 수 있다. 톰슨은 주크덱이 유명한 히트곡들을 대체하지는 못해도 사운드트랙과 각종 매체에 사용되는 음악을 만드는 스튜디오 음악가 대열에 들기에는 충분하다고 논했다. 톰슨은 주크덱이 제작한 데모 트랙에 관해 이렇게 썼다. "훌륭하거나 머릿속에 맴도는 음악은 아니었어도 동영상이나 광고 음악으로 들어본 인간의 작품과 충분히 견줄 만했다. 작곡가가 이 정도의 작품을 만들려면 적어도 1시간은 걸렸을 텐데 주크덱은 1분도 되지 않아 곡을 완성했다."

'로봇의 등장에도 끄떡없는, 즉 미래가 보장된 일자리'에 관한 논의에서 또 하나 살펴볼 근본적인 문제가 있다. 이 문제를 논할 때 직종은 매우 강조하는 반면 직업과 연관된 질적 특성은 경시한다는 것이다.

인공지능과 자동화에 관한 흥미로운 연구 대다수는 모든 교사, 모든 건축가, 모든 공장 노동자가 일자리에서 밀려날 가능성을 동등하게 상정한 채 광범위한 직종이 자동화될 위험을 분석했다. 심지어 직업을 입력하면 미래에 자동화로 일자리를 상실할 위험 정도를 알려주는 웹사이트 willrobotstakemyjob.com도 있다(내 경우에 '기자와 특파원'으로 검색했더니 11％가 나왔는데 솔직히 이 정도면 안심해도 될 것 같다).

현실적으로 대다수 직종은 경우에 따라 자동화가 수월할 수도 있고 까다로울 수도 있다. '예술가'라 하면 자폐증 환자를 대상으로 예술 치료 수업을 진행하는 사람일 수도 있고 식스 플래그(세계 최대의 놀이공원 회사-옮긴이)에서 익살맞은 캐리커처를 그리는 사람일 수도 있다. '의사'라면 소도시에서 주민들의 사랑을 받는 소아과 전문의일 수도 있고 업무 시간 내내 연구실에서 영상 자료를 분석하는 진단 방사선 전문의일 수도 있다. '언론인'이라면 고위급 공무원의 부정행위와 비리를 폭로하는 탐사 기자일 수도 있고 기업의 수익 보고서를 요약해 뉴스 제공처에 올리는 사람일 수도 있다. 같은 직종이라고 해서 인공지능으로 대체될 위험마저 같은 것은 아니다.

직종 중심의 연구가 지니는 또 다른 문제는 틀에 박히고 뻔한 것처럼 보이는 직업들도 사실은 그렇지 않은 경우가 많다는 것이다. 공항 보안검색 요원을 예로 들어보자. 보안검색 요원은 날마다 탑승객에게 주류나 노트북을 가방에서 꺼내놓으라고 말하고 전신 스캐너를 통과하도록 안내한다. 탑승객의 짐에 금지 물품은 없는지 조사한다. 특별한 기술이 필요치 않은 틀에 박힌 일이지 않은가? 그래서 자동화하기 수월해 보이는가? 현실은 다르다. 공항 보안검색 요원은 단순히 온종일 엑스레이 기계를 응시하는 일 이상을 수행한다. 이들은 몸이 불편해 전신 스캐너를 통과하지 못하는 탑승객이나 신분증이 없는 여행객 등 뜻밖의 상황과 예외 사항을 관리한다. 분실물 위치를 추적하고 초조해하는 여행객을 안심시킨다. 안전을 위협할 만한 탑승객의 미묘한 행동 징후도 살핀다. 이렇듯 보안검색 요원은 직무 기술서 어디에도 적혀 있지 않은 수백 가지 자잘한 업무를 실행하는데 이들의 수고가 없다면 어느 공항이든 멈춰버리고 말 것이다. 따라서 기계가 보안검색 요원을 대체하기란 데이터가 예측하는 것보다 어려울 가능성이 크다.

반대로 어떤 직종은 보기보다 로봇이 수행하기에 **더** 적합하다. 패션 디자인을 예로 들어보자. 옷을 디자인하는 일은 순전히 창의적인 일이므로 컴퓨터가 하기에는 불가능해 보인다. 하지만 수많은 현대 패션 디자인, 특히 '패스트 패션'과 전자 상거래 브랜드에서 디자인이란 패턴 인식과 데이터 분석이 일의 대부분을 차지한다. 그리고 여기에 더해 이미 잘 팔리는 아이템을 어떻게 변주할지 결정하기도 한다. 이 역시 인공지능이 능숙히 해낼 수 있는 일이다. 이미 몇몇 기업은 인공지능을 활용한 패션 디자인을 내놓고 있다. 2017년 아마존 연구팀은 특정한 스타일로 만들어진 의상의 이미지를 분석해 같은 스타일의 새 의상을 만드는 법을 배우는 기계 학습 알고리즘을 개발했다.[38] MIT 대학원생 2명이 시작한 인공지능 패션 기업 글리치 Glitch는 딥러닝 알고리즘으로만 디자인한 제품을 판매한다.[39]

인공지능이 공항 보안검색 요원은 그대로 남겨두고 패션 디자이너는 모조리 대체하게 된다는 뜻일까? 물론 그렇지 않다. 자동화로 일부 직종은 사라지고 일부 직종은 온전히 살아남는 그런 깔끔한 결과는 아닐 것이다.

나는 그날 호화로운 만찬장에서 기업 임원들에게 질문이 잘못되었다고 말했어야 했다. 로봇의 등장에도 끄떡없는 일자리란 없으며 직종이 운명을 좌우하지도 않는다. 인공지능과 자동화를 피하는 것에 관한 한 우리가 무엇을 하느냐보다 **어떻게** 하느냐가 훨씬 중요하다.

3.

기계는 어떻게
인간을 대체하는가?

"가면을 쓰고 다가오는 기술이 있다. … 기술처럼 보이지 않는다.
그래서 이 기술은 올바른 방향이든 그릇된 방향이든 크나큰 비판도 받지 않고
때로는 인식조차 되지 않은 채 목적을 달성한다."

– 닐 포스트먼

〈젯슨 가족〉은 로봇으로 가득한 미래 사회에서 살아가는 가족 이야기를 소재로 한 1960년대 TV 애니메이션이다. 이 애니메이션에는 기계로 대체되는 사람들에 관한 우리의 전형적인 생각을 드러내는 유명한 에피소드가 있다. 여느 날처럼 조지 젯슨이 공장으로 출근한다. 공장에 도착하자 상사가 조지를 사무실로 부르더니 앞으로 그의 일을 우니블랍이라는 로봇이 맡을 것이라고 말한다. 그러면서 상사는 위로의 뜻으로 조지에게 우니블랍의 비서 자리를 제안한다.

반세기가 지난 지금도 업무 현장의 자동화를 바라보는 이러한 편견은 여전하다. 어느 날 사무실에 갔더니 내 자리에 로봇이 앉아 있

더라 하는 식이다. 상사는 난처한 얼굴로 옷매무시를 가다듬고 반갑지 않은 소식을 전한다.

인간과 로봇의 일대일 대체가 이따금 일어나기도 한다. 조지아주 마리에타의 월마트 매장에는 직원들이 '프레디'라고 부르는 바닥 청소 로봇이 있다. 2019년 월마트는 이 로봇을 대거 들여놓고 인간 청소부 수백 명을 해고했다. '프레디'라는 이름도 매장 직원들이 해고된 동료의 이름을 따 붙인 것이다.[40] 하지만 〈젯슨 가족〉에서와 같이 해고하는 일은 별로 없으며 점점 더 드물어지고 있다. 무엇보다도 자본주의의 효율성 측면에서 그럴 수밖에 없다. 선반에서 바로 구매할 수 있는 하드웨어 로봇이 당신을 대체할 것이었다면 벌써 그랬을 것이다.

요즘에는 조금 다른 이야기가 더 일반적이다. 보험 판매원으로 일하는 뉴저지 출신의 제이미 러먼의 이야기를 들은 적이 있다. 러먼이 일하는 곳은 국립 보험 회사의 작은 지부로 가족이 운영하고 있다. 10년 전 그가 보험 판매에 발을 들일 당시 지부는 온종일 영업 전화를 돌리고 새로운 약관을 적용해 보험 가격을 계산하고 고객 청구서를 처리하느라 정신이 없는 직원들로 가득했다. 하지만 지금은 신기술로 이 업무의 상당 부분을 자동화했다. 이제 지부는 러먼이 일을 시작했던 때보다 직원 수가 절반으로 줄었다. 사무실에는 빈 책상이 수두룩하다. 그는 이렇게 말했다. "사람들이 해고를 당하는 게 아닙니다. 퇴사자가 생기면 즉시 그 자리를 메워야 할 시급성이 점점 떨어지는 거죠. 더는 그렇게 많은 사람이 필요치 않게 된 겁니다."

자동화로 인한 일자리 상실은 훨씬 미묘한 형태로 나타나기도 한다. 순전히 가상으로 설정한 다음 시나리오를 생각해보자.

1. 전국에 여러 공장과 직원 8만 명을 둔 거대 항공기 제조사가 있었는데 지난 몇 년 사이 신형 항공기 판매가 급격히 떨어졌다. 한 가지 이유는 샌프란시스코에 있는 20명 규모의 스타트업이 기계 학습을 활용해 항공기 사용 수명을 늘려주는 프로그램을 개발했기 때문이었다. 프로그램은 특정 부품의 교체 시기와 보수 시기를 알아내는 예측 알고리즘을 쓰고 있었다. 항공사들이 이 프로그램을 설치하고 나서 제트기 교체 빈도가 줄어들기 시작했고 거대 항공기 제조사의 판매량은 몇 분기 연속 예상을 빗나갔다. 주주들과 이사회의 압박을 느낀 회사는 몇몇 공장의 가동을 중지하고 직원의 4분의 1을 해고하기로 했다.

2. 수십 년간 한 대형 소매업체의 화물 운송을 담당한 회사가 있었다. 어느 날 이 소매업체 물류 부서에서 배달 경로의 효율성을 높이고 같은 양의 화물을 운송하는 데 필요한 화물차 수를 줄이고자 인공지능으로 작동하는 '적재 최적화기'를 사용하기 시작했다. 이듬해 화물 운송 회사는 배달 주문량이 30%나 줄어드는 바람에 기사와 발차 담당자를 대거 해고해야만 했다.

3. 뉴욕의 한 명망 있는 법률 회사는 지난 20년간 매년 여름이면 로스쿨 졸업생 50명을 채용해왔다. 최근 이 회사의 최대 고객인 월스트리트의 한 투자 은행이 특정 유형의 문서를 자동으로 검토하고 법률 준수에 문제가 되는 사항을 찾아내는 인공지능 기반 프로그램을 설치했다. 이 프로그램은 시간당 400달러 이상을 요구하는 법률 회사 관계자가 아닌 시간당 40달러를 받는 은행 말단 직원도 충분히 운용할 수 있었기에 은행은 외부 자

문 규모를 급격히 축소했다. 이런 변화를 수익 예측에 반영하지 못한 법률 회사는 다가올 여름에 로스쿨 졸업생을 25명만 채용하기로 했다.

위 시나리오들은 직접적인 일대일 대체는 아니어도 자동화로 일자리가 사라지는 상황을 보여준다. 이런 일을 실제로 겪어본 사람이라면 그 과정에 기술이 있다는 사실을 전혀 생각지 못했을 것이다. 우리 눈에 보이는 것이라고는 예산 감축, 빈 트레일러, 줄어든 일자리 제안 같은 2차 효과뿐이니 말이다.

기술 전문 작가 브라이언 머천트는 이러한 역학을 '비가시적 자동화invisible automation' 문제의 일부로 보았다.[41] 머천트는 이렇게 말했다. "자동화가 즉각적이고 직접적으로 노동자들을 한꺼번에 내치는 것 같지는 않다." 대신 감봉이나 불채용 혹은 높은 이직률과 같은 형태로 점진적으로 효과가 나타난다는 것이다.

기계가 인간 노동자를 대체하는 것을 촉진하는 몇 가지 흔한 방식이 있으나 이 중 어느 것도 〈젯슨 가족〉의 시나리오대로 되지는 않는다.

대기업 vs. 소기업? 규모는 중요하지 않다

우선 자동화는 소기업들이 훨씬 적은 인력으로 그들보다 크고 안정된 경쟁사와 비슷한 업무를 수행하게 한다. 하버드 비즈니스 스쿨

마르코 이안시티와 카림 라크하니 교수는 《온택트 경영학》에서 중국 전자 상거래 대기업 알리바바와 제휴를 맺은 금융 서비스 스타트업 앤트그룹의 사례를 들어 이 개념을 설명했다.[42] 알리페이 결제 플랫폼으로 시작한 앤트그룹은 세계에서 가장 가치 있는 민간기업으로 손꼽힌다. 앤트그룹은 기존 은행들이 많은 노동력을 들여 제공하던 여러 서비스를 기계 처리로 대체할 방법을 찾아낸 덕분에 지금의 자리에 오를 수 있었다.

앤트그룹의 계열사인 마이뱅크^{MYbank}는 대표적으로 '3-1-0'이라는 대출 서비스를 제공하는 인터넷 전문 은행이다. '3-1-0'은 대출을 신청하는 데 3분, 알고리즘이 이를 승인하는 데 1초가 걸리고 여기에 개입하는 사람은 0명이라는 뜻이다. 마이뱅크는 이 방식으로 수천억 달러를 대출해주고 알리바바를 비롯한 다른 파트너 회사들에서 고객 데이터를 수집해 이를 바탕으로 연체율도 약 1%대로 유지했다. 기존의 많은 대출업체보다 훨씬 낮은 수준의 연체율이었다.

2018년 당시 직원이 300명뿐이던 마이뱅크는 알고리즘을 도입하기 위해 대출 담당자 수천 명을 해고할 일이 전혀 없었다. 애초에 수천 명을 고용한 적이 없기 때문이다. 하지만 다른 여러 중국 은행이나 대출 회사에는 여전히 이 직책이 존재한다. 따라서 마이뱅크가 성장을 유지하는 한 다른 기업들이 뒤처지지 않으려면 직원들의 급여를 삭감해야만 할 것이다.

새로운 소비자 행동이 낡은 기업을 죽인다

기계는 특정 일을 수행하는 방식을 바꿔 인간 노동자를 대체한다. 한때 카메라와 필름 업계의 거대 기업이었던 코닥을 생각해보자. 1988년 코닥은 본사가 있는 뉴욕 로체스터의 수많은 주민을 포함해 무려 14만 5,000명에게 봉급을 지급할 정도로 번창했다. 당시 코닥의 중역을 붙잡고 직원들에게 가장 큰 위협이 무엇이냐고 물었다면 아마 아웃소싱이나 해외 기업과의 경쟁이라고 답했을 것이다. 미래를 예리하게 내다본다는 임원이라도 기껏해야 디지털카메라의 부상 정도를 예측했을 것이다.

하지만 코닥을 무너뜨린 것은 해외 경쟁이나 디지털카메라가 아니었다. 스마트폰과 소셜 미디어였다. 수백만 명이 고화질 카메라가 장착된 아이폰과 안드로이드 기기를 휴대하게 되면서, 이제 사람들은 사진을 특수 장비가 필요한 유료 서비스가 아니라 일종의 DIY 취미로 생각하기 시작했다. 기술 기업들이 코닥을 죽이겠다고 나선 것이 아니다. 사진을 인화하던 방식에서 웹사이트에 올리는 방식으로 소비자 행동이 근본적으로 바뀌자 기업의 운이 사실상 막혀버린 것이다. 결국 코닥은 2012년 파산 신고를 했고 현재 직원은 약 5,000명 정도다.

코닥에서 일하던 나머지 14만 명의 일자리가 자동화로 날아가버렸다 말하면 어폐가 있다. **코닥에서는 자동화가 일어나지 않았으니 말이다.** 자동화는 마이스페이스, 페이스북, 인스타그램, 트위터 등 사진 서비스를 제공하는 기업들에서 진행되었다. 이들 기업에서 사용자들이 필름 없이 온라인에서 사진을 공유할 수 있는 기술을 도입하자 그 결과가 로체스터 주민의 실직으로 나타났다.

정규직 전문가는 더 이상 필요 없다

기계는 특정 업무를 아마추어도 수행할 만한 표준화된 과제로 세분화하고 소수의 관리자가 다수의 유연 노동자들을 감독하게 하여 정규 직원을 시간제, 임시직, 비정규직으로 대체하게 만들기도 한다.

그 전형적인 사례가 우버, 리프트, 에어비앤비 등의 긱 이코노미 gig economy(필요에 따라 계약직이나 임시직으로 사람을 채용하는 고용 관행을 기반으로 하는 노동시장과 이를 기반으로 굴러가는 경제-옮긴이) 기업들이다. 차량이나 남는 방이 있는 사람들이 전문 운전기사나 호텔 종사자와 경쟁할 수 있게 되었다. 하지만 내가 종사하는 업계에서 일어난 일보다 좋은 예는 없을 것이다. 수십 년 전만 해도 언론인들은 신문사, 잡지사, 방송사 등에 들어가 사실과 허구를 구분하고 어떤 기사가 시청자나 독자에게 적절한지 판단하며 그날그날 중요도에 따라 뉴스의 순위를 매겼다. '편집자', '프로듀서', '기자' 등으로 불린 이들은 수만 명에 달했고 대다수가 품위 있는 중산층의 삶을 누렸다.

지금은 이 직군의 상당수가 사라졌다. 대신 자동화 시대에 걸맞은 '콘텐츠 모더레이터 content moderator'라는 직종이 생겨났다. 과거 편집자와 프로듀서들처럼 콘텐츠 모더레이터는 페이스북, 유튜브, 트위터 등과 같은 플랫폼을 통해 대중에게 전달되는 정보가 적절한지 확인하며 하루하루를 보낸다. 플랫폼 기업들은 이들을 직접 채용하지 않고 파견업체나 컨설팅 회사와 계약을 체결한다. 콘텐츠 모더레이터로서 최저 임금 이상을 받기는 힘들다. 종일 부적절한 콘텐츠를 걸러내는 일을 하는 데 한때 편집자와 프로듀서들이 받았던 직무 훈련은 거의 필요치 않다. 그 대신 콘텐츠 모더레이터는 관리자가 건네준 객관화한 '콘텐츠 지침'과 의사 결정 트리decision tree를 따른다. 기술 기업은 이 과정을 자동화해 혐오 발언과 폭력 장면 등 금지된 유형의 콘텐츠를 정확하게 찾아내는 인공지능으로 모든 인간 모더레이터를 대체하는 것을 최종 목표로 하고 있다. 하지만 그전까지는 정규직 전문가들을 저임금 임시직 노동자로 대체하는 수준에 머무를 것이다.

* * *

자동화가 우리의 삶과 일터를 변화시키는 미묘하고 간접적인 방식은 어느 한 가지 위협 요소로 짚어내기 어려울 때가 많다. 하지만 뒤돌아보면 처음에는 순수하고 유용해 보이던 기술이 결국 더 파괴적인 결과를 초래했음을 종종 깨닫는다.

1984년 등장한 터보택스도 처음에는 일자리를 앗아가는 로봇처럼 보이지 않았다. 그저 컴퓨터광들이 세금을 내는 데 활용하는 소프트웨어로만 보였다. 하지만 결국 이 소프트웨어 때문에 수많은 세무사가 새 일자리를 찾아야 했다.

1985년 마이크로소프트에서 엑셀을 출시했을 때 이를 일자리를 위협하는 로봇으로 본 사람은 아무도 없었다. 그저 일종의 스프레드 시트 프로그램으로 보였으니 말이다. 하지만 이 프로그램이 등장한 결과 수동으로 자료를 입력하는 사무원으로 가득했던 부서 전체가 불필요해졌다.

2006년 페이스북이 추가한 '뉴스 피드' 역시 일자리를 잡아먹는 로봇이 아니라 대학 때 반했던 사람이 다시 싱글이 되었다는 소식 정도를 알려주는 기능으로 여겨졌다. 하지만 이 기능은 수십억 명에게 정보를 배포하는 제품으로 변모해 온라인 광고 시장을 장악하고 신문과 잡지 수요를 떨어뜨렸다.

현재 우리 삶에 존재하는 기술 일부도 결국 인간의 일자리를 없앨 것이다. 이 역사로부터 얻을 수 있는 단순한 교훈은 기계는 예측할 수 없는 방식으로 우리 삶을 방해한다는 것이다. 우리는 영화 〈터미네이터〉에 등장하는 로봇 군단 스카이넷은 걱정해도 스프레드시트는 걱정하지 않는다. 그러다 막상 변화를 마주하면 깜짝 놀라곤 한다.

4.

알고리즘
상사

"숨이 막힐 듯 너무 갑갑했다. 더는 내 뇌가 필요 없었다.
하는 일이라곤 바보처럼 앉아 그 빌어먹을 것을 쳐다보는 것이었다.
한때는 스스로 계획을 세우며 상황을 책임지는 사람이었다.
이제는 누군가가 나를 위해 모든 의사 결정을 내려주는 것 같다.
내 가치가 떨어진 느낌이다."[43]

– 1970년 갓 자동화된 제너럴 일렉트릭 공장 노동자

코너 스프룰스는 평일이면 빠짐없이 로드아일랜드주 워릭에 있는 메트라이프 콜센터 고객 상담원으로 일한다.[44] 출근해서 자리에 앉아 컴퓨터를 켜면 화면 오른쪽 아래에 작은 파란색 창이 나타난다. 응용프로그램 기반 '인공지능 코치' 코기토 Cogito다. 메트라이프는 코기토를 사용해 인간 고객 상담원을 예의주시한다. 스프룰스가 전화를 받을 때마다 이를 듣고 있는 코기토가 실시간으로 그에게 피드백을 제공한다. 말하는 속도가 너무 빠르다고 판단되면 파란 창에서 속도계 그림을 깜박여 속도를 늦추라는 신호를 준다. 졸린 듯한 음성이다 싶으면 커피 잔 모양의 아이콘을 깜박여 다시 기운을 차리

게 한다. 어떤 이유에서든 스프룰스가 고객과 원활히 소통하지 못하고 있다고 코기토가 판단하면 화면에 일종의 '공감 신호'인 하트 아이콘을 띄워 고객의 느낌을 반영하도록 격려한다.

고전적 자동화를 상상할 때 우리가 주로 떠올리는 직장의 모습은 기계가 낮은 수준의 잡무를 담당하고 인간이 이를 감독하는 것이다. 현재 인공지능은 중간 관리자의 지위까지 올라갔다. 고객 응대 서비스에서 금융과 식품 서비스까지 각종 산업에서 직원을 훈련하고 품질을 감시하고 성능을 검토하는 감독 업무는 이제 소프트웨어가 담당한다. 모두 과거 인간이 하던 일이다.

알고리즘이 상사가 된다는 생각은 새로운 것이 아니다. 20세기 들어 제조업 노동자의 효율성을 최대한 뽑아내기 위해 '프로세스 최적화' 도구가 사용되었고 서비스업계 노동자는 수십 년간 크로노스Kronos와 같은 '동적 스케줄링dynamic scheduling' 소프트웨어를 써보았다. 크로노스는 기업에 필요한 예상 직원 수를 고려해 노동자들의 교대 일정을 설정하는 데 사용된다. 하지만 인공지능과 기계 학습이 등장하면서 이보다 더 높은 수준의 관리 업무까지 기계에 맡기게 되었다. 아마존은 복잡한 알고리즘을 활용해 창고 노동자들의 생산성을 추적하는데, 전하는 바에 따르면 성과가 저조한 직원을 해고하는 데 필요한 서류까지 자동으로 생성할 수 있다고 한다.[45] IBM은 인공지능 플랫폼 왓슨을 사용해 직원들의 성과를 검토해왔다.[46] 이는 곧 직원의 보너스가 지난해 업무 성과뿐만 아니라 알고리즘이 예측한 앞으로의 성과를 근거로 결정될 수 있다는 뜻이다. 우버와 리프트 같은 주문형 플랫폼은 인간 관리자 자체를 없애버렸다. 결제, 배치,

분쟁 해결 등의 의사 결정이 전부 알고리즘의 손에 넘어갔다.

알고리즘 경영은 유망 산업이 되었다. 코기토 외에도 소매업체 관련 인공지능 기업들이 여럿 있는데, 그중에는 유니클로와 세븐일레븐을 주요 고객으로 하는 실리콘밸리 스타트업 퍼콜라타^{Percolata}가 있다.[47] 퍼콜라타는 매장 내 센서를 사용해 각 노동자의 '실제 생산성'을 계산한다. 인공지능 스타트업 비콤^{Beqom}은 노동자 급여와 연말 보너스 계산 절차를 자동화한다. '인력 관리' 시스템인 넥서스 AI^{Nexus AI}는 '성과가 높다', '잘 통한다' 등의 특성 평가를 고려해 노동자들을 여러 팀으로 나눈다.

인공지능 관리자가 최악의 인간 상사보다 나을까?

메트라이프 콜센터에 방문하고 나는 깜짝 놀랐다. 코기토가 도입된 지 얼마 안 되었는데도 상당한 권위를 가지고 있었기 때문이다. 코기토는 각 상담원이 수신하는 알림 개수를 추적하고 관리자인 상사들은 이것이 합산된 점수를 참고해 상담원의 성과를 지속해서 파악한다. 상담원이 코기토 창을 최소화해도 프로그램이 이를 감독자에게 알린다. 메트라이프의 총괄 운영 책임자 크리스 스미스는 여전히 모든 상담원에게는 인간 상사가 있고 회사 측에서는 코기토 점수를 급여나 성과 평가 같은 사안에 결정적인 요인으로 절대 활용하지 않는다고 했다. 하지만 코기토 덕분에 성과가 저조한 직원들을 바로잡을 수 있었다고 하면서 그는 이렇게 말했다. "한 상담원이 있었는데 보통 상담원보다 몇 분 더 길게 통화를 하더군요. 코기토의 평가를 들어보니 불필요하게 정보를 반복해서 전달하고 있다는 것을 알 수 있었습니다."

콜센터 직원 1,500여 명을 코기토로 관리하는 메트라이프에 따르면 프로그램 사용 이후로 고객 만족도가 13% 상승했다고 한다. 내가 콜센터에 방문해 대화를 나누었던 메트라이프 상담원들은 이를 비참하게 여기지 않는 듯했다(물론, 기업 홍보팀 관계자가 나와 동행하고 있었기에 최대한 좋게 말했을 수도 있다). 전반적으로 인공지능이 약간 거슬리긴 해도 참을 만한 듯했다. 스프룰스는 이렇게 말했다. "코기토가 처음 도입되었을 때는 '이제 전화 상담을 할 때마다 이게 나한테 소리를 지르겠군' 하는 식의 우려도 있었습니다. 하지만 지금은 그렇게 생각하지 않습니다. 하나의 멋진 기술이라고 보게 된 거죠."

메트라이프 상담원 토머스는 코기토를 썩 달가워하지 않았다. "처음에 그 코기토가 제게 끝없이 알림을 보내더군요. 제 목소리에 익숙해지느라 그런 것이었죠." 특히 코기토는 그에게 '끊임없이 말한다'라는 알림을 여러 번 주면서 고객에게 말할 틈을 주라고 재촉했다. 하지만 그렇게 했는데도 코기토는 토머스가 하지 않는 사항, 이를테면 말이 너무 빠르다거나 공감을 보이지 않았다고 계속 경고했다. 토머스는 이렇게 말했다. "때로는 메시지가 뜨는 대로 그냥 둡니다. 제가 제대로 하고 있다는 것을 잘 아니까요."

알고리즘 상사를 옹호하는 이들은 많은 인간 상사가 결점을 지니고 있다고 지적하는데 이는 옳은 말이다. 인간 상사들은 성급한 의사 결정을 내린다. 선을 넘기도 하고 편애도 한다. 지나치게 자기만 챙기고 잔인할 때도 있다. 이론상 자동화는 최악의 인간 상사를 대체하고 좋은 상사에게는 더 나은 도구와 정보를 제공해 더 나은 상사가 되게 할 수 있다.

몇몇 스타트업이 이 부분을 연구 중이다. 라즐로 복(전 구글 인사관리 책임자)이 설립한 후무^{Humu}는 인공지능을 활용해 관리자들을 개선하려 노력하고 있다. 유명 샐러드 체인점 '스위트그린'과 공유 커머스 플랫폼 '오피업' 등을 고객으로 둔 후무는 온종일 관리자에게 메일과 문자 메시지를 '슬쩍슬쩍' 보낸다.[48] 직원들에게 결정 사항을 더 명확히 설명하고 더 직접적인 피드백을 주라는 등의 할 일을 관리자에게 상기시키는 것이다. 코치 아만다^{Coach Amanda}, 버터플라이^{Butterfly}, 큐스트림^{Qstream} 등도 이와 비슷하게 관리자 훈련 자동화 시스템을 설계하고 있다.

관리자 프로그램들이 장기적으로 효과가 있는지는 아직 알려지지 않았다. 하지만 우리는 인간의 충분한 감시 없이 불명확한 관리자 알고리즘을 도입하면 빈번히 문제가 뒤따른다는 것을 잘 알고 있다. 온라인 기반 식료품 구매 대행 서비스 업체인 인스타카트^{instacart} 등을 비롯한 여러 주문형 배달 서비스 업체에서 일하는 노동자들은 일부 정책들을 문제시하며 공동 '파업'에 들어가기도 했다. 예를 들어 노동자들은 인스타카트 앱 설정에서 고객 팁을 최소 결제액에 포함하는 정책을 문제시했다. 고객 팁은 최소 금액과 별도로 추가되어야 한다는 게 노동자들의 주장이었다.[49]

아마 지구상에서 가장 직접적으로 기계의 관리를 받는 인간은 전업 유튜브 크리에이터들일 것이다. 이 크리에이터들은 가장 중요한 유튜브 추천 알고리즘을 낱낱이 밝혔다. 그리고 나서 이 알고리즘이 자신들의 채널에 미치는 영향에 관해 불평하며 유튜브를 조롱하기도 했다. 우버 기사들에 관한 2019년 연구에서는 알고리즘 방식의 관리 구조 때문에 많은 기사가 좌절하고 인간 대접을 못 받는다고 느끼는 것으로 나타났다.[50] 급여부터 성과 순위에 이르기까지 모든 것을 불명확하고 해독할 수 없는 기계가 결정했기 때문이다. 연구에 따르면 특정 지역에서는 인위적으로 가격을 급등시켜 시스템을 조작하는 등 수많은 기사가 힘을 합쳐 다양한 형태의 불복종까지 벌인 것으로 나타났다.

* * *

조직 내에서 기계가 더 많은 힘을 가지게 되면 이러한 조작 행위가 훨씬 더 만연할 수도 있다. 미래에는 우리가 모두 경력을 올려주거나 무너뜨릴 힘을 지닌 변덕스러운 기계의 지배를 받는 처지가 되어 유튜버나 우버 기사들과 매우 비슷한 처지에 놓일지도 모른다. 직장의 인공지능은 우리를 채용하고 해고할 뿐만 아니라 일일 업무수행을 안내하고 우리가 실수하면 바로잡아주고 훌륭하게 일을 해내면 칭찬도 해줄 것이다. '사무실에서 정치한다'라는 말은 '인력 관리 소프트웨어를 역설계한다'라는 말을 의미하게 될지도 모른다. '적대적 작업 환경'은 욕설을 늘어놓는 상사 때문이 아니라 훈련이 빈약한 기계 학습 모형 때문에 일어나는 현상일 것이다. 앞으로 노동자들이 이러한 기계의 권위를 받아들여야 할지 아니면 이에 도전해야 할지에 대해서는 정답이 없을 것이다.

5.

관료형 봇의
위험성

귀하의 행동을 보면 귀하는 수급 자격이 안 되는데도 이익을 얻고자
의도적으로 정보를 오도하거나 숨겼습니다. … 이에 귀하는
미시간 고용보장법 MFS 62(b)항에 따라 지원 대상에서 제외되었습니다."[51]
－마이다스 알고리즘에 의해 부당하게 지원이 끊긴 미시간주 주민이 받은 서신

상상할 수 있는 가장 무서운 로봇을 생각해보라. 아마 터미네이터처럼 인간의 모습을 한 무장 살인 기계를 떠올렸을 것이다. 난폭 운전으로 사람을 벽이나 절벽으로 밀어붙이는 자율 주행 자동차일 수도 있다. 어쩌면 인터넷에 널리 퍼진 동영상에서처럼 무시무시하게 생긴 네 발 달린 로봇 개가 축구와 파쿠르parkour (맨몸으로 주변 환경의 장애물을 이용해 자유롭게 이동하는 곡예-옮긴이)를 해내는 모습을 생각했을지도 모른다.

이 로봇들은 우리 사회에 등장한 자동화의 모습을 가장 생생하게 드러내는 물리적 형상으로, 기계가 우리를 추월하거나 위협할 것을

걱정할 때 우리가 주로 떠올리는 것들이다. 하지만 나는 적어도 가까운 미래에 닥칠 자동화의 더 큰 위험은 아무도 주목하지 않는 형태일 것이라고 믿는다. 나는 이를 가리켜 '지루한 봇 boring bot'이라 부른다. 우리가 경계해야 할 지루한 봇에는 크게 2가지 유형이 있다.

하나는 이른바 '관료형 봇'이다. 관료형 봇은 정체불명의 익명 알고리즘으로 정부 부처, 금융 기관, 의료 체계, 형사 법원, 가석방 위원회 등에서 삶을 뒤바꿀 중대한 의사 결정을 내릴 때 사용한다. 이렇게 중대한 역할을 하는 데도 아마존이나 구글 등이 고객을 대상으로 만드는 자동화 제품처럼 주목을 받거나 세세히 검증되는 경우는 극히 드물다.

알바니 대학 정치학 교수 버지니아 유뱅크스는 《자동화된 불평등》에서 관료형 봇의 부상을 살펴보고, 주 정부와 지방 정부가 저소득층을 위한 주택 바우처 및 의료 지원 등이 꼭 필요한 대상을 선정하는 과정을 자동화할 때 이 봇들을 사용하는 방식을 알아보았다.[52] 유뱅크스에 따르면 이 시스템들은 어설프게 설계될 때가 많아, 알고리즘이 자신을 의료 지원 대상에서 밀어내고 식품 구매권을 앗아가는 이유를 알아내려는 사람들에게 끔찍한 악몽이 될 수 있다.

마이다스 MiDAS 알고리즘으로 부당하게 지원 대상에서 밀려난 주민 약 4만 명이 미시간 실업보험국 UIA을 상대로 제기한 집단 소송은 여전히 법원에 계류 중이다. 이후 미시간주에서 실시한 검토 결과 마이다스는 오류율이 93%에 이르는 것으로 밝혀졌다. 마이다스처럼 관료형 봇이 저지르는 실수는 사후에 사람이 발견해 고칠 수 있다. 하지만 이러한 실수는 종종 삶을 바꿔놓는 결과를 초래한다.

2007년 캘리포니아 보건부의 자동 시스템에 생긴 사소한 결함으로 저소득 노인과 장애인 수천 명에게 돌아가야 할 지원이 중단되는 상황이 발생했다.[53] 오하이오에서는 주 정부의 지원을 처리하는 소프트웨어의 1년 정비 프로젝트 결과 주민 수천 명이 부당하게 '영양 지원 보조 프로그램[SNAP]'의 혜택을 못 받거나 필요한 서류가 잘못된 주소로 발송되는 일이 벌어졌다.[54] 아이다호에서는 주 정부의 메디케이드[Medicaid](저소득층에 대한 의료 보장 제도-옮긴이) 행정 시스템의 자동 프로세스에 결함이 생기는 바람에 신체적, 정신적 장애를 지닌 사람들이 아무런 설명도 없이 대폭 축소된 지원을 받게 되었다.[55]

유뱅크스는 인간의 감독 없이 사람들을 관료형 알고리즘에 맡기는 것은 "사회 안전망을 뒤흔들고 가난한 사람들을 범죄자로 만드는 일이며 차별 또한 강화해 가장 심오한 국가적 가치를 훼손하는" 일이라고 논한다. 옳은 지적이다. 중요한 시스템들이 고도로 자동화될수록 잘못된 프로그램이나 부적절한 관리로 발생하는 실수가 사람들의 삶을 바꿔놓을 위험은 점점 커져만 갈 것이다.

두 번째로 우려스러운 자동화의 범주는 일명 '백 오피스 봇'이다. 백 오피스 봇은 모든 대규모 조직이 제 기능을 하는 데 꼭 필요하지만 단조롭고 매력적이지 않은 행정 업무를 뒤에서 지원하는 소프트웨어 프로그램을 말한다. 대기업에 다니는 사람이라면 운영 코디네이터라든지 수당 관리자 같은 사람들을 떠올릴 수 있을 것이다. 백 오피스 봇들은 바로 이들을 대체하는 프로그램이다.

이러한 프로그램의 다수는 '로봇 프로세스 자동화[robotic process au-]

tomation'또는 RPA라고 알려진 범주에 속한다. 이 책의 첫 장에서 자세히 이야기한 오토메이션 애니웨어도 RPA를 판매하는 주요 기업이지만 유아이패스, 블루프리즘, 크라이온 Kryon 같이 생소한 기업들도 있다. 이 기업들의 가치를 모두 합하면 족히 수십억 달러에 이르며, 이들의 급속 성장은 기술 대기업마저 RPA 사업에 뛰어들게 했다. 2019년 마이크로소프트는 RPA 시장에 진입하려는 노력의 하나로, (미리 말해두지만 에스프레소 더블 샷 한 잔은 마셔야 좋지 않고 이 문단을 끝까지 읽을 수 있을 것이다) 이미 출시한 클라우드 기반의 파워 오토메이트 플랫폼에 '전 과정 자동화 솔루션'을 추가할 것이라고 발표했다.[56] 이렇게 하면 "애플리케이션 프로그래밍 인터페이스 API(서로 다른 프로그램 사이의 의사소통을 돕는 일종의 매개체-옮긴이) 자동화를 지원하는 275여 개의 상용 애플리케이션과 서비스를 위해 오토메이트의 미리 설계된 커넥터에 사용자 인터페이스 플로우 기능이 연결된다"는 것이다.

이는 인공지능 콘퍼런스에서 상을 받거나 동료 심사를 받는 학술지에 게재될 만한 매력적이고 흥미로운 작업은 아니다. 관계형 데이터베이스 플러그인(기존 응용프로그램에 특정 기능을 추가하기 위한 소프트웨어 요소-옮긴이)에 관해 요란한 광고를 만들 사람은 없을 것이다. 사실 일부 컴퓨터 과학자들은 RPA를 결코 인공지능으로 볼 수 없다고 말한다. 대개 RPA는 정적이고 규칙에 근거한 프로그램과만 관계될 뿐 스스로 학습하는 적응적 알고리즘은 아니기 때문이다.

여전히 기업들은 비용 절감 기술을 대표하는 이 지루한 로봇들에 큰돈을 쓰겠다고 기꺼이 나서고 있다. RPA는 인공지능업계에서도 가장 성장 속도가 빠른 부문이며, 2025년경에는 60억 달러 규모의 산업이 될 것으로 전망한다. RPA 제공업체들의 웹사이트에 들어가 보면 자사 제품을 사용한 대기업들의 화려한 '성공담'으로 가득하다.

"50가지 사업 프로세스를 단 6개월 만에 자동화한 스프린트"
"매년 13만 2,000시간을 절약하는 다이이치 생명보험"
"RPA로 생산성 600%를 달성한 거대 신용보고회사"

'재무 부서 직원 65명을 대체했다'라고 하지 않고 '13만 2,000시간을 절약하는'이라고 한 것을 눈여겨보라. 이런 발표 자료에는 일자리 축소나 해고에 관한 언급을 피하려고 단어를 신중히 선택해 쓴다. 하지만 RPA 산업에 주목하는 사람들(그래 봐야 다섯 손가락에 꼽을 정도로 적다. 이 분야가 **믿을 수 없을 만큼** 지루하기 때문이다. 이 점은 아무리 강조해도 부족하다)의 말을 들어보면 일자리 상실은 RPA 방정식의 일부다.

시장조사 기관 포레스터 리서치의 분석가 크레이그 르 클레어는 2015년에 RPA 이야기를 처음 들었다.[57] 기업들이 기술에 상당한 투자를 기울인다는 사실은 알고 있었다. 하지만 포춘 500대 기업 임원들과의 대화에서 그를 충격에 빠뜨린 것은, 그들이 듣도 보도 못한 회사로부터 인간의 일을 대체할 로봇을 구매하는 데 어마어마한 액수를 들인다는 사실이었다. 그는 나에게 이런 말을 했다. "자동화를 하겠다고 기업들이 2,000만 달러를 쓰더군요. 이웃이나 길 가는 사람 아무나 붙잡고 RPA가 뭔지 물어본다면 다들 모른다고 할 겁니다. 뭐가 뭔지 전혀 모르고들 하는 듯합니다."

르 클레어는 RPA 회사들이 딱히 대단한 무언가를 하는 것은 아님을 알아냈다. RPA 회사들은 대부분 '누군가 뒤에서 하던 업무를 대신 실행할 스크립트를 짜고 있을' 뿐이라고 했다. 기업 임원들은 이 봇들을 매우 좋아한다. 자사의 기술 인프라 전체를 재설계하려면 몇 년간 수십억 달러를 들여야 하는데, 이 봇들이 기존 소프트웨어 프로그램에 접속해 손쉽게 업무를 자동화해주기 때문이다.

르 클레어는 이렇게 말했다. "콘퍼런스 현장 한쪽 구석으로 최고 재무 책임자를 불러다 RPA로 정확히 무엇을 하고 있는지 물어보십시오. 잘 들어보면 다들 인력을 줄이고 있습니다. 연간 1만 달러가 드는 봇을 구축하면 직원을 2명에서 4명까지 줄일 수 있으니까요."

르 클레어는 RPA 때문에 실업에 직면하는 백 오피스의 실제 직원 수는 기업 임원들이 인정하는 수보다 훨씬 많아 수백만 명도 더 될 것이라고 본다. 그는 이 봇들이 노동자들의 일자리를 없애는 것이 아니라 개선해준다는 뻔한 주장을 믿지 않는다. 업무가 자동화되면 노동자들을 다른 부서로 보내고 몇 주 혹은 몇 달 있다가 조용히 이들을 해고할 것이라고 공표하는 예도 목격했다고 한다. 르 클레어와 동료들은 몇몇 수치를 계산해본 뒤, 2030년경에는 RPA를 비롯한 각종 자동화로 미국에서 2,000만여 개의 직업이 사라질 것이라고 추산했다.

살인 드로이드보다 무서운 '지루한 봇'의 반격

지루한 봇들은 노동자들에게 업무 축소, 성과급 상실, 보험 청구 거절과 같은 명백한 위험을 가한다. 이 봇들은 거시 경제 측면에서도 위험한 존재다. 어떻게 보면 너무 강력해서가 아니라 충분히 강력하지 않아서다.

과거 몇백 년간 수차례 거대한 기술적 변화를 거쳤음에도 대규모 실업 사태를 경험하지 않는 한 가지 이유는 변화를 불러일으키는 신기술이 몇몇 직업은 파괴하면서도 다른 경제 부문에서는 생산성을 높이고 더 많은 노동 수요를 만들어냈기 때문이다. 선적 컨테이너가 등장하자 일부 항만 노동자들은 일자리를 잃었지만 전 세계에 걸쳐 화물 운송비가 훨씬 저렴해져서 세계 무역이 활성화되고 각종 소비재 가격이 낮아졌다. 가격이 낮아지자 소비자들은 훨씬 더 많은 물품을 구매했고 이런 물품을 만들어내는 기업에서는 일자리가 늘어났다.

하지만 최근 몇 년 사이에 우리가 이룬 자동화 대다수는 더 큰 능률을 안겨주지 못했다. MIT 대런 애쓰모글루와 보스턴 대학 파스쿠알 레스트레포는 2019년 논문에서 '그저 그런 기술so-so technologies'이라는 용어를 만들었다.[58] '그저 그런 기술'이란 인간 노동자를 대체하기에는 충분하나 새 일자리를 창출하기에는 부족한 기술 유형을 가리킨다. 두 학자는 그저 그런 유형의 자동화를 크게 두려워해야 한다고 지적한다. 이러한 자동화는 사업주가 인간 노동자를 기계로 대체하게 할 뿐 다른 곳에서 새로운 일자리를 창출할 만큼의 유의미한 생산성을 안겨주지 않는다. 애쓰모글루와 파스쿠알은 이렇게 썼다. "고용과 임금을 위협하는 것은 '뛰어난' 자동화 기술이 아니라 단지 소소한 생산성 향상만 가져오는 '그저 그런 기술'이다."

그저 그런 자동화의 한 예는 마트의 셀프 계산대다. 모든 사용자가 동의하겠지만 이 기계들은 **그야말로** 그저 그렇다. 고장도 빈번한 데다 상품의 정보와 무게를 잘못 인식할 때도 많아 수시로 점원을 호출해 수동 결제 상태에서 정보를 입력해야 한다. 이 기계들은 마트의 생산성을 대대적으로 높여주지도 않고 구매를 대폭 늘려주지도 않는다. 그저 직원의 노동을 고객이 하게 해 업주가 고용하는 시간제 근로자 수만 약간 줄 뿐이다.

또 다른 예는 자동 콜센터다. 고객 상담원을 자동 응답 프로그램으로 교체한다고 해서 영업 이익이 급격히 치솟는 것도 아니고 제품의 품질이 향상하는 것도 아니다. 단지 회사가 적은 인원수로 같은 양의 업무를 처리하는 방식으로 '비용 발생 부서'를 축소해 문제 해결의 짐을 고객에게 지게 할 뿐이다.

그저 그런 자동화의 급증은 최근 자동화와 로봇 공학 분야의 진전에도 미국 경제 생산성이 크게 오르지 않은 이유를 설명해준다. 비합리적으로 들릴지 모르나 로봇 때문에 사람들이 일자리를 잃는 것이 큰 걱정이라면, 능력이 부족한 로봇보다 우수한 능력을 지닌 로봇을 갖추는 편이 옳을 듯하다.

기본적 서비스를 위해 인간이 의존하는 시스템과 프로그램을 고려해서든 노동 시장 전반을 고려해서든 지루한 봇들이 일으키는 문제를 해결하려면 인공지능의 위험에 대한 이미지를 바꿔야 할 때다.

이상하게 들릴지 모르지만 이제 살인 드로이드(사람과 유사한 모습과 행동을 하는 로봇을 이르는 말-옮긴이)와 가미카제 드론 등에 관한 걱정은 접어도 좋다. 오히려 기업들이 급여 지급을 20% 더 효율적으로 처리하게 하거나 더 적은 수의 인간 사회복지사를 통해 수급 대상자를 지정하게 하는 무미건조하고 평범한 프로그램을 걱정해야 한다. 유뱅크스와 르 클레이 같은 전문가들의 견해처럼 나도 우리가 지루한 봇들을 과소평가하는 우를 범하고 있다고 생각한다.

Future
proof

Part 2

퓨처프루프형
인재가 되는
9가지 법칙

법칙 1.

대응력과 사회성, 희소성을 갖춰라

"아무리 좋은 기계도 기획력까지 갖출 수는 없다.
최고의 스팀롤러라도 꽃을 심지는 않을 것이다."

– 월터 리프먼

1821년 6월 23일 스물한 살의 영국 청년 윌리엄 러벳은 새 출발을 위해 단돈 30실링을 들고 런던에 도착했다. 러벳은 잉글랜드 남서쪽 끝의 뉴린 Newlyn이라는 어촌의 노동자 가정에 태어났다.[1] 10대 시절 러벳은 뉴린의 한 밧줄 제조공 밑에서 견습생으로 일하며 밧줄 만드는 일을 업으로 삼으려 했다. 밧줄 제조는 세상에서 가장 존경받는 직업은 아니었어도 비수기가 없었기에 러벳에게 충분한 만족감과 목적의식을 주었다.

불행히도 산업혁명이 밀고 들어오면서 신기술로 만들어진 쇠사슬이 밧줄 사업을 방해했다. 고객들은 도시 공장에서 대형 증기 기계로 대량 생산된 더 튼튼하고 오래가는 제품을 선호했던 터라 자연히 밧줄 판매는 곤두박질쳤다. 일감이 줄어 밧줄 제조로 먹고살기가 어려워지자 러벳은 자신의 10대를 바쳐 연마한 기술이 점점 쓸모없어진다는 것을 깨달았다.

러벳만의 문제는 아니었다. 잉글랜드 전역의 노동자들이 자기 일의 존재 가치가 떨어졌음을 인정했다. 산업용 기계들은 육체노동자의 경험을 뒤엎어놓았고 수만 명의 기능공을 실직으로 내몰았다. 이 변화에 정면으로 맞선 노동자들도 있었다. 훗날 러다이트로 알려진 맨체스터 직조공들은 다 같이 뭉쳐 기계를 부수기까지 했다. 러벳과 같은 부류는 새로운 일거리로 눈을 돌리기 시작했다.

직업을 바꾸기란 어려운 일이었기에 러벳도 거듭 시행착오를 겪었다. 어선에도 올라봤으나 금세 뱃멀미가 났다. 목수가 되어보려고도 했지만 다른 젊은 견습생들이 러벳은 그 일에 맞지 않는다며 불평하자 즉시 쫓겨나고 말았다. 점점 더 절박해진 러벳은 가족들에게 작별을 고하고 짐을 꾸려 런던으로 향했다. 그곳에 가면 새로운 미래가 기다리고 있으리라는 희망을 품었다.

내 자리를 노리는 로봇 기자들

다들 이런 순간이 있었을 것이다. 미래가 내 옆을 지나쳐가는 바람에 평생 쌓은 기술이 순식간에 무용지물이 될까 걱정했던 순간 말이다. 내가 윌리엄 러벳과 같은 처지에 놓인 것은 2012년이었다.

20대였던 나는 〈뉴욕 타임스〉에서 근무하면서 주로 월스트리트와 주식 시장을 취재하고 있었다. 당시 신문업계는 급격한 하향세를 겪고 있었고 내가 종사하는 직종은 당장이라도 사라질 것 같았다. 수많은 동료가 해고당했다. 종이 신문을 내던 언론사 다수는 문을 닫거나 온라인판으로 전향했고 또 다른 도미노 현상에 관한 소문이 끊임없이 나돌았다.

그러던 어느 날 한 스타트업이 '자연 언어 생성 natural language generation, NLG' 프로세스에 기반한 인공지능 기사 작성 도구를 개발하고 있다는 기사가 나왔다. 이 프로그램은 이를테면 기업 수익 보고서 통계나 부동산 매물 데이터베이스 등과 같은 구조화된 데이터를 바탕으로 순식간에 완벽한 뉴스 기사를 작성할 수 있었다. 인간 기자나 편집자의 도움은 필요 없었다.

로봇 기자들은 퓰리처상을 받을 만큼 뛰어나지는 않았지만 기한을 철저히 지키는 데다 충격적일 만큼 생산적이었다. 제작사인 워드스미스 Wordsmith는 NLG 응용프로그램이 1년에 기사 3억 개를 뽑아냈다고 주장했는데, 이는 지구상의 모든 기자가 쓴 기사를 합한 것보다도 많은 수다.[2] 내러티브 사이언스 Narrative Science가 개발한 응용프로그램은 빅 텐 네트워크 Big Ten Network 등의 스포츠 웹사이트에서 사용되고 있었다.[3] 이 프로그램은 경기 결과와 선수 정보를 바탕으로 경기 내용을 자동으로 요약해주었다. AP, 포브스, 로이터 등의 주요 언론사도 뉴스룸에 인공지능 기자를 들여놓으려고 속속 나서고 있었다.

나는 기사 작성 응용프로그램에 관한 이야기를 처음 듣고는 인간 기자들이 받게 될 위협을 소홀히 여기고 지나쳤다. 컴퓨터가 언론계에서 맡을 일은 좀 더 단조롭고 틀에 박힌 일이라고 생각했다. 사실 정보 수집이나 방대한 수치 계산 혹은 기자들이 하나같이 싫어하는 판에 박힌 기사 작성을 컴퓨터가 하게 될 것이라고 생각한 것이다. 인간이 담당하는 좀 더 창의적 업무, 즉 기사 아이디어를 내고 말하기를 꺼리는 취재원에게서 용케 답변을 얻어내고 복잡한 내용을 읽기 쉽게 설명하는 일은 절대 컴퓨터의 몫이 아니라고 여겼다.

그러면서도 내가 착각에 빠진 것은 아닌가 하는 걱정이 들기 시작했다. 결국 내가 숱하게 해온 일이 기업 수익 보고서를 작성하고 새로운 경제지표를 종합하는 등의 판에 박힌 기사를 작성하는 것이었기 때문이다. 더러 창조적이고 복잡한 업무도 있었으나 그 외는 최대한 신속하고 정확하게 정보를 전달하면 될 뿐이었다.

이 응용프로그램들을 더 곰곰이 생각해보고 내 기사와 비교하고 나니 자만했다는 생각에 걱정이 들기 시작했다. 언젠가는 로봇이 나를 대체할 **수도 있겠다**는 생각이 들었다.

로테크 하이터치: 인간다움은 버그가 아니다

미래가 기계의 시대라면 우리 인간도 더 기계처럼 되어야 한다는 생각이 오랫동안 널리 받아들여졌다. 내가 대학을 졸업한 2009년 당시 전문가들은 청년들이 컴퓨터 과학이나 공학처럼 명확히 정의되고 측정할 수 있는 '하드 스킬 hard skill'을 갖춰야 취업 시장에서 유리하다고 입을 모아 조언했다. 소위 STEM 과목(과학^{science}, 기술^{tech-nology}, 공학^{engineering}, 수학^{math})은 유망한 반면, 철학이나 예술사 등 곧 쓸모없어질 과목들은 가난하고 무가치한 삶으로 가는 지름길이나 다름없다고들 말했다.

인문학을 조롱하는 태도를 강화한 것은 정계와 재계 지도자들이다. 이들은 미국이 21세기 경제 발전에 꼭 필요한 기술을 갖춘 졸업생을 충분히 확보하지 않고 있다며 불평을 늘어놓았다. 벤처 자본가이자 넷스케이프 공동 설립자인 마크 앤드리슨은 2012년 한 기술 콘퍼런스에서 영국 대학생 대다수가 "결국에는 신발 가게에서 일하게 될 것"이라고 말했다.[4] 또 다른 벤처 자본가이자 선 마이크로시스템스 공동 설립자인 비노드 코슬라는 2016년 블로그에서 다음과 같이 선언했다. "오늘날 교양 과목 프로그램에서 가르치는 내용 중 미래에 유용한 것은 거의 없다."[5] 전 미국 대통령 버락 오바마 마저도 2014년 연설에서 인문학이 빛을 잃고 있다고 주장하며 이렇게 말했다. "장담하건대 예술사 학위보다는 전문 제조업이나 그러한 분야의 기술을 가진 사람이 훨씬 더 많은 잠재력을 발휘할 것입니다."[6]

STEM 우월주의자들이 하드 스킬의 가치를 설파하고 나서자 비슷한 시기에 스마트한 방식으로 생활 속 소소한 부분을 개선해나가는 태도인 '라이프해킹^{lifehacking}'이라는 개념이 유행하기 시작했다. 특히 실리콘밸리 공학자들 사이에서 인기가 있었는데, 이들은 처리 속도가 느린 컴퓨터 성능을 높이듯 인간의 심신도 최적화하고 향상할 수 있다고 가정했다. 라이프 코치와 소셜 미디어상의 리더들도 개인 생산성에 관해 설교하면서 일상생활의 모든 낭비와 비효율성을 없애라고 조언했다. 라이프해커 Lifehacker, 미디엄 Medium 등의 웹사이트에는 능률적 생활 팁이 넘쳐났고 사람들은 같은 시간에 더 많은 일을 처리하는 최신 방법에 집착했다. 이 모든 조언 뒤에 숨은 메시지는 하나다. **당신이 지닌 인간다움은 보존해야 할 기능이 아닌 일종의 버그다.**

최소한 이성적이고 경제적인 측면에서는 이 메시지가 오랫동안 맞는 말이었다. 19세기와 20세기 산업 경제에서는 고도로 일관된 태도로 반복 업무를 수행하는 노동자가 필요했고 공장 환경에서 개성은 바람직하지 못한 특성이었다. "두 손만 쓰면 된다는데 왜 매번 뇌까지 쓰려 드는 것인가?"라며 노동자들을 향해 탄식했다는 헨리 포드의 유명한 이야기는 구식 경제에서 군림하던 많은 이들의 생각이 어떠했는지를 잘 보여준다. 육체노동 대신 인지 노동을 하는 화이트칼라 지식 노동자들 역시 최고의 성과를 내기 위해 자신의 인간다움을 억누르곤 했다.

하지만 내가 인공지능과 자동화에 관한 취재를 하면 할수록 현대 경제 전문가들에게서 들은 이야기는 기본적으로 이와 정반대였다. 전문가들에 따르면 고도로 자동화된 경제에서는 기계와 **구별**되는 노동자의 기술과 능력이 가장 값지다. 우리는 스스로를 버그를 제거해 최적화해야 할 생물학적 하드웨어로 대하기보다 기계가 복제할 수 없는 인간 고유의 기술을 개발해야 한다는 것이다.

이 결론은 어느 정도 이치에 맞았고 내가 수행한 다른 조사와도 일맥상통했다. 이 분야를 취재하면서 역사적으로 기술 변화의 시기에 성공한 사람들이 늘 첨단 기술을 다루는 공학자는 아니었음을 알게 되었다. 때로 그들은 기계가 복제할 수 없는 '로테크^{low-tech}, 하이터치^{high-touch}' 직종에 종사하는 사람들이었다.

18세기와 19세기 산업혁명 기간에는 공장 노동이라는 거대한 붐이 일자 교사, 성직자, 토목 기사 그리고 과밀해진 도시 인구를 지원할 전문가들에 대한 수요도 크게 높아졌다. 제조업 자동화 붐이 일었던 20세기 중반에는 더 저렴한 가격에 더 효율적으로 물품을 생산하게 되자 경제 활동의 더 많은 부문이 교육과 건강 관리 쪽으로 이동했다. 이러한 분야에서 업무를 담당할 로봇이나 훌륭한 기계가 그리 많지 않았기 때문이다. 지난 수십 년 사이에 기술 기업들이 경제를 장악하는 동안 미국에서 가장 빠르게 성장한 일부 직종(마사지 치료사, 언어 치료사, 사육사)은 명백히 아날로그적인 성격을 띤다.

이러한 흐름을 탐색한 결과 미래의 생존 전략을 알아내려면 오늘날 기계가 인간보다 약한 점이 무엇인지를 먼저 이해해야 한다는 것이 내가 얻은 결론이다. 그래서 나는 전문가들에게 한 가지 질문을 던지기 시작했다. **최첨단 인공지능도 따라잡지 못할 만큼 인간이 월등한 점은 무엇인가?**

대응력: 매일 돌발 상황을 겪는가?

내가 들은 첫 번째 답은, 대개 인공지능이 인간보다 나은 성과를 보이는 경우는 명확히 정의된 규칙과 일관된 정보가 제공되는 정적이고 안정된 환경에서라는 것이었다. 반면에 인간은 돌발 상황에 대응하거나 격차를 메울 때 혹은 불완전한 규칙이나 빈약한 정보가 주어진 환경에서 인공지능보다 훨씬 훌륭한 성과를 낸다.

컴퓨터가 체스 게임에서는 인간 그랜드마스터를 이길지 몰라도 유치원 선생님으로는 형편없는 것도 이러한 이유에서다. 시리, 알렉사 등의 가상 비서가 '다음 주 화요일에 뉴욕 날씨는 어때?'와 같은 확실한 말뭉치 데이터를 바탕으로 한 구조화된 질문에는 능숙하게 대답하지만, '그래머시 공원 근처에 정말 맛있는 버거를 파는 식당은 어디야?'처럼 불확실하고 불완전한 데이터로부터 추론해야 하는 질문 앞에서는 얼어붙는 것도 이 때문이다.

사소한 돌발 상황도 인공지능에는 걸림돌이 될 수 있다. 2018년 한 인공지능 연구팀은 심층 신경망(구글 포토와 같은 앱이 사진 속 얼굴과 사물을 인식하게 하는 시스템의 일종)으로 거실 사진 속 물체를 인식하도록 훈련했다.[7] 인공지능은 수백만 가지의 사례를 본 뒤에 의자, 사람, 책 등 방 안의 물체를 정확히 식별했다. 다음으로 연구자들은 거실에 작은 코끼리 사진이라는 변칙을 추가한 뒤 같은 프로그램을 작동시켰다. 그러자 결과는 엉망이었다. 인공지능은 의자를 소파로, 코끼리를 의자로 잘못 인식했다. 게다가 앞서 올바르게 식별한 다른 물건들도 잘못 명명했다. 변칙 하나로 인공지능은 얼어붙기만 한 게 아니라 일종의 신경 쇠약이 일어나 그때까지 학습한 모든 것을 잊어버린 듯했다.

인간은 이럴 일이 없다. 우리는 뜻밖의 것을 접하면 깜짝 놀라 대상을 다시 살핀다. 한발 물러나 다시 한번 시각 정보를 처리하면서 그것이 의미할 만한 다른 가정을 세운다. 현재 인공지능은 이 작업을 하지 못한다. 종합적 세계관도 없거니와 인간이 세계와 소통하는 방식(우리는 이를 '상식'이라고 부를지도 모른다)도 갖추지 않았기에 대다수 인공지능은 임의로 주어지는 다수의 고품질 데이터에 의존한다.

알고리즘이 대량의 어지러운 데이터 속에서 스스로 패턴을 찾아내는 자율 학습unsupervised learning처럼 일일이 목록화한 데이터를 요하지 않는 인공지능 유형도 있다. 몇몇 인공지능 유형은 점점 새로운 상황에 잘 대처하고 있다. 그렇다 해도 이 기계들이 여유롭게 낯선 상황을 헤쳐갈 수 있으려면 아직 많은 시간이 필요하다. 뒤집어 말하면 뜻밖의 상황에 능숙하게 대처하는 인간이 아직은 더 유리하다. 인간은 위기 속에서 평정심을 지키고 복잡한 문제와 참신한 시나리오를 반기며 정확한 계획 없이도 전진할 수 있는 존재기 때문이다.

이는 직업상 매일 돌발 상황을 겪는 사람들에게 희소식이다. 작업 치료사, 형사, 응급실 간호사 등은 하루하루 전혀 다른 상황에 직면한다. 말 그대로 반복적인 일은 거의 하지 않는다. 하지만 데이터 입력 사무원, 채권 인수인, 세무 감사원처럼 매우 구조화되고 반복적인 일을 담당하는 직군에는 나쁜 상황이다. 한 인공지능 전문가는 이렇게 설명해주었다. 내 직업을 수행하는 데 필요한 설명서를 작성해 누군가에게 제공했을 때 그가 한 달 안에 나만큼 익힐 수 있다면 그 직업은 기계로 대체될 가능성이 있다.

사회성: 사람들에게 무언가를 '느끼게' 해주는가?

두 번째로 들은 답은, 인공지능이 많은 물질적 필요를 능숙하게 충족해주긴 하나 우리의 사회적 필요를 충족하는 데는 인간이 훨씬 낫다는 것이다.

인생에는 결과만 따지는 영역들이 있다. 우리는 지하철 운행자가 인간인지 컴퓨터인지 별로 신경 쓰지 않는다. 그저 안전하고 효율적으로 목적지까지 데려다주면 된다. 내 물품이 제때 양호한 상태로 도착하기만 한다면 로봇이 창고에서 물품을 관리하는 데 반대할 사람이 거의 없을 것이다.

하지만 인생의 많은 부분은 화폐를 내고 재화와 서비스를 얻는 차가운 소통만으로 이루어지지 않는다. 인간은 사회적 존재다. 우리는 감정을 교류하면서 주변 사람들과 의미 있는 상호작용을 하고 싶어 한다. 또한 자신의 사회적 지위와 타인의 시선에 몹시 신경 쓴다. 뭘 먹을지 뭘 입을지를 결정하는 것처럼 일상에서 평범하게 하는 많은 선택조차도 실은 우리의 정체성과 가치, 인간적 교류에 대한 욕구와 긴밀히 연관되어 있다.

실질적으로 말해 우리의 사회적 욕구와 맞닿아 있는 바텐더나 헤어 스타일리스트, 비행기 승무원, 정신 건강을 돌보는 사회복지사 등이 하는 일은 자동화하기가 어려울 것이다. 사회적, 정서적 경험을 만들어내는 데 능숙한 사람들은 효율적 생산이나 업무 수행을 주된 기술로 삼는 사람들보다 미래에 더 나은 입지를 차지할 것이다.

감성지능의 가치는 이미 간호직, 성직, 교육직 등의 직군에서 명확히 드러난다. 지금처럼 점점 더 많은 분야에서 인공지능과 자동화를 도입하고 있는 상황에서 사람들에게 유대감과 사회적 만족감을 선사하는 능력은 그 가치가 커질 것이다. 앞으로 훌륭한 변호사란 단순히 변론 취지서를 작성하고 사건을 조사하는 것을 넘어, 신뢰를 구축하고 의뢰인의 문제를 해결하는 데 도움을 주는 법률 치료사와 같아질 것이다. 환자들은 최신 치료법을 꿰고 있는 의사보다는 환자와 원활히 소통하는 의사를 찾아갈 것이다. 미래에 성공하는 프로그래머는 코드를 줄줄 뽑아내는 고립된 천재 이상일 것이다. 팀을 주도하고 전략적으로 생각하며 복잡한 기술을 알기 쉽게 설명하는 사람이 앞서가는 프로그래머가 될 것이다.

인공지능과 자동화 시대에 기술적 능력이나 기본 역량의 중요성이 사라진다는 뜻은 아니다. 다만 기본적이고 반복적인 기능에서는 기계가 우리만큼 또는 우리보다 훌륭한 성과를 내더라도 사회적이고 정서적인 부분은 우리 몫으로 남아 있을 것이다.

이미 여러 산업 분야에서 이러한 교체가 나타나는 것을 볼 수 있다. 카약, 익스피디아, 오비츠 같은 온라인 여행사의 성장 속에서도 살아남은 여행사들은 더 나은 객실을 찾아주는 데서 나아가 여행객들에게 특별한 경험(예컨대 야생에서의 모험, 요리 수업, 현지 문화를 생생하게 접할 수 있는 홈스테이 등)을 제공하는 데 중점을 두었다. 알고리즘이 일일 매체 구매 업무의 대부분을 처리하는 광고업계에서 이제 사람들은 광고 아이디어 개발과 고객 서비스, 인플루언서 마케팅에 집중한다. 이 일들에서 좋은 결과를 얻는 데 필요한 핵심 요소는 인간의 욕구를 이해하고 다른 사람들과 긴밀히 협력하는 능력이다.

여기서 훌륭한 일반 법칙이 하나 나온다. 단순히 무언가를 **만들거나 수행하는** 일보다는 사람들에게 무언가를 **느끼게** 해주는 일이 훨씬 안전하다.

희소성: 아인슈타인이 바이올린을 연주한 이유

세 번째로 내가 들은 답은, 인공지능이 대형 작업을 하는 데 인간보다 훨씬 유능하다는 것이다. 무언가를 100만 개 생산한다거나 데이터 수십만 개에서 패턴을 찾아내는 일처럼 다량의 데이터, 엄청난 사용자 수, 글로벌 단위의 시스템과 관련한 일들은 이미 기계가 하고 있거나 곧 기계가 맡을 것이다.

반면 인간은 갖가지 기술, 중대한 상황, 특별한 재능이 이례적으로 얽혀 있는 일에 인공지능보다 훨씬 나은 능력을 발휘한다. 나는 이 유형의 일을 '희소하다'고 표현한다. 단순히 이런 일이 적어서만은 아니다. 희소성이 있는 일은 예측 가능한 원리에 따라 꾸준히 해야 할 작업이 아닌 탓에 자동화해봤자 실속도 없고 사회적으로 받아들여지지도 않는다.

대다수 인공지능은 한 가지 문제를 해결하도록 설계된다. 그래서 무언가 다른 일을 요청하면 실패한다. 세계적 수준의 동영상 추천을 학습한 인공지능은 재무제표를 감사하거나 스팸 메일을 걸러내는 일로 용도를 변경할 수 없다. 한 문제를 해결하는 과정에서 습득한 정보를 이용해 다른 문제를 해결하는 학습 방법을 '전이 학습transfer learning'이라고 하는데, 지금까지 인공지능이 이 부문에서 내놓은 성적표는 형편없다. 최근 구글 딥마인드가 설계한 인공지능 알파제로가 스스로 훈련하고 깨우쳐 몇 시간 만에 체스와 바둑에서 세계적 수준까지 도달하긴 했다. 하지만 알파제로 역시 게임 세계에서만 능력을 발휘할 뿐 이를테면 싱크대를 뚫는 일은 할 수 없었다.

반면 인간은 위대한 연결자다. 우리는 삶의 한 영역에서 발견한 문제를 해결하려 전혀 다른 영역에서 익힌 정보를 동원한다. 중학교 때 선생님이 건네준 조언을 수십 년 뒤 다른 상황에 적용하기도 한다. 우리는 갖가지 아이디어를 다시 섞고 장르를 융합한다. 그리고 서로 무관한 수없이 많은 개별 정보를 머릿속에 담고 있다가 필요한 순간에 한데 합친다.

이러한 특징을 마리아 포포바는 '조합적 창의성'이라 부른다.[8] 블로그 브레인 피킹스에서 포포바는 역사상 많은 위대한 발견은 뛰어난 전문성이 아니라 둘 이상의 서로 다른 분야에서 얻은 통찰을 조합하는 데서 일어났다고 밝혔다. 포포바가 언급한 알버트 아인슈타인은 물리학 문제를 놓고 씨름할 때면 바이올린을 연주해 뇌의 다양한 영역을 연결하는 데 도움을 받았다. 러시아 출신 소설가 블라디미르 나보코프는 세세하고 빈틈없는 글을 쓸 수 있었던 비결로 나비 수집이라는 취미를 꼽기도 했다.

현재 조합적 창의성은 인간만이 보유한 독특한 능력이다. 미래에는 수학 학위를 가진 동물학자나 민속 음악에 관한 한 모르는 것이 없는 그래픽 디자이너처럼 특이한 기술 조합을 갖춘 사람이 인공지능보다 우위를 점할 것이다.

자동화하기 어려운 또 다른 희소한 일은 드물거나 매우 중대한 상황에서 오류를 허용하지 않는 작업이다. 대다수 인공지능은 반복하는 방식으로 학습한다. 즉 어떤 과제를 계속 반복하면서 정확도를 높여나간다. 하지만 현실 세계에서는 수천 번 시험해볼 수 없는 경우도 많고 너무 중요해서 기계에 맡기지 못하는 일들도 있다는 것을 우리는 직관적으로 알고 있다. 119에 전화했을 때 우리가 듣고 싶은 것은 자동 응답 메시지가 아니라 인간의 목소리다. 결혼을 앞둔 커플은 식을 준비하며 모든 세부 사항을 확실히 하고 싶을 때 자동화된 물류 회사가 아니라 웨딩플래너를 고용한다. 출산을 앞둔 임산부는 아무리 가상의 산부인과가 99%의 정확도로 일을 처리한다고 해도 만약의 경우를 대비해 인간 의사가 분만실에 함께 있길 바란다.

인간의 책임감이나 정서적 카타르시스가 필요한 업무도 희소한 일이다. 보험 회사가 마땅히 제공해야 할 보험금을 부당하게 거절했거나 에어비앤비를 통해 머문 손님이 집을 엉망으로 만들어놓았을 때 우리가 바라는 것은 포털 사이트에 들어가 서류를 작성하는 게 아니다. 사람을 만나 문제를 말하고 해결하고 싶어 한다.

자동화의 위협이 거의 없다고 확신할 만한 마지막 희소 직업은 뛰어난 재능을 요하는 일이다. 세계적인 운동선수, 수상 경력이 있는 요리사, 훌륭한 연기나 노래 실력을 갖춘 사람들이 모두 이 범주에 들어간다. 일단 내가 일하는 모습을 보려고 누군가 지갑을 연다면 안전하다고 봐도 좋다.

이러한 일을 자동화하기 어려운 이유는 기술적 한계보다 우리가 가진 고유의 필요에서 찾을 수 있다. 인공지능이 아무리 좋아진다고 해도 우리는 여전히 본보기를 갈구하며 인간의 위대함 속에서 영감을 얻길 원한다. 빠르기로는 쾌속정이 훨씬 뛰어남에도 올림픽에 출전한 수영 선수를 응원하는 것도 이 때문이다. 집에서 얼마든지 실시간으로 음악을 즐길 수 있지만 기꺼이 입장료를 내고 현장에서 좋아하는 밴드의 공연을 즐기고 싶은 것도 마찬가지다. 우리는 인간의 위대함을 목격하고 싶어 하며 아직 이 부분에 대해서는 기계의 대체를 허용하지 않는다.

대체할 수 없는 결정적 가치를 더하라

자동화에 처음 두려움을 느꼈던 때부터 나는 부지불식간에 내 일을 대응적이고 사회적이며 희소하게 해왔다. 나는 기업의 손익을 설명하는 틀에 박힌 기사 쓰기를 그만두고 창의성을 발휘해 나만의 색깔을 좀 더 드러내는 기사를 쓰기 시작했다. 단순한 정보 전달이 아니라 사람들이 무언가를 느낄 수 있는 기사를 쓰려 했다. 월스트리트라는 울타리를 넘어 기술에 관해 쓰기 시작했고 몇 개월간 인터넷 커뮤니티 주변을 파고들었다. 이로써 내 경력을 발전시키는 데 사용할 만한 비교적 희소한 지식을 얻을 수 있었다. 또한 TV 프로그램을 제작해 공동 진행하고 팟캐스트도 운영하는 등 보도에 활용하는 도구도 넓히기 시작했다. 그 결과 내가 지닌 다양한 기술을 이런저런 방식으로 조합해 프로그램을 진행할 수 있었다.

변화를 추구하면서 둘러보니 사방에서 자신의 대응력과 사회성,

희소성을 높여 성공에 이르는 사람들이 눈에 들어왔다. 세무사 루스 가로팔로도 그중 한 사람이다. 루스는 매년 4월 내 세무를 처리해준다. 루스는 평범한 세무사가 아니다. 왕년에 코미디언으로서 스탠드업 무대에 섰던 그는 희극적 감수성을 살려 업무를 처리한다. 루스는 터보택스 시대에 인간 회계사가 살아남는 유일한 방법으로 전문성 외에 누언가가 더 필요함을 알게 되었다. 이에 루스는 재미있고 개성 넘치는 회계사들을 불러 모아 사비를 들여 즉흥 희극 수업을 끊어주었다. 그리고 나서 배우와 예술가 등 창의성을 발휘하는 직종에 종사하는 의뢰인들을 찾기 시작했다. 그들의 납세 신고는 일반인보다 복잡해 그 절차를 차근차근 안내해줄 사람이 필요했다.

엄밀히 따지면 세무는 자동화에 매우 취약한 직종이므로 루스를 걱정하는 게 맞다. 옥스퍼드 대학의 최근 연구에 따르면 세무사 업무가 자동화될 확률은 99%에 달했다. 하지만 루스는 자신이 제공하는 서비스를 틀에 박힌 거래에서 대응력, 사회성, 희소성을 갖춘 경험으로 바꿀 방법을 찾아내 나를 포함한 사람들이 기꺼이 돈을 쓰게 만들었다.

지금 나는 루스에 관해 아무 걱정도 하지 않는다. 세무업계에 로봇이 들어오고 있음을 알아채고 일부러 그렇게 했냐고 루스에게 물어보았다. 루스는 그렇다면서 자세한 얘기를 들려주었다. "수많은 세무사가 의뢰인에게 바라는 것이라곤 서류만 내놓고 사라진 후 400달러 수표를 보내주는 것이 전부입니다. 이상적인 시장의 효율성이란 게 이렇다 보니 터보택스가 세무사들을 전부 죽인 거죠. 우리가 더한 결정적 가치는 의뢰인들과 나누는 대화에 있습니다."

자동화의 위협을 뚜렷이 받지는 않았지만 대응적이고 사회적이며 희소한 접근 방식을 통해 다른 유형의 폭풍우를 무사히 지나간 기업의 사례도 많다. 마커스 북스Marcus Books가 그런 예다. 마커스 북스는 내 고향 오클랜드에서 흑인이 운영하는 독립 서점이다. 미국에서 가장 오래된 흑인 소유의 서점이며, 토니 모리슨, 마야 안젤루 같은 뛰어난 흑인 작가들의 작품을 소개한 60년 역사를 지닌 훌륭한 곳이다.

마커스 북스의 가장 놀라운 점은 이곳이 지금도 운영 중이라는 사실일 것이다. 베이 에어리어Bay Area(샌프란시스코의 대도시권-옮긴이)에서 지금까지 남아 있는 독립 서점은 극소수에 불과하며, 그중에서도 아마존과 인터넷의 맹공격에도 명맥을 유지한 흑인 소유의 서점은 거의 없다.

마커스 북스는 어떻게 살아남았을까? 최저 가격으로 책을 판다거나 세련된 전자 상거래 시스템을 갖춘 것은 아니다. 이 서점은 커뮤니티의 중심지 역할을 한다. 친절한 서점 직원들은 자신이 직접 읽은 책을 추천했고 흑인 손님들은 여기서만큼은 보안 요원에게 미행이나 몸수색을 당할 일이 없으리라는 것을 알고 안심할 수 있었다. 무엇보다도 이 서점은 공동 소유자인 블랑슈 리처드슨의 표현을 빌리면 '느낌이 좋은' 곳이다.

2020년 초 코로나19 팬데믹이 베이 에어리어에 몰아닥치면서 마커스 북스도 임시 휴업에 들어가야 했다. 다른 수많은 사업장처럼 이 서점의 미래도 불투명했다. 하지만 커뮤니티가 팔을 걷어붙이고 나섰다. 그들은 펀딩 사이트 고펀드미에 페이지를 개설해 서점을 지키는 데 필요한 돈을 모금하기 시작했다.

그러던 5월 어느 날 비무장 상태인 흑인 조지 플로이드가 미니애폴리스 경찰에게 살해당하는 사건이 벌어졌다. 미국 전역에서 시위대가 거리를 가득 메웠고 마커스 북스의 사명을 응원하는 사람들이 전국에서 몰려들어 주문량이 폭발하기 시작했다. 현재 이 서점은 팬데믹 이전보나 5배나 많은 책을 팔고 있다. 고펀드미 페이지를 통해 모금한 기부금 역시 26만 달러까지 늘어나 서점을 유지하고도 남을 정도다.

마커스 북스는 첨단 기술로 운영되는 곳이 아니다. 사실 최근까지도 이 서점은 오프라인 구매만 가능했다. 다양한 책을 저렴한 가격에 구매하려면 아마존에서 주문하면 된다. 하지만 이 서점은 웹사이트에는 없는 훨씬 더 가치 있는 무언가를 지니고 있다. 어려울 때 든든한 버팀목이 되어줄 커뮤니티와의 진솔한 소통이 그것이다.

주변 세상이 변해가는 와중에도 60년간 마커스 북스가 살아남은 이유는 지금도 대응적이고 사회적이며 희소한 방법으로 책을 팔고 있기 때문이다. 마커스 북스는 한결같이 인간애를 중심에 두었기에 대체할 수 없는 존재가 되었다.

* * *

윌리엄 러벳도 대응적이고 사회적이며 희소한 존재가 되어 살아남았다. 1821년 런던에 도착한 러벳은 사정을 잘 얘기해 목공소에서 일자리를 얻었다. 목공소 주인은 러벳에게 가구 제작 기술을 가르쳐

주겠다고 제안했다. 가구 제작은 밧줄 제조와 달리 대량 생산에 적합하지 않았다.

러벳은 안정된 일을 얻자 지적 관심이 높아졌다. 그는 오래된 정육점에서 정기 모임을 갖는 남성 클럽에 들어갔는데 그들은 모일 때마다 정치, 신학, 고전 문학을 주제로 몇 시간이고 토론했다. 러벳은 자서전에 이렇게 적었다. "마음이 깨어나 새로운 정신적 존재가 되는 듯했다. 내 안에서 새로운 느낌, 희망, 포부가 싹텄다. 나는 자투리 시간이 날 때마다 유용한 지식을 얻으려 애썼다."

러벳은 곧 노동 조직을 만드는 데 활발히 참여했다. 이 활동은 대인 관계에 큰 노력을 들여야 하는 일이었다. 영국 노동자들이 권익과 보호 확대를 요구하며 목소리를 높이자 러벳은 꼭 필요한 인사가되었다. 러벳은 노동자들의 개혁 단체인 차티스트의 운동을 이끄는데 힘을 보탰다. 교육 분야에도 관여해 틀에 박힌 기술과 능력보다는 관용, 사랑, 연민과 같은 인간적 소양을 강조하는 교육 모델을 옹호하기도 했다.

러벳은 교육에 관해 이렇게 적었다. "교육은 인간의 '모든' 능력을 세심하게 계발하고 훈련하는 것이어야 한다. 일반적인 생각처럼 단순히 '읽기, 쓰기, 셈하기'라든가 희랍어, 라틴어, 순수 문학처럼 이른바 우월한 학식을 가르치는 데 그쳐서는 안 된다."[9]

러벳은 평생 부자나 유명인이 되지 못했다. 그의 이름이 새겨진 도서관이나 대학 건물도 찾아볼 수 없다. 하지만 러벳은 자신만의 방식으로 놀라운 일을 해냈다. 엄청난 기술 변화의 시대에 일의 중심에 인간애를 둠으로써 변화의 흐름보다 한발 앞서는 방법을 찾아낸 것이다. 러벳은 지성, 인간관계, 도덕적 용기가 자신을 한낱 기계보다 훨씬 더 가치 있는 존재로 만들어주었음을 깨닫고 그에 맞게 행동했다. 덕분에 의미와 목적을 지닌 삶을 설계할 수 있었다. 미래에도 끄떡없는 존재, 즉 퓨처프루프가 된 것이다. 내가 아는 한 그는 평생 밧줄을 다시 손에 잡지 않았다.

법칙 2.

'기계로 인한 표류'에
저항하라

"인간에게 맡겨진 주된 역할은 기계, 제도, 시스템의 부속물 노릇이 아니라
훌륭한 인간 존재가 되는 것이다."[10]

– 커트 보니것

좀 더 깊은 이야기로 들어가기 전에 몇 가지 개인적인 질문을 던
지려 한다.

최근 들어 삶에서 조금은 뻔하다고 느껴진 부분이 있었는가?

당신과 친구들은 주로 똑같은 TV 프로그램 보고 똑같은 책을 읽
고 똑같은 팟캐스트를 듣는가?

낯선 사람이 당신의 나이, 성별, 민족성, 우편번호만 알고도 당신
이 즐겨 입는 옷과 식생활, 정치적 성향을 정확히 예측할 수 있는가?

무의식적으로 뻔한 말을 하고 같은 활동을 반복하며 변화나 우연
한 일도 없이 매너리즘에 빠져 몇 주, 몇 달을 훌쩍 보냈다는 사실을

깨달은 적이 있는가?

몇 년 전에 찍은 사진이나 동영상을 보면 지금보다 더 날씬하고 생기 넘칠 뿐 아니라 더 독립적으로 생각하고 다양한 아이디어에 더 적극적으로 관심을 기울이며, 주류를 벗어나 더 모험을 추구하는 등 기민하게 **대응하고** 있었음을 깨닫게 되는가?

먼저 대답하면 나는 늘 그렇게 느낀다. 단순히 향수에 젖어서만은 아니다. 내 생각에는 여기에 기계가 관여되어 있다.

앞에서는 주로 산업 로봇, 기계 학습 알고리즘, 백 오피스의 인공지능 소프트웨어 등 자동화의 외형에 관해 이야기했다. 그런데 마음속에서 벌어지는 **내면화된** 자동화도 있다. 어떤 면에서는 이것이 훨씬 더 위험하다. 내면화된 자동화는 머릿속을 파고들어 우리의 내적 생활에 영향을 미친다. 우리의 사고방식과 원하는 것, 신뢰하는 사람을 바꾼다. 이 상황이 악화하면 일자리를 넘어 훨씬 많은 대가를 치르게 된다.

나는 최근 몇 년간 〈뉴욕 타임스〉에서 소셜 미디어 부문을 취재하면서 내면화된 자동화의 예를 숱하게 접했다. 큐어넌QAnon 같은 온라인 극단주의 단체의 추종자들도 인터뷰했고, 정상적이고 건전한 사람들이 소셜 미디어 알고리즘과 인센티브 때문에 자제력을 잃고 음모론자로 변하는 모습도 보았다. 팟캐스트 〈래빗 홀Rabbit Hole〉에서 나는 유튜브와 페이스북 같은 플랫폼들이 인공지능을 이용해 사람들의 구미에 맞는 맞춤 콘텐츠로 가득 찬 틈새로 사용자들을 꾀어내는 설계 방식을 조사했다. 소셜 미디어 플랫폼들은 목적을 이루기 위해 때로는 화면 밖의 세상보다 더 극단적 태도를 보이며 분열을 조장하고 허위에 바탕을 둔 현실을 보여주기도 했다.

인공지능을 소셜 미디어상의 허위 정보와 온라인상의 과격화와 함께 논하는 경우는 별로 없지만 이들 사이에는 밀접한 관계가 있다. 인공지능은 플랫폼들이 심한 중독성을 띠게 만든다. 무엇이 우리를 계속 클릭하게 하고 보게 하고 스크롤하게 하는지 정확히 집어내는 능력은 결국 조작도 가능하게 한다.

나 역시 수년간 부끄러울 만큼 인생의 많은 부분을 기계에 맡겨왔다. 인공지능 비서를 활용해 일정을 관리했고 로봇 청소기와 와이파이에 연결해 쓰는 온도계를 구입해 집 안 청결 상태와 온도를 조절했다. 훌륭한 알고리즘을 적용해 내 체형에 딱 맞는 옷을 알아내는 '손안의 옷장wardrobe-in-a-box' 서비스를 구독하기도 했다. 직장에서는 시간을 절약하려고 이미 만들어져 있는 메일 문구를 사용하거나 지메일의 미리 준비된 답변에 의지했다. 그렇게 몇 년간 대체로 알고리즘이 정해준 흐름에 따라 살았다. 아마존이 제안하는 상품을 주문하고 자동 생성된 스포티파이 음악 목록을 재생하고 넷플릭스가 추천하는 프로그램을 시청했다.

오랜 시간 생활 속 자동화는 전혀 해로울 게 없어 보였다. 하지만 나는 어느 순간 일상의 결정을 기계에 맡긴다고 해서 더 행복해지거나 더 능률이 좋아지는 것은 아니라고 느끼기 시작했다. 오히려 나는 다른 사람이 되어가고 있었다. 전보다 피상적으로 변했고 고정된 일과와 사고 패턴에 갇혔다. 나의 일상생활은 로봇처럼 거의 모든 것이 예측 가능해졌다.

나는 이 느낌을 '기계로 인한 표류'라고 부르기 시작했는데 이를 처음 느낀 것은 몇 년 전이었다. 당시 한 디지털 뉴스 사이트에서 편집자로 일하며 내가 속한 부서의 월별 트래픽 목표를 책임져야 했다. 월말이 다가오는데 목표를 달성하지 못할 때면 페이스북이나 구글에서 대량의 트래픽을 끌어들일 만한 화제성 기사를 급히 만들어 올리곤 했다. 나는 아주 노련했다. 내가 올린 게시물 중 소셜 뉴스 웹사이트 레딧에서 찾은 이야기를 다시 성리해 올린 글은 페이스북에서 엄청난 클릭 수를 끌어내 수백만 명이 기사를 보게 했다. 또 다른 게시물은 "앤 콜터^{Ann Coulter}(보수 논객으로 유명한 미국의 변호사이자 정치 평론가-옮긴이)가 나쁜 트윗 글을 남겼다"라는 제목의 네 문장짜리 글로 몇백만 명을 더 끌어들였다. 이렇게 월말에 올라가는 글들은 제 몫을 톡톡히 했으나 그런 글을 쓸수록 나는 기자가 아니라 용광로에 석탄을 퍼붓는 공장 노동자 같다는 느낌이 들었다. 참신하거나 창의적인 일은 전혀 없었다. 그저 알고리즘이 원하는 재료 한두 개를 채워줄 뿐이었고 나 자신도 일종의 알고리즘이 되어가고 있었다.

직장 밖에서도 기계로 인한 표류를 경험했다. 점점 더 날카로워졌고 정치적으로 편향된 느낌이 들었다. 전에는 미미했던 선호도가 강력하고 탄탄한 신념으로 굳어졌다. 날이 갈수록 내 견해는 트위터에서나 볼 법한 익살스러운 이야기에 그쳤고 열린 마음으로 반대 의견을 경청하기도 더 어려워졌다.

이러한 감정을 기술 사용과 연관 짓게 되자 그다음부터는 내 생각을 한 번 더 돌아보게 되었다. 아마존에서 산 가죽 운동화를 내가 정말 좋아하는 것일까, 아니면 내 감각보다 알고리즘을 더 믿어버린 것일까? 타임라인에서 본 엉터리 같은 트윗을 올린 벤처 투자자에게 정말 화가 난 것일까, 아니면 좋아요와 리트윗이 있어야 트위터 알고리즘이 내 멋진 농담을 알아주리라는 생각에 사람들이 몰리는 데 합류한 것일까? 나는 정말 요리를 좋아하는 것일까, 아니면 직접 만든 요리 사진을 인스타그램에 올려 균형 잡힌 식사를 하는 건전한 성인으로 보이고 싶은 것일까? 이렇듯 나는 내가 믿고 선호하는 것 중에 순수하게 나에게서 나온 결과와 기계가 안겨준 결과가 얼마나 되는지 궁금해졌다.

나의 미래는 추천 알고리즘이 만든 결과?

1990년 제록스 팔로알토 연구소의 두 과학자가 사람들을 언짢게 만드는 메일 과부하 문제를 해결할 방법을 생각해냈다. 당시 메일은 신기술이었고 제록스 팔로알토 연구소의 수신함에는 전혀 관계없는 불필요한 메시지들이 넘쳐났다. 연구원들은 자신이 가입한 다양한 뉴스 매체에서 보낸 메일을 읽고 삭제하느라 몇 시간을 허비했고 이 때문에 업무에 방해를 받았다.

어느 날 연구소의 말단 연구원 더그 테리가 아이디어를 냈다.[11] 메일을 받은 순서대로 보여주는 것이 아니라 프로그램을 만들어 중요도에 따라 순위를 매긴다면 어떨까? 다른 사람들이 이미 읽고 좋아한 뉴스에 따라 내가 볼 뉴스를 결정하면 어떨까? 테리는 데이비드 니컬스 David Nichols 라는 엔지니어를 섭외했고, 두 사람은 메일 수신함을 정돈해줄 '정보 태피스트리 The Information Tapestry', 줄여서 '태피스트리'라는 프로그램을 만들기 시작했다.

첫 단계는 사람 사이에 주고받는 평범한 메일을 정리할 자동 순위 시스템을 만드는 것이었다. 두 사람은 프로그램을 설계해 일련의 '분류자'를 만들어냈다. 이 알고리즘은 수신 메일을 훑어보고 발신자 이름과 제목, 다른 수신자 수 등의 요인을 근거로 각 메시지에 우선순위 점수를 부여했다. 테리의 상사가 테리에게만 보낸 메일의 우선순위 점수는 99점(최고 점수)이므로 늘 수신함 상단에 보인다. 그 밑으로는 '애플'(경쟁사), '야구'(테리가 좋아하는 스포츠) 등 중간 정도의 중요도를 가진 키워드가 포함된 메일이 놓인다. 테리와 관련된 키워드도 없이 낯선 사람이 보낸 메일은 점수가 낮아 수신함 하단으로 내려간다.

두 번째 단계는 각종 뉴스 매체와 클리핑 서비스 clipping service 업체(신문 기사를 발췌하여 보내주는 통신사–옮긴이)로부터 날마다 쏟아지는 수백 통의 단체 메일을 정리하는 방법을 마련하는 것이었다. 테리와 니컬스는 '협력 필터링'이라는 시스템을 고안해냈다. 이 시스템을 통해 사용자는 다른 사용자의 추천을 바탕으로 메시지의 우선순위를 정할 수 있었다. 동료를 필터링 알고리즘으로 사용하는 것이다.

협력 필터링은 각 뉴스 메시지 하단에 추가한 버튼 2개로 작동했다. 하나는 '좋아요', 다른 하나는 '싫어요'다. 사용자가 어떤 버튼을 누르느냐에 따라 해당 메시지가 다른 사용자의 수신함 상단 또는 하단에 나타난다. 사용자들은 특정 주제에 관해서는 특정 개인 또는 그룹의 추천을 받도록 필터를 맞춤 설정할 수 있고, 사용자들이 여러 필터를 연결해 맞춤화된 추천자를 만들 수도 있었다.

테리와 니컬스는 연구자 2명을 더 섭외해 6개월여 기간에 걸쳐 태피스트리 설계를 완성한 다음 동료들에게 이를 공개했다. 수십 명이 태피스트리를 쓰겠다고 나섰고 이렇게 해서 추천 엔진이 탄생했다.

오늘날 세계는 추천 엔진으로 돌아간다. 당신이 이 책을 읽는 순간에도 전 세계 수십억 명이 입을 옷과 여행 방법, 들을 음악, 데이트 상대 등을 정하는 데 알고리즘으로 생성된 추천 프로그램을 사용한다. 우리가 속해 있는 정보 생태계는 모두 추천 엔진에 둘러싸여 있으며 이것이 페이스북, 트위터, 유튜브 등의 소셜 미디어 플랫폼을 작동시킨다. 소셜 미디어 플랫폼들은 알고리즘에 의지해 어떤 의견을 들을지, 무엇이 중요한 이야기인지, 어디에 관심을 기울여야 할지 우리에게 알려준다. 우리의 정치, 문화, 대인 관계는 이러한 시스템이 내놓는 각종 추천과 이를 역설계하는 방법과 밀접하게 연관된다.

현재 생활 곳곳에 스며든 알고리즘 추천 방식은 대체로 눈에 띄지 않는다. 하지만 얼마나 많은 일상의 결정을 기계에 맡기고 있는지 생각해보면 종種의 수준에서 역사적인 변화가 일어나고 있음을 금세 알아차릴 수 있다.

추천 엔진에 관한 책을 쓴 MIT 연구회원 마이클 슈라지는 다음과 같이 말했다.[12] "추천 엔진은 점점 더 사람들의 정체성과 욕구, 그들이 되고자 하는 모습을 규정하고 있다." 그리고 그는 이렇게 덧붙였다. "자아self의 미래는 곧 추천으로 얻은 결과의 미래다."

오늘날 추천 시스템은 더그 테리와 데이비드 니컬스가 메일 수신함을 정돈하려고 개발한 것보다 훨씬 막강하다. 기술 기업들은 엄청난 양의 연산력을 동원해 사용자 행동에 관한 구체적 모형을 도출할 수 있고 기계 학습을 통해 막대한 양의 데이터에 존재하는 패턴을 발견할 수 있다. 예를 들어 소비자 1억 명을 대상으로 온라인 쇼핑 행태를 조사한 뒤, 특정 브랜드의 반려견 식품을 구매하는 사람은 통계적으로 공화당을 지지할 가능성이 크다는 사실을 알아내는 식이다.

또 다른 커다란 차이점이 있다. 과거 추천 시스템은 시간 절약을 목적으로 설계되었으나 오늘날 많은 추천 시스템은 우리의 시간을 앗아갈 목적으로 설계된다. 페이스북을 비롯해 인스타그램, 유튜브, 넷플릭스, 스포티파이, 심지어 〈뉴욕 타임스〉까지도 추천 엔진을 통해 맞춤 피드를 제공함으로써 (기계가 보기에) 사용자를 최대한 오래 붙잡아둘 만한 콘텐츠를 보여준다.

알고리즘은 충격적일 만큼 놀라운 효과를 발휘한다. 전체 유튜브 시청 시간의 70%가 추천 알고리즘에 따른 것이라고 한다.[13] 전체 아마존 검색의 30%가 추천에 따른 결과로 추산되는데, 이는 연간 100억 달러의 수익으로 이어질 만한 수치다.[14] 스포티파이가 알고리즘을 사용해 생성한 '디스커버 위클리 Discover Weekly'라는 재생 목록은 자력으로 음악업계의 히트 제조기가 되었다. 현재 월별 스트리밍의 절반 이상을 이 맞춤형 재생 목록에 의존하고 있는 음악가가 8,000여 명에 이른다고 알려져 있다.[15] 전체 넷플릭스 영화 시청 수의 80%가 추천에 따른 결과로 밝혀졌으며, 추천 기능 덕분에 매년

10억 달러를 절약한 것으로 추산하고 있다.[16]

추천이 지니는 심리적인 힘은 2018년 미네소타 대학 게디미나스 아도마비시우스 교수 등이 실시한 연구에서 분명히 드러났다.[17] 이 연구는 3가지 실험으로 구성되었다.

첫 번째 실험에서는 참가자들에게 1점에서 5점 사이의 별점이 붙은 음악 재생 목록을 제시했다. 이 별점은 임의로 부여한 것이었지만, 참가자들에게는 그들의 음악 선호도를 고려해 정했다고 말해두었다. 참가자들은 원할 경우 각 노래를 짧게 들을 수 있었다. 그런 다음 각 노래를 구매하는 데 얼마를 지불할 의향이 있는지 물었다.

두 번째 실험에서는 참가자들에게 판도라Pandora나 스포티파이 등의 음악 스트리밍 서비스처럼 알고리즘이 생성한 실제 추천 음악 목록을 제공했다. 여기에 붙은 별점은 미리 의도적으로 조작한 것이었고 첫 번째 실험과 같이 참가자들은 구매 가격을 매기기 전에 짧게 노래를 들어볼 수 있었다.

셋 번째 실험에서도 임의로 별점을 부여된 노래를 제공했다. 하지만 이번에 참가자들은 구매 가격을 매기기 전에 노래를 전부 들어야 했다.

처음 두 실험 결과는 놀랍지 않았다. 참가자들은 자기 취향에 맞춰 매겨진 평점이 아닐 때도 별점을 신뢰했고 별점이 높은 노래를 더 높게 평가했다. 하지만 아도마비시우스 교수 연구팀은 세 번째 실험 결과를 보고 깜짝 놀랐다. 가치를 평가하기 전에 노래를 전부 듣게 해주면 별점 효과가 상쇄되리라 예상했다. 노래에 대한 선호도는 알고리즘보다 자신이 직접 들은 것을 근거로 결정된다고 생각했다. 하지만 참가자들은 여전히 별점이 높은 노래에 훨씬 더 많은 금액을 내겠다고 답했다. 다시 말해 기계가 부여한 임의의 선호도가 참가자 자신의 경험을 능가했다. 연구팀은 이렇게 말했다. "소비자들은 단순히 자기가 경험한 것을 선호하지 않으며 자신이 무엇을 즐기는지도 모른다. 소비자들은 자신들이 좋아할 거라고 시스템이 알려준 것을 선호한다."

추천 엔진은 최선의 경우 소비자를 움직일 수 있는 아름답고 강력한 형태다. 강력한 기계가 소비자의 개인 비서가 되어 거대한 인터넷 바다를 속속들이 뒤져서 선호도에 맞는 경험을 선사한다. 반면 최악의 경우 이 기계들은 끈질긴 영업 사원보다 더 심하게 억지를 부린다. 원치 않는 선택지를 들이밀고는 심리전을 펼친다.

추천 엔진을 쓰더라도 기술적으로 통제할 수 있다. 결국 우리는 자유의지를 가지고 주체적으로 행동하는 인간이다. 하지만 이 시스템들이 우리에게 발휘하는 영향력은 늘 친근하게 무언가를 슬쩍 제안하는 형태가 아니다. 오히려 선택 사항을 마음대로 배치해 그들이 원하는 방향으로 우리를 억지로 이끌기도 한다. 그들이 원하는 선택지는 더 쉽고 도드라지게 만드는 한편, 그렇지 않은 선택지는 여러 번 클릭해야 발견할 정도로 메뉴 깊숙이 묻어둔다. 여러 추천 엔진에는 자동 재생이나 원탭one-tap 결제처럼 편의 기능이 적용되어 있다. 이는 기계의 선호도와 우리 자신의 선호도가 얼마나 일치하는지 차분히 따져보기도 전에 결정을 내리게끔 우리를 다그치도록 설계되었다.

기계가 바라는 방향으로 바뀌는 나의 선호도

기계가 우리의 선호도를 결정할 수 있다는 것은 실리콘밸리에서 공공연한 사실이다. 실제로 디자인업계에는 사용자가 클릭하고 구매하고 주의를 기울이는 대상을 바꾸기 위해 설계 요소를 미요하게 이용하는 '선택 설계choice architecture'라는 별도의 하위 부문이 있다.

물론 유용한 선택 설계도 있다. 이를테면 소셜 미디어를 기반으로 한 지역 정보 검색 사이트 옐프는 좋은 평가를 받은 인근 식당들을 자동으로 보여주므로 내가 사는 도시의 모든 식당을 알파벳 순으로 정리하지 않게끔 해준다. 하지만 선택 설계로 원하지도 유익하지도 않은 대상이나 혼자였다면 찾아보지 않았을 대상에 주의를 돌리게 할 수 있다.

기술학자 크리스천 샌드빅은 이를 가리켜 '손상된 맞춤화corrupt personalization'라고 불렀는데, 이는 기업들이 주의를 돌리게 하는 속임수를 쓰는 데서 가장 두드러지게 나타난다.[18] 알고리즘 설계를 살짝 바꿔 넷플릭스는 사용자들이 자체 제작 쇼를 보게 할 수 있고 아마존은 사용자들의 눈을 자사 브랜드로 돌릴 수 있으며 애플은 앱 스토어에서 다른 앱들이 더 바람직해 보일 때에도 자사 앱을 추천할 수 있다.

사용자의 선호도를 대대적으로 바꾸는 힘은 일부 기술자를 불편하게 했다. 데이터 과학자인 레이철 슈트는 2012년 〈뉴욕 타임스〉와의 인터뷰에서 이렇게 말했다. "갖가지 모형은 어떤 일을 예측할 뿐만 아니라 일을 일어나게 할 수도 있다."[19] 페이스북 전 제품 매니저는 한 걸음 더 나가 〈버즈피드 뉴스〉에 말하길, 페이스북의 추천 알고리즘은 '인간을 재프로그래밍'하려는 단계까지 이르렀다고 했다.[20] 그는 이렇게 설명했다. "인간이 지금껏 쌓아온 모든 가치를 무시하게 만들 수 있다. 쉽게 믿어지지 않지만 이 시스템들로 충분히 가능하다. 그 점이 좀 무섭다는 생각이 들었다."

프랑스 출신 연구자 카미유 로트는 디지털 추천 시스템을 두 분류로 나눈다.[21] 먼저, '마음 읽기' 알고리즘은 우리의 기존 선호도를 새로운 정보에 적용하려는 목적을 지닌다. 이와 달리 '마음 바꾸기' 알고리즘은 우리의 선호도를 다른 것으로 바꾸거나 전에는 아무런 선호가 없던 대상에 호감을 가지게 하려 한다.

수년간 대다수 추천 시스템들은 마음 읽기 알고리즘으로 사람들이 보고 싶어 하는 것을 예측해 보여주었다. 하지만 최근 몇 년 사이에 기술 기업들은 마음 바꾸기 알고리즘이 유망하다는 것을 알게 되었다. 특정 대상을 목표로 하는 타깃 광고는 '마음 읽기'와 '마음 바꾸기' 기술을 결합한 형태다. 즉 데이터를 분석해 사용자들의 선호도를 추측한 뒤(타기팅), 광고주들이 사용자들의 마음을 바꾸는 데 돈을 쓰게 한다(광고). 구글과 페이스북을 전 세계에서 가장 가치 있는 기업으로 만든 사업이 바로 이 타깃 광고다.

오늘날 추천 알고리즘은 매우 강력한 데다 우리가 사용하는 각종 시스템에 깊숙이 뿌리내리고 있어 추천이 아니라 **결정** 알고리즘처럼 기능할 때도 많다. 이 알고리즘은 특정 정보의 순위를 더 높게 매기거나 특정 방식으로 여러 선택 사항의 우선순위를 조정해 사람들이 자유의지를 행사한다는 착각을 불러일으킨다. 하지만 실제로는 알고리즘이 선호하는 결과 쪽으로 사용자들을 이끌어간다.

기계로 인한 표류가 몹시 위험할 때가 있다. 인간적 특성을 발휘해 상황을 판단해야 할 순간에 이 알고리즘들은 우리를 가장 인간답게 하는 부분을 적극적으로 침식한다. 이에 따라 경로를 바꾸고 어려운 목표를 추구하고 다수의 의견을 거스르는 선택을 내릴 수 없게된다. 우리 능력이 손상되는 것이다. 이 알고리즘들은 우리가 스스로 생각하고 행동함으로써 인공지능과 자동화 시대에 자신을 보호할 개인적 자율성을 키우지 못하게 한다.

2017년 아마존 엔지니어 브렌트 스미스와 마이크로소프트의 데이터 과학자 그레그 린덴은 아마존 추천 알고리즘의 역사를 다룬 논문에서 인공지능이 주도하는 미래를 묘사했는데 매우 음울하면서도 그럴듯했다. 그들은 이렇게 썼다. "모든 상호작용은 당신의 정체성과 선호도를 반영하므로 인공지능은 이를 활용해 당신과 같은 부류의 다른 사람들이 이미 발견해놓은 것을 찾는다. 따라서 당신에게 영 맞지 않는 것을 마주할 때면 공허하고 씁쓸해질 것이다. 아직도 나를 파악 못 했나 싶어서 말이다. 이 수준까지 가려면 추천에 관한 새로운 사고방식이 필요하다. 추천 기능, 추천 엔진은 없어질 것이다. 대신 모든 상호작용에서 당신과 타인 그리고 무엇을 사용할 수 있는지에 대한 이해가 관건이 될 것이다."[22]

'**모든** 상호작용'이라고 했다. 상점에 따라와서 치약이나 화장지는 어느 브랜드를 택해야 할지 속삭이는 것으로는 부족하다. 선택을 조종하는 추천 알고리즘을 사용하는 엔지니어와 기업 임원의 눈에는 우리의 모든 행동이 기계 모형에 포함되어야 한다. 자동화된 미래의 비전에는 새로운 취향을 만들거나 백지에서 다시 시작할 여지가 없다. 당신이 누구인지 기계가 판단할 것이다. 그리고 이는 곧 기계가 당신에게 바라는 모습을 의미할 것이다.

마찰을 줄이는 설계에 무릎 꿇은 사람들

기계로 인한 표류의 한 요소가 추천 알고리즘이라면, 또 다른 요소는 실리콘밸리에서 '마찰 없는 설계'라고 불리는 것이다. 현대 기술자에게 마찰보다 큰 적은 없다. 여기서 마찰이란 문자 그대로 물리적인 마찰이 아니라 목표 과제를 달성하는 과정에서 발생하는 불필요한 지연이나 비효율성을 일컫는 은유적 표현이다. 기술 기업들은 일상의 마찰을 제거해 택시를 부르거나 가정용품을 주문하거나 가게에서 물건을 사는 방법을 더 간편하게 만들고자 수십 년간 노력해왔다. 이 과정에서 야심 찬 기술 기업들은 마찰 없는 설계를 일종의 교리처럼 신봉하게 되었다.

스타트업 창업자 브렌든 멀리건은 한 기고문에서 마찰을 피하려는 실리콘밸리의 분위기를 다음과 같이 요약했다. "사용자들이 서비스를 사용하거나 서비스 사용을 위해 가입하는 데 마찰을 느낀다면 문제가 있는 것이다. 때로 불가피한 마찰도 있지만 최대한 마찰을 제거할 방법을 재량껏 동원해야 한다."[23]

내가 마찰 없는 설계를 처음 접한 것은 2011년이었다. 그해 페이스북 CEO 마크 저커버그는 '마찰 없는 공유'라는 새 기능을 도입한다고 발표했다.[24] 이는 넷플릭스와 스포티파이 등의 특정 앱이 매번 허락을 요청할 필요 없이 사용자의 피드에 직접 게시물을 올리게 하는 기능이었으나 실패로 끝났고 페이스북은 재빨리 이 기능을 없앴다. 하지만 '마찰 없는' 제품에 대한 아이디어는 실리콘밸리의 상상력을 사로잡았다. 우버, 스퀘어 Square 등 여러 기술 기업이 마찰 없는 설계 개발에 집중했다. 아마존의 설립자 제프 베조스는 2011년 투자자들에게 보낸 서한에서 마찰 감소가 가져오는 전략적 유익을 다음과 같이 명확히 언급했다. "마찰을 줄여 무언가를 수월하게 할 수 있게 만들면 사람들은 그 행동을 더 많이 합니다."[25]

마찰을 줄이는 각종 설계는 분명 유용하다. 사람들은 진료실이나 차량 관리국에서 마찰, 즉 걸리적거리는 과정을 피하고 싶어 한다. 항공편 예약, 보험금 청구서 작성, 실업 급여 신청에 들이는 과도한 노력은 도덕적으로나 정서적으로 전혀 유익하지 않다. 여전히 미국인 중에는 일상생활에서 갖가지 마찰을 겪고 있는 사람이 매우 많다. 특권층에 해당하는 백인 남성이 사소한 불편, 이를테면 팩스로 관공서에 서류를 보내는 일 등을 '마찰'이라고 일컫는다면 지나친 표현이다.

마찰에 맞서는 실리콘밸리의 노력에는 대가가 따랐다. 일부는 소비자의 휴대전화나 컴퓨터 화면에서 마찰이 사라진 데서 문제가 발생했다. 종종 기술 제품에서 '마찰 제거'란 저임금 노동자에게 부담을 옮기는 것을 의미한다. 고객이 겪는 마찰을 전면적으로 줄이려던 아마존은 창고 노동자들에게 더 큰 압박을 주었다. 우버의 기사들은 고객에게 받는 팁에서 수백만 달러의 손실을 보았다.[26] 우버 CEO 트래비스 칼라닉이 앱을 통해 승객에게 팁 지급을 선택하게 하면 불필요한 마찰이 생긴다고 생각했기 때문이다. 칼라닉이 퇴진하고 이성을 되찾은 우버는 다시 이 기능을 추가했다.

마찰 없는 시스템이 낳는 가장 큰 문제는 우리의 자율성에 미치는 영향이다. 추천 알고리즘처럼 이 시스템도 종 모양의 곡선 한가운데로 우리를 끌어당겨 가장 인기 있는 선택지, 가장 확률이 높은 결과, 가장 저항이 적은 길을 택하게 만든다. 직관에 반대되는 어려운 일을 선택하거나 잠시 멈추어 자신의 충동을 점검하게 이끄는 경우는 드물다. 오히려 기술 비평가 팀 우가 말한 '편의의 횡포'(최고의 해법이란 늘 가장 편리한 것이라는 생각)[27]를 강화하여 새로운 경험에 도전하거나 넘기 힘든 장애물을 극복하는 것처럼 장기적으로는 더 가치 있을 만한 일들을 간과하게 한다.

숨 가쁘게 흘러가는 혼란스러운 우리 삶에서 추천 시스템과 마찰 없는 설계가 복잡성을 걷어내는 방식을 생각해보면 이 기술이 인기를 얻은 것은 전혀 놀랍지 않다. 다시 한번 말하지만 맞춤화된 추천과 마찰 없는 앱이 전부 나쁜 것은 아니다. 하지만 이런 도구에 우리 자신을 너무 내주지는 않도록 주의해야 한다. 기계로 인한 표류를 불러온 철학적 태도는 기본적으로 허무주의이기 때문이다. 이들은 우리에게 중요한 것들 가운데 수량화하거나 일련의 데이터로 축소할 수 없는 것은 아무것도 없으며, 기계의 영향으로부터 보호해야 할 만큼 가치 있는 내면의 삶도 전혀 없다고 설득하려고 한다. 추천 엔진과 마찰 없는 제품은 우리에게 유용한 도움을 주지만 이 기계들의 궁극적 목표는 우리의 무릎을 꿇리는 것이다. 물속을 헤엄치다가 조류에 휩쓸린 사람이 물살에 저항하다 지친 나머지 물 위에 둥둥 떠 있겠다고 결정하길 바라는 것처럼 말이다.

불편을 경험하는 시간 '휴먼 아워'를 가져라

기계로 인한 표류에 저항하는 첫 단계로 자신이 좋아하는 것들을 목록으로 만들어 보관하길 추천한다. 하루 동안 선택한 모든 것을 앞에 놓고 그중 진짜 내가 택한 선택과 기계의 지침이나 제안을 따른 선택은 무엇인지 판단해보라. 매달 같은 브랜드의 반려견 사료를 사는 이유가 아마존의 추천을 받아서인가, 아니면 반려견이 정말 그 사료를 좋아해서인가? 아침마다 지나는 출근길은 정말 당신이 좋다고 생각한 경로인가, 아니면 구글 지도가 안내해준 최적 경로인가? 좋아요, 조회 수, 리트윗이 전혀 없더라도 그 여행길, 그 재킷, 떠들썩한 그 정치적 견해를 택할 것인가? 자신만을 생각했을 때, 당신은 누구이며 당신에게 가장 큰 기쁨과 만족감을 주는 것은 무엇인가?

자신의 선호도, 가치, 우선순위를 가려냈다면 이제 그것들을 하나하나 적어보라. 당신이 진짜 좋아하는 취미와 활동은 무엇인가? 당신의 신념을 알게 될 사람이 아무도 없더라도 여전히 고수할 의향이 있는 정치적, 정신적 신념은 무엇인가? 어떤 인간관계가 당신의 삶을 풍요롭게 만드는가? 이에 대한 답을 적어 가까운 곳에 두어라. 벽에 붙여도 좋다. 바로 이 목록이 비슷하게나마 당신의 가장 중요한 자아를 보여주는 청사진이자 앞으로도 유용한 기준점이 될 것이다.

기계로 인한 표류에 저항하는 또 다른 방법은 '휴먼 아워human hour'를 갖는 것이다. 나는 매일 같은 시간(주로 평일 오후 5시에서 6시 사이)에 적어도 1시간은 모니터 앞을 벗어나 테니스, 요리, 반려견과 달리기 등 내가 정말 즐기는 활동을 한다. 꼭 해야 할 일은 넣지 않는 것이 관건이다. 나는 의무적인 일을 처리한다거나 집안일을 하는데 휴먼 아워를 쓰지 않는다. 1시간을 보내는 동안 더 인간적인 느낌이 드는 활동을 함으로써 나 자신의 필요와 우선순위를 다시 한번인식하고 종일 나를 물고 늘어지는 온갖 자극과 보이지 않는 힘의그물에서 벗어나는 것이 중요하다.

기계로 인한 표류에 저항하기 위해 나는 일상에 마찰을 조금 더하기 시작했다. 아마존에서 전동 드릴을 사는 대신 차를 끌고 동네 철물점에 찾아간다. 모닝커피를 마실 때는 찬 우유를 커피에 넣기보다2분 정도 우유를 따뜻하게 데우는 데 시간을 들인다. 주말에는 트위터에 올라온 머리기사를 훑어보지 않고 신문을 펼쳐 찬찬히 읽는다.사무실로 출근할 때는 15분 정도 시간을 더 들여서 주변 경관을 좀더 볼 수 있는 길로 돌아간다.

분명히 말하건대 이러한 불편함은 **매우** 사소한 축에 속하며 나는아주 운 좋게도 시간과 여유가 있기에 기꺼이 그런 불편을 감수할수 있다. 나보다 훨씬 여의치 않은 상황에서 훨씬 열심히 일하는 수많은 사람은 최대한 편의를 추구하는 것이 맞다. 기술 엔지니어와설계자들에게 바라건대 이미 충분히 편의를 누리고 있는 사람들의사소한 불편을 없애주기보다는 소외된 취약 계층이 겪는 마찰을 줄일 방법을 찾아주었으면 한다.

하지만 자신의 생활 속도를 조절할 수 있을 정도로 특권을 누리는사람들이라면 약간의 마찰과 자율성을 더한 생활 방식이 만족감을선사할 것이다. 결국 행복한 순간과 자부심 넘치는 성취는 알고리즘에 결정을 내맡겨 얻기 힘들다. 산 정상에 오르고 마라톤을 완주하고 자녀를 성공적으로 키우는 것은 모두 필요 **이상으로** 노력하겠다고 스스로 결정한 결과로 얻어진다. 보람찬 일은 힘들 때가 많으며 힘든 일은 기계의 적이다.

* * *

최근 더그 테리에게 전화를 걸었다. 약 30년 전 제록스 팔로알토 연구소에서 최초의 추천 시스템인 태피스트리를 개발한 그는 현재 아마존에서 근무하고 있다. 초기 태피스트리 관해 이야기를 나누던 중 테리에게 오늘날 페이스북, 유튜브, 넷플릭스와 같은 서비스를 작동시키는 추천 엔진을 어떻게 생각하는지 물었고 그는 이렇게 답했다. "그때와 지금을 비교할 수 없다고 봅니다. 그때는 시스템이 간단했지만 요즘은 수십억 명을 대상으로 수조 개의 피드를 다루고 있으니까요. 규모와 복잡성만 놓고 봐도 하늘과 땅 차이죠."

테리는 동료 추천을 기반으로 뉴스 수신함을 필터링한다는 생각을 떠올렸을 때만 해도 이 기술이 훗날 수십억 달러의 기술 기업을 급부상시키고 전 세계 정보 생태계를 근본적으로 바꿔놓으리라 생각지도 못했다. 그에게 내가 품고 있는 갖가지 우려를 들려주었다. 우리의 선호도를 알아내도록 설계된 알고리즘이 도리어 이를 왜곡하고 있다는 걱정과 기계로 인한 표류에 대한 불안, 소셜 미디어의 추천 때문에 내 취재거리가 점점 급진적으로 변하는 문제에 대해서 말하자 테리는 걱정하는 듯했다.

테리에 따르면 그 옛날 추천이란 말 그대로 무언가를 추천하는 일에 그쳤다. 하지만 이제는 추천이 전보다 더 결정적인 역할을 행사하고 있다. 그는 이를 '눈덩이 효과'라고 불렀다. 사람들은 날이 갈수록 알고리즘이 판단한 관심 사항을 더 많이 접하고 이에 따라 세계를 바라보는 시야가 익숙한 것들 안에 갇히게 된다는 것이다. 테리는 이렇게 말했다. "사람들을 안전지대에서 벗어나게 만드는 것은 어려운 일일 겁니다. 하지만 이와 정반대되는 추천 알고리즘은 손쉽게 사람들의 시야를 좁혀놓습니다."

법칙 3.

기기의 영향력과 지위를 떨어뜨려라

"컴퓨터는 훌륭하고 능률적인 일꾼이지만 그들을 섬길 생각은 없습니다."

– 〈스타트렉〉 중 스팍의 대사

나는 휴대전화가 싫어진 순간을 정확히 기억한다. 2018년 12월 크리스마스를 며칠 앞둔 날이었다. 아내와 친구 몇 명과 함께 맨해튼의 한 극장에서 세계적 수준의 앨빈 에일리 아메리칸 댄스 시어터의 공연을 보고 있었다. 우리는 운 좋게도 꽤 좋은 좌석을 구했고 나는 몇 주 전부터 공연 날을 손꼽아 기다렸다.

1막 중반쯤 되었을 때 주머니에서 진동을 느꼈지만 무시했다. 몇 분 지나 또다시 전화기가 웅웅거렸다. '아침에 올린 인스타그램 게시물에 반응이 있나 보군. 가만, 편집자가 쉴 새 없이 분노의 메일을 보내고 있는 거면 어쩌지?' 하는 생각이 들었다. 그래도 편하게 생각하고 무대 위에서 멋지게 점프하는 무용수들에게 집중하려고 노력했다. 하지만 머릿속에서는 계속 상상의 나래가 펼쳐졌다. '아파트에 불이 났으면 어쩌지? 내가 실수로 트위터에 올린 논란거리 때문에 트럼프 대통령이 날 두고 뉴욕 어쩌고에 다니는 가짜 뉴스 머저리라고 욕하고 있다면?'

더는 참을 수 없었다. 아내에게 소리 없이 "화장실 다녀올게"라고 입 모양으로 말한 뒤, 황급히 아내를 지나 복도로 나갔다. 그러고 나서 서둘러 화장실 칸막이 안에 들어가 휴대전화를 꺼내 보았다.

정말 별것 아니었다. 사소한 메일 몇 통, 약국에서 온 문자, 인스타그램 댓글 한두 개가 전부였다. 긴급 알림이 없었다고 해서 곧장 자리로 돌아가지는 않았다. 볼일도 보지 않고 화장실 칸막이 안에 그대로 서서 트위터와 페이스북에 들어가 그동안 놓친 게시물을 전부 확인하며 족히 15분을 보냈다. 다시 정신을 차리고 화장실에서 나와 자리로 돌아가려는데 수많은 사람이 내 쪽으로 몰려나오고 있었다. 중간 휴식 시간이었다. 1막 뒷부분을 몽땅 놓친 것이다.

환상적인 공연을 보지 못했다는 것도 창피했지만 그 이유가 너무 바보 같았다는 생각에 수치심이 몰려왔다. 사랑하는 사람들과 뜻깊은 시간을 보낼 기회가 눈앞에 있었는데, 나는 화장실에서 문을 잠그고 서서 싸구려 도파민을 얻겠다고 휴대전화 화면을 손가락으로 튕기고 있었다. 그것도 뭔가 저항할 수 없는 보이지 않는 힘이 내 뇌를 끌어당기기라도 한 듯이 거의 자동으로 그랬다.

나를 본 아내는 어디 있었냐면서 괜찮냐고 물었다.

"일이 좀 생겼어." 거짓말을 했다.

선 넘는 휴대전화 습관에서 탈출하기

2006년 대학 1학년 때 처음 휴대전화를 가졌다. 기종은 블랙베리 펄이었고 직사각형 모양의 회색 바탕에 자판 가운데가 흰색으로 되어 있었다. 나는 온종일 휴대전화에 사로잡혀 이메일을 보내고 벽돌 깨기 게임을 하고 재치 있는 BBM(블랙베리 메신저) 문자를 떠올렸다. BBM은 블랙베리 휴대전화를 가진 사람들끼리만 사용할 수 있었던 까닭에 캠퍼스의 기술광들 사이에서는 지위의 상징이었다.

단순한 폴더 폰이 많던 시대에 블랙베리는 초강자였다. 주머니에 거대한 도서관을 가지고 다니면서 그때그때 원하는 정보를 검색하고 분쟁을 해결하고 전에 만났던 모든 사람과 소통할 수 있었다. 멋진 신식 기기를 손에 넣었다기보다 끊임없이 들어오는 실시간 업데이트를 통해 주변 세계를 민감하게 인식하게 되었다는 느낌이 더 컸다.

참신함은 언젠가 사라지리라 생각했다. 하지만 휴대전화는 지루해지는 법이 없었다. 오히려 점점 더 깊이 빠져들게 되었다. 2007년에는 줄을 서서 아이폰을 샀다. 트위터 계정을 만들고 RSS 리더도 설정했다. 단체 문자도 만들어 사용하고 바탕화면에 뉴스 알림도 뜨게 했다. 그러다 보니 휴대전화 사용 시간이 점점 길어졌다. 처음에는 하루에 서너 시간이었다가 나중에는 예닐곱 시간까지 늘었다. 밤에는 대개 휴대전화를 머리맡에 두고 잤다.

최근까지도 휴대전화를 사용하는 내 방식이 딱히 잘못되었다고 느껴지지 않았다. 하지만 1~2년 전 드디어 선을 넘어서고 말았다.

우선 소셜 미디어로 인해 날이 갈수록 짜증과 화가 늘었다. 수년간 푸시 알림과 속보를 받다 보니 주의력이 급격히 떨어져 독서도 힘들어지고 긴 영화를 끝까지 보지도 못하고 친구들과 기나긴 대화를 나누지도 못하게 되었다. 세상으로부터 물러나 있는 느낌이 들었다. 주머니에 든 역동적 고화질 세계에 비해 내 실제 삶은 둔탁하고 어두워 보였다.

몇 달간 휴대전화 습관을 없애겠다며 화면을 흑백으로 바꿨다. 트위터와 페이스북을 삭제하고 각종 앱을 찾기 어렵게 폴더에 넣어두었다. 하지만 소용없었다. 휴대전화를 꺼내 드는 시간은 계속 늘어났고 휴대전화 때문에 계속 방해를 받았다. 어느 날 밤 아이폰에 사용 시간을 알려주는 기능이 생겼다는 알림을 받았다. 내 통계 수치를 굳이 알고 싶지는 않았지만 어쨌든 그런 기능이 생긴 것이다. 아이폰 통계를 보니 나는 하루 평균 거의 6시간 동안 휴대전화를 보고 있었다. 일일 최대 사용 시간은 8시간 28분이었다.

오랫동안 나는 기기들이 인식을 확장하고 사회생활을 풍요롭게 하며 인간적 특성을 새로운 방향으로 확장해준다고 믿었다. 하지만 나는 기기의 사용자라기보다 하인에 가까웠다. 날마다 휴대전화가 중요하다고 알려주는 것에 주의를 기울였고 알림음과 진동에 따라 중요한 일을 결정했다. 휴대전화가 알려주는 우선순위를 그대로 내 것으로 받아들였다. 한때 믿음직한 비서 같았던 휴대전화는 어느 순간 높은 자리로 올라가더니 나를 들볶는 까다로운 상사가 되어 있었다.

진짜 주인은 누구인가?

장담컨대 나처럼 심각하지는 않았더라도 지난 몇 년을 돌아볼 때 자신의 의지보다 휴대전화를 더 많이 확인하거나, 멍하니 페이스북이나 트위터 피드를 바삐 훑어보다가 중요한 일을 놓친 적이 있을 것이다. 죄책감을 안겨주거나 휴대전화 중독이라며 꾸짖을 생각은 없다. 다만 자신이 가진 기기와 어떤 관계인지 점검해보라는 것이다. 결국 이들은 우리가 가장 많은 시간을 함께 보내는 로봇이기 때문이다.

기기를 로봇이라고 생각하는 게 이상해 보일 것이다. 하지만 휴대전화와 태블릿, 노트북, 스마트워치, 개인용 컴퓨터 등 서로 연결된 가정용 기기들에는 가장 발전된 형태의 인공지능이 사용된다. 페이스북, 구글, 트위터 등과 같은 기술 기업들은 거대 규모의 정교한 기계 학습 알고리즘을 설계했는데, 그 유일한 목적은 사람들의 참여 유도다. 다시 말해 이 알고리즘들은 우리 뇌의 변연계에 합선을 일으켜 주의를 분산시킴으로써 최대한 오랫동안 화면을 누르고 훑어보게 한다.

기술들은 기기를 사용하는 수단에 근본적 변화를 가져왔다. 스티브 잡스는 개인용 컴퓨터는 '정신을 위한 자전거'라는 유명한 말을 남겼는데, 이는 한동안 매우 적절한 비유였다. 컴퓨터는 자전거처럼 우리를 목적지에 더 빨리 도달하게 도와주며 세계 곳곳에서 생각과 물건을 움직이는 데 필요한 수고를 덜어준다. 하지만 요즘 우리가 사용하는 많은 기기와 여기에 설치하는 앱들은 자전거가 아니라 폭주 기관차처럼 기능하도록 설계되고 있다. 이 기기들은 보상(새 메일, '좋아요', 재미있는 틱톡 동영상)을 받을 수 있다고 유혹하며 기기를 확인하게 만든다. 일단 기기에 접속하면 우리가 원했든 원하지 않았든 그들이 선택한 목적지로 내달린다.

눈에 보이지 않는 세력이라고 해서 실체가 없는 것은 아니다. 페이스북과 유튜브 같은 플랫폼을 작동시키는 알고리즘들은 인간을 달에 보내기도 했다. 인간 게놈을 해독하게 만든 기술보다 몇 배 더 강력하다. 알고리즘을 개발하는 데는 수십억 달러의 연구 개발비와 엄청난 양의 개인 데이터가 필요하고 세계 일류 대학에서 박사 학위를 취득한 수천 명의 전문가가 동원된다. 어린 시절 공상 과학 영화에서나 보았던 미래 초지능을 대표하는 인공지능들이 날마다 기기 화면을 통해 우리를 노려본다. 우리를 관찰하고 우리의 선호도에 적응한다. 그러고 나서 어떤 자극을 주어야 우리가 동영상을 하나라도 더 보고 게시물을 하나라도 더 공유하고 광고를 하나라도 더 클릭할지 알아낸다.

수 세기 동안 인간은 정신 능력을 떨어뜨리는 기계의 심리적 영향을 우려해왔다. 18세기 후반 애덤 스미스는 《국부론》에서 자동화된 공장 장비가 우리를 '인간 존재로서 가장 어리석고 무지한' 존재로 만들고 있다고 경고했다.[28] 최근 몇 년 사이에는 스마트폰의 부정적 영향에 경종을 울리는 제품들조차 유망 산업이 되었다. 성인을 위한 '스크린 디톡스', 어린이를 위한 기기 사용 시간 도우미, 일주일에 하루 모든 기기를 차단하는 '디지털 안식일' 모임도 생겨났다. 심지어 휴대전화의 오랜 문제들을 해결하기 위해 새 휴대전화를 발명하기까지 했다. 라이트 폰 Light Phone과 같은 250달러 상당의 '덤폰'이 그것인데, 흑백 화면에 통화와 문자 기능만 있는 핸드폰이다.

다시 한번 말하지만 나는 기기 사용 시간을 엄격하게 지켜야 한다고 주장하는 사람은 아니다. 우리가 휴대전화를 지나치게 많이 사용하고 있다고 강조하려는 것도 아니다. 물론 많이 사용하고 있을 것이다. 다만 내가 수년 전에 실천했으면 좋았으리라 생각한 것을 권하고 싶다. 즉 자신이 사용하는 기기와 어떤 관계를 맺고 있는지 돌아보고 **'지금 여기서 누가 진짜 주인인가?'** 자문해보라는 것이다.

이 질문에 대한 답이 중요한 이유는 여러 가지다.

첫째, 앞으로 몇 년 사이에 우리가 해야 할 매우 인간적인(대응력과 사회성, 희소성을 지닌) 일을 맡으려면 몸과 마음을 스스로 통제해야 하고 자신의 주의력을 이용, 지휘할 수 있어야 한다.

둘째, 기기에 통제력을 넘겨주면 인간관계가 훼손됨을 알아야 한다. 심리학자 셰리 터클은 '퍼빙 phubbing' 현상에 관해 길게 설명한 바 있다.[29] 이상하게 들리는 이 용어는 '폰 스너빙 phone snubbing'을 줄여 부르는 유용한 신조어로 휴대전화에 신경 쓰느라 같이 있는 사람과 소통을 피하는 행위를 가리킨다. 터클은 퍼빙이 '대화로부터의 도주'와 같다면서 다음과 같이 말했다. "제약이 없는 자유로운 대화를 나눌 때 퍼빙이 일어난다. 대화를 하다 이런저런 생각을 떠올리게 되므로 대화에 충분히 참여하면서도 다른 것에 영향을 받기 쉽다."

퍼빙이나 다른 사람과 소통하는 동안 그저 휴대전화를 근처에 두는 것만으로도 다른 사람들과 즐거운 경험을 나누기가 더 어려워진다는 사실이 많은 연구를 통해 밝혀졌다. 캐나다 브리티시컬럼비아 대학에서 실시한 연구에서는 300여 명이 가족, 친지와 함께 식당에서 식사하는 모습을 관찰했다.[30] 실험은 두 그룹으로 나눠 실시했다. 실험 참가자 중 절반은 휴대전화를 소리나 진동으로 해놓고 식탁 위에 놓게 했고, 나머지는 휴대전화를 무음으로 해놓고 가방에 넣어두게 했다. 식사가 끝난 후 참가자들에게 식사 경험에 관한 설문 조사를 했다. 휴대전화를 식탁에 꺼내둔 그룹은 휴대전화를 치워둔 그룹보다 식사 경험이 덜 즐거웠고 지루함과 산만함을 더 많이 느꼈다고 답했다.

중요한 것은 기기를 얼마나 자주 집어 드느냐가 아니라 기기를 **어떻게** 사용하느냐다. 여러 연구 결과 기기는 그 사용법에 따라 우리의 정신 건강에 미치는 영향이 달랐다. 우리의 정신 건강에 더 해로운 사용법과 이로운 사용법이 있었다. 예를 들어 페이스북에서 자신의 피드를 훑어보고 동영상을 시청하고 뉴스 업데이트를 확인하는 식으로 기기를 수동적으로 사용하는 것은 불안을 높이고 행복감을 떨어뜨렸다.[31] 반면 근황을 업데이트하고 친구들과 채팅하는 등 기기를 능동적으로 사용하는 것은 더 긍정적인 효과를 냈다.[32]

이제 우리가 가진 기기의 지위를 떨어뜨려야 할 세 번째 이유로 넘어가보자. 우리는 스마트폰을 비롯한 각종 기기가 삶을 조종하도록 방치하여 실제로 기계가 해줄 수 있는 놀랍고도 인간미 넘치는 많은 것을 놓치고 있다. 낯부끄럽다.

코로나19 팬데믹 초기에 컴퓨터 모니터를 마주하는 일이 나의 주된 사회생활이 되었을 때 이를 절실히 깨달았다. 해피 아워 happy

^{hour}(가벼운 음식을 나누는 비공식 친목 모임-옮긴이)와 야간 게임 모임에 참여할 때면 줌을 사용했다. 미국 곳곳에 사는 가족들과는 페이스타임으로 긴 통화를 나눴고 가장 가까운 친구들과는 수많은 단체 문자를 주고받았다.

이러한 긍정적인 경험에는 다른 사람이 관여한다는 공통점이 있다. 기술이 있어 가능한 경험이지만 선택하고 통제하며 참여 형태를 결정하는 일은 오롯이 내 몫이었다. 사용자 경험을 교묘하게 조작하는 프로그램이나 알고리즘의 보이지 않는 영향이 이러한 소통을 가져다준 것은 아니었다. 물론 소통 도구를 개발한 회사들은 나의 참여로 이득을 보겠지만 덕분에 나는 주의력과 데이터를 들인 대가로 정말 인간다운 가치를 지닌 무언가를 얻었다. 다시 말해 기기 사용으로 우리의 인간다움을 한층 높이느냐 혹은 시들게 하느냐는 대개 누가 운전대를 잡았느냐는 문제로 귀결된다.

휴대전화에 고무줄을 두르자 놀라운 일이 벌어졌다

앨빈 에일리 공연을 보고 집으로 돌아오는데 몇 달 전 내게 메일을 보내온 캐서린 프라이스가 생각났다.[33] 과학 전문 기자인 캐서린은 《당신의 휴대전화와 헤어지는 방법 ^{How to Break Up with Your Phone}》이라는 책을 썼다. 이 책에는 나와 같은 사람들이 휴대전화 과다 사용에서 벗어나 기기와 더 건강한 관계를 맺을 수 있게 그녀가 직접 개발한 30일 프로그램이 담겨 있었다.

집에 도착한 나는 캐서린에게 메일을 보내 도움을 요청했다. 다행히 캐서린은 내 요청을 받아주었다. 휴대전화 디톡스 프로그램에 들어가기 전 캐서린은 우선 내가 습관을 바꾸려는 이유를 알아보는 작업에 들어갔다. 캐서린이 요청한 휴대전화 사용 설문 조사에는 다음과 같은 질문이 있었다.

· 휴대전화와 '헤어지길' 원하는 이유는 무엇인가? 이 경험에서 얻고 싶은 것은 무엇인가?
· 휴대전화의 좋은 점 또는 앞으로도 지속하고 싶은 것은 무엇인가?
· 휴대전화의 싫은 점 또는 앞으로는 줄였으면 좋겠다고 생각하는 것은 무엇인가?

질문에 답하며 내 심정을 쏟아놓았다. 기계로 인한 표류 때문에 느끼는 감정을 그대로 드러냈고, 각종 기술을 사용한 끝에 내가 점점 단조롭고 뻔한 사람이 되어간다는 두려움을 캐서린에게 털어놓았다. 또한 트위터에 올라온 욕설 가득한 기사라든가 페이스북에 글타래로 게시된 논란거리처럼 쉽게 도파민을 분출시키지 않는 교류에는 관심이 시들해졌고, 언제부터인가 친구를 비롯한 사랑하는 이들(내가 존중할 만한 가치와 견해를 가진 훌륭하고 친절한 사람들)과의 대화는 온라인에서 낯선 이들에게서 지지를 얻는 것만큼 만족스럽지 않다고 고백했다. 업무상 필요하기에 기기 사용을 완전히 끊고 싶지는 않지만 기기에 기울어 있는 삶의 중심을 되찾아 잃어버렸던 의지와 자제력을 회복하고 싶다고 말했다. 이와 함께 나의 기기 사용 시간을 보여주었다. 통계를 확인해보니 나는 보통 하루에 5~6시간을 휴대전화에 썼고 100번에서 150번 휴대전화를 손에 들었다.

나는 캐서린에게 보내는 메일에 "솔직히 이건 말도 안 됩니다. 죽고 싶을 정도네요"라고 썼다.

캐서린은 "수치가 좀 오싹하긴 하네요"라고 답했다.

캐서린은 먼저 휴대전화에 고무줄을 두르라고 했다. 고무줄은 2가지 면에서 도움이 된다.

첫째, 고무줄은 손가락이 빨리 움직이는 것을 방해하는 작은 물리적 장치였다. 고무줄을 두르더라도 원하는 만큼 실컷 트윗도 올리고 문자도 보낼 테니 아예 휴대전화를 못 쓰게 되지는 않겠지만 그 과정이 조금은 번거로워진다. 둘째, 고무줄은 내가 마음을 챙기도록 끊임없이 일깨워준다. 고무줄을 볼 때마다 휴대전화에 손을 뻗었음을 알아챌 테고, 그러면 잠시 멈추어 정말 확인할 것이 있는지 아니면 단순히 시간을 때우려는 것인지 생각하게 된다.

캐서린은 휴대전화에서 나를 완전히 떼어놓는 게 디톡스 프로그램의 목표가 아니라고 설명해주었다. 휴대전화 중독을 일으키는 정서적 촉발 요인(내 경우 주로 지루함과 불안)을 포함해 애초에 휴대전화에 손을 뻗게 하는 근본 원인을 알아내는 게 중요했다. 그러고 나면 이 욕구를 만족시킬 다른 방법을 찾을 수 있을 테니 말이다.

캐서린은 완전한 금욕이 최종 목표는 아니라고 했다. 내가 추구해야 할 것은 마음챙김이었다. 캐서린은 내게 이렇게 말했다. "어디에 주의를 기울이느냐가 곧 그 사람의 인생입니다. 비디오게임이나 트위터에 주의력을 쓰고 싶다면 그렇게 하면 되죠. 하지만 결정은 스스로 내려야 합니다."

아무것도 안 하는 상태를 잠시도 못 견디는 사람들

휴대전화에 고무줄을 두르자 그간 거의 무의식적으로 해온 반복적 행위들이 눈에 들어오기 시작했다. 알고 보니 나는 사무실에서 엘리베이터를 탈 때마다, 아파트 문을 나설 때마다 그리고 이 부분이 가장 이상한데 상점에서 신용카드를 리더기에 꽂은 뒤 승인이 날 때까지 몇 초를 못 기다리고 휴대전화를 확인했다.

나는 또한 휴대전화에 의지해 끊임없이 자극을 접하고 있었고, 귀에 에어팟을 꽂고 음악을 듣거나 통화를 하면서 돌아다니는 데도 익숙해져 있었다. 유튜브를 보며 빨래를 개고 넷플릭스를 시청하며 저녁 식사를 준비했다. 샤워 중에는 방수 헤드폰까지 쓰고 팟캐스트를 들으면서 머리를 감았다.

이러한 나의 생활을 전해 듣고 캐서린은 한바탕 웃더니 내가 문제를 제대로 짚었다고 말했다. "휴대전화가 문제가 아닙니다. 그건 그저 마약을 운반해주는 기기에 불과하죠. 아무런 자극 없이 자신만의 정신으로 머물 방법을 찾아야 합니다."

심리학자들은 이 문제를 가리켜 '나태 혐오idleness aversion'라 부른다. 한 연구에 의하면 많은 사람은 가만히 생각하기를 너무 불편해하는 나머지 조용히 홀로 있기보다 오히려 육체적 고통을 느끼는 편을 대체로 선호한다.[34] 버지니아 대학에서는 학생들을 빈방에 홀로 앉혀놓고 10분에서 20분간 '생각하는 시간'을 갖게 했다. 이때 그들 몸에 전극을 연결해놓고 원한다면 버튼을 눌러 스스로 고통스러운 전기 충격을 가해도 좋다고 했다. 전기 충격은 의무 사항이 아니었다. 의무 사항이었다 해도 실험이 더 빨리 끝나지 않았을 것이다. 전기 충격은 순전히 그들이 지루함에서 벗어나고 싶을 때 자유롭게 선택할 수 있는 방법이었다.

연구 결과를 보니 남성 참가자의 71%와 여성 참가자의 26%가 1회 이상 스스로 충격을 가했다. 참가자 대다수는 가만히 앉아 있기와 전기 충격을 가하기 사이에서 후자를 택했다. 연구팀은 다음과 같은 결론을 내렸다. "아무런 지침을 받지 못한 정신은 가만히 홀로 있기를 좋아하지 않는다."

휴대전화의 지위를 떨어뜨리려면 우선 나태 혐오를 극복해야만 했다. 그래서 나는 며칠간 아무것도 하지 않기를 연습했다. 아침에 사무실까지 걸어가는 동안 휴대전화는 주머니 속에 깊숙이 넣어둔 채 주변 건물을 올려다보았다. 지하철에서는 팟캐스트를 듣거나 메일을 훑어보는 대신 사람들을 관찰했다. 친구가 점심 약속에 늦을 때는 가만히 앉아 창문 밖을 내다보았다.

이러기가 얼마나 힘들었는지, 휴대전화에 손을 뻗어 자극거리를 탐색하고픈 마음이 얼마나 간절했는지 캐서린에게 얘기했다. 캐서린은 매우 자연스러운 현상이라면서 디톡스 프로그램의 목적은 단순히 휴대전화를 적게 사용하기가 아니라 오프라인 세상에서 내가 흥미와 에너지를 느끼던 것들을 재발견하기라고 했다.

캐서린은 계속 트위터에 접속하지 않음으로써 얻는 것이 무엇인지 생각하면서 큰 그림을 보라고 했다.

캐서린에게 말했던 놀라운 점이 하나 더 있다. 여유 시간에 휴대전화를 보는 일이 줄자 **다른** 사람들이 나태 혐오에 빠져 휴대전화에 의지하는 모습이 눈에 들어왔다. 눈길이 닿는 곳마다 수많은 사람이 고개를 숙이고 번쩍이는 화면을 가만히 들여다보고 있었는데 그 모습은 정말 소름 끼쳤다.

캐서린은 자기가 만나는 의뢰인들이 대개 같은 경험을 한다고 말했다. "저는 이 경험을 가족의 벌거벗은 모습을 마주한 것에 비유합니다. 엘리베이터 안에서 휴대전화를 확인하고 있는 좀비들이 눈에 들어오기 시작하면 다음부터는 그 모습을 무시할 수 없게 되죠."

휴대전화에 고무줄을 두른 채로 며칠을 보내고 나서 캐서린의 다른 추천 활동을 따르기 시작했다. 밤이면 잠자는 데 방해가 되지 않게 휴대전화를 침실 밖에 두었다. 주의를 흩뜨리는 시간 보내기용 앱은 과감히 삭제하고, 좀 더 차분하고 능률적인 앱은 홈 화면으로 옮겼다. 꼭 챙겨야 할 긴급 알림을 제외하고는 모든 알림을 해제했다.

다음으로 독서를 통해 주의 집중 시간을 다시 쌓기 시작했다. 타이머를 설정해놓고 자리에 앉아 10분, 20분, 1시간 이렇게 시간을 늘려갔다. 날마다 휴대전화 없이 산책도 하고 요리를 하거나 도자기 만들기 같은 취미를 만들어 손을 부지런히 움직였다. 그랬더니 트위터에서 일어나는 일에 마음을 뺏기지 않았다.

결국 자극이 없을 때의 기분에 적응하기 시작하자 이상한 일이 벌어졌다. 눈앞의 세상이 더 밝고 활기 있게 보였다. 휴대전화 없이 산책할 때면 전에는 보지 못했던 사소한 것들이 눈에 들어왔다. 한 블록 아래 있는 이탈리아 식당 간판에 철자가 잘못된 것도 보였고 모퉁이에 서 있는 위엄 있는 단풍나무도 보였다. 수면과 기분 상태도 나아졌고 수년 만에 처음으로 몽상을 하기도 했다.

캐서린이 개발한 프로그램의 마지막 단계는 24시간 동안 휴대전화를 전혀 쓰지 않는 '시험 별거 trial separation'였다. 나는 기대 이상의 성과를 거두는 사람이므로 48시간을 목표로 삼았다. 에어비앤비를 이용해 몇 시간 거리에 있는 농장 숙소를 예약한 뒤, 자동 응답 메시지를 설정해놓고 아내와 함께 전자 기기 없는 주말여행에 나섰다.

짧게나마 휴대전화 없이 여행을 떠나려니 몇 가지 어려움도 있었다. 구글 지도가 없어 길을 잃으면 차를 세우고 방향을 물어야 했다. 옐프가 없으니 영업 중인 식당을 찾기도 어려웠다. 이런 일들을 제외하고는 훌륭한 이틀을 보냈다. 수년간 경험하지 못했던 자잘하고 미묘한 즐거움이 가득했다. 새벽에 일어났고 진한 커피를 내려 마셨으며 장거리 하이킹도 해보았다. 책도 읽고 낱말 맞추기 퍼즐도 하고 타닥타닥 벽난로에서 나는 장작 타는 소리를 들으며 스르르 잠들기도 했다. 마치 19세기 이주 농민이 된 듯했다. 단, 틱톡에 재미있는 게 올라왔을 텐데 하고 가끔 걱정하는 농민 말이다.

의미 있는 대화를 나누고 더 많이 웃는 방법

결국 캐서린의 30일 디톡스 프로그램은 휴대전화 사용 시간을 줄여주었다. 나의 일일 평균 휴대전화 사용 시간은 6시간에서 1시간으로 뚝 떨어졌다. 휴대전화를 확인하는 횟수도 하루 20회 정도에 그쳤는데 이는 처음보다 거의 80%가 줄어든 결과였다.

수치화할 수 없는 이점들도 있었다.

첫째, 기기의 지위를 떨어뜨렸더니 내 삶에 존재하는 기술의 소중함이 더 절실히 느껴졌다. 수년간 나는 휴대전화와 노트북을 현대인으로서 감당해야 할 골칫거리나 짐으로 여겼다. 하지만 한 달간 별거에 가까운 시간을 보낸 후, 처음 블랙베리 휴대전화를 가졌을 때처럼 이 기기들을 보며 새로운 경이와 놀라움을 느꼈다. 화면을 몇 번 누르고 밀기만 하면 저장해두었던 온갖 정보를 불러올 수 있고 전 세계 사람들과 대화할 수 있다는 데 경탄했다. 문자와 메일도 수시로 확인하는 지루한 내용이 아니라 즐거운 소통으로 다가왔다. 인터넷도 초창기 때처럼 더 건강한 형태로 느껴지기 시작했다.

둘째, 기기의 지위를 떨어뜨리고 나니 훨씬 더 생산적인 사람이 되었다. 경제적 의미에서 노동을 더 많이 했다는 뜻이 아니라 정말 무언가를 더 많이 **생산하게** 되었다. 새로운 아이디어와 영감에서 비롯한 문제 해결책, 다른 사람들과의 의미 있는 소통이 전부 늘었다. 디지털 활동에 쏟아부었던 인지적, 창조적 에너지를 다른 곳으로 돌렸더니 내가 하고 싶었던 온갖 프로젝트를 구상할 수 있었다. 이 책도 그중 하나다. 온종일 휴대전화가 공급하는 아드레날린과 코르티

솔에 젖어 있지 않으니 그런 활동에 투입할 에너지가 생긴 것이다. 정서적으로도 더 섬세해져서 전보다 더 수월하게 다른 사람들의 기분을 알아차렸다. 트위터를 들여다보고 있었더라면 놓쳤을 법한 미묘한 비언어적 단서를 포착할 수 있었기 때문이다.

기기의 지위를 떨어뜨린 후, 내가 가장 예상치 못했던 세 번째 효과는 주변 사람에게서 나타났다. 휴대전화 디톡스 프로그램을 따르는 동안 나는 이를 너무 드러내지 않으려고 노력했다. 한창 유행하는 건강법을 따라 한다며 요란을 피우는 이만큼 짜증 나는 사람도 없으니 말이다. 하지만 고무줄을 둘러놓은 내 휴대전화는 사무실, 커피숍, 비행기 등 사방에서 눈에 띄었다. 그러다 보니 난생처음 보는 사람들 수십 명에게 캐서린의 프로그램을 전해주었다. 또한 나의 집중력이 높아지자 다른 사람들도 주변 상황에 더 관심을 기울이게 되었다. 동료들은 업무 회의 동안 내가 가만히 앉아 경청하는 모습을 보고 자신들도 휴대전화를 치웠다. 공원에서는 풀밭을 뛰어다니는 반려견을 즐겁게 지켜보는 내 모습을 보고 다른 반려견 주인들도 고개를 들어 자기 반려견을 더 주의 깊게 바라보았다.

제니 오델은 《아무것도 하지 않는 법》에서 주의 깊게 새를 관찰함으로써 자신의 나태 혐오를 극복한 사례를 이야기했다.[35] 오델이 하늘에 날아다니는 새를 관찰하기 시작하자 주변 친구들도 새를 가리키기 시작했다고 한다. 이 책에서 오델은 이렇게 말한다. "나는 주의력도 전염된다는 사실을 알게 되었다. 무언가(나와 함께 있다면 새일 것이다)에 세심한 주의를 기울이는 사람과 충분히 오래 같이 있다 보면 틀림없이 나도 같은 대상에 주의를 기울이게 된다."

자신이 사용하는 기기의 지위를 떨어뜨린다고 생활 속 어려움이 전부 사라진다거나, 사람들에게 고무줄을 나눠주면서 기기 중독에 관해 경고하는 현자가 될 수 있다고 말하려는 것은 아니다. 다만 내 경우에 주의력을 되찾고 휴대전화와의 관계를 고쳤더니 실질적이고 눈에 보이는 유익도 얻었다. 디톡스 프로그램을 수행한 30일을 되돌아보니 이는 미래를 위해 준비해야 할 다른 단계들의 필요조건이었다.

스마트폰과 소셜 미디어 앱에도 실질적인 유익이 있으나 이는 기본적으로 우리의 인지적 약점을 노려 더 많은 게시물을 확인하게 하고 더 많은 동영상을 훑어보게 하며 더 많은 타깃 광고를 시청하게 해서 우리의 에너지를 뽑아내는 도구다. 이러한 기기들을 돕는 것이 인공지능다. 인공지능은 더 정확히 선호도를 예측하고 주의를 조종한다. 그리고 번쩍이고 자극적인 보상을 통해 뇌의 쾌락 중추를 활성화한다. 이렇게 우리는 끊임없이 자극에 젖어 있는 까닭에 지루함을 느끼고 정신을 딴 곳에 팔 여유가 없다. 갖가지 생각을 연결 지으며 상상 속에서 길을 잃을 기회를 놓치고 만다. 그런 경험들이야말로 인간다움의 핵심인데 말이다. 그런 경험들이 없다면 우리는 로봇과 다를 바가 없을 것이다.

* * *

휴대전화 디톡스에 관한 경험을 소재로 〈뉴욕 타임스〉에 칼럼을 썼는데 알고 보니 나와 비슷한 경험을 공유한 사람이 매우 많았다.

수백만 명이 읽은 내 칼럼은 수치로 따지면 그동안 내가 썼던 기사 중 가장 높은 인기를 누렸다. 캐서린과 나는 NBC 토크쇼 〈투데이〉에 초대받아 영화배우 캐시 리 기퍼드와 진행자 호다 코트비에게 휴대전화와 멀어지는 법을 가르쳐주었다. 이후 수백 통의 메일과 독자들의 댓글을 통해 휴대전화 중독에 관한 갖가지 이야기를 알게 되었다.

한 독자는 이렇게 썼다. "최근 기사 잘 읽었습니다. 기사를 읽으면서 저 또한 휴대전화에 중독되어 있다는 걸 깨달았습니다. 세상에, 저는 집을 나서려고 문을 열기 직전에, 계단을 내려와 5초 후에, 대문을 잠그면서, 차까지 걸어가는 6초간, 차 안에 앉자마자 휴대전화를 확인합니다. 하루 내내 휴대전화를 몇 번이나 확인할지는 그저 상상해볼 따름입니다."

또 다른 독자는 이런 말을 했다. "저는 아일랜드에서 자녀와 부모들에게 온라인 안전에 관해 알려주는 사람입니다. 다들 어떤 소프트웨어를 설치하면 자녀의 온라인 사용을 잘 지켜볼 수 있을지 묻죠. 기자님의 지적대로 온라인에서 무엇을 하느냐는 중요한 문제가 아닙니다. 오프라인에서 무엇을 하지 않느냐가 더 중요하죠. 두꺼운 책을 읽든지 영화를 보든지 뭐든 30초 이상 집중하지 못하는 것이 가장 우려됩니다. 더 많은 부모가 이를 걱정해야 한다고 봅니다."

하지만 지금까지 내가 받은 최고의 피드백은 아내의 반응이었다. 아내는 수년간 내가 통제 불능 상태가 되도록 휴대전화를 사용하는 모습을 보고 어쩔 수 없이 이를 내 기본 성향으로 받아들였다. 하지만 휴대전화 디톡스를 시작한 이후로 집에서 내 행동이 달라지고 있다는 것을 확인했다. 함께 영화관에 가고 도자기 수업도 듣고 긴 시간 의미 있는 대화를 나누기 시작한 것이다. 나는 전보다 많이 묻고 많이 웃었다. 집중력도 좋아졌다. 어느 날 밤 소파에 나란히 앉아 TV를 보는데 프로그램이 잠시 쉬어가는 틈이 오자 아내는 나를 생각해 두리번거리며 내 휴대전화를 찾았다. 밤에는 안 보려고 치워뒀다고 말했더니 아내는 미소를 지으며 이렇게 말했다.

"예전의 당신으로 돌아온 기분이네."

법칙 4.

당신의 일에
손자국을 남겨라

"인간은 물리적 도구처럼 정확히 작동하면서 모든 행동을 정밀하고 완벽히
해내도록 창조되지 않았다. 손가락으로는 톱니바퀴처럼 각도를 재고 팔로는 컴퍼스처럼
원을 그려내는 정확성을 인간에게 요구하려면 인간성을 없애야만 한다."

– 존 러스킨

가와이 미쓰루는 공포에 사로잡혔어야 했다.[36] 1966년 당시 열여
덟 살이던 가와이는 일본 아이치현 도요타 공장에서 말단 직원으로
일하고 있었다. 그는 앞서 3년간 도요타 전문 기술 아카데미에서 수
학하며 '신'이라 불리는 카미사마(자동차의 모든 부품을 손으로 만들 수
있는 명장을 뜻하는 도요타 내부 용어) 아래서 견습생으로 지냈다. 가와
이는 카미사마가 되길 꿈꾸며 지역 도요타 공장 단조부에 일자리를
얻어 종일 용광로 앞에서 뜨겁게 달아오른 막대를 꺼내 모루에 놓고
잘 다듬어 크랭크축으로 만드는 일을 하고 싶었다.

자동차 제조업은 탄탄한 중산층의 직업이었지만 날이 갈수록 도

태될 위험이 커지는 듯했다. 1961년 당시 세계 최대 자동차 제조사였던 제너럴 모터스는 세계 최초로 산업 로봇을 도입했다. 유니메이트Unimaite라 알려진 이 로봇은 1.8톤에 달하는 외팔 괴물이었다. 유니메이트는 대중문화에 돌풍을 불러일으켰고 자니 카슨이 진행하는 〈투나잇 쇼〉에까지 나와 골프공을 놓고 맥주를 따르고 밴드를 지휘하는 등 프로그램된 갖가지 기술을 자랑하며 청중을 열광시켰다. 이 로봇이 하지 **않는** 것도 어필하는 듯했다. 유니메이트를 홍보하는 TV 광고에서는 "불평도 승진도 연봉 인상을 요구하는 일도 절대 없습니다"라고 자랑했다. 전 세계 자동차업계 임원들은 눈이 휘둥그레졌고 도요타 임원들도 서둘러 자체 로봇을 제작해 비용을 절감할 가능성을 모색했다.

새롭고 강력한 로봇이 등장하자 도요타 공장에서 일하던 가와이와 동료들은 힘든 선택을 해야 했다. 수많은 전문가와 노조 지도자들은 자동차 제조 노동자를 비롯한 전 직종의 블루칼라 공장 노동자들의 미래가 암울하다고 예측했다. 1961년 〈타임〉에 실린 한 기사에서는 '자동화로 실업'이 늘어나리라 예측했다.[37] 또 다른 기사는 공장 자동화를 가리켜 '모든 공장 노동자를 소름 끼치게 만드는 유령'이라고 불렀다.[38]

하지만 가와이는 이 유령 앞에 벌벌 떨지도 않았고 비교적 위협이 적은 업계로 눈을 돌리지도 않았다. 대신 가와이는 〈재팬 타임스〉에 기록된 그의 프로필대로 '모노즈쿠리'를 향상하기로 마음먹었다. 이 단어를 직역하면 '제조'지만 그 뜻은 '장인 정신'에 가장 가까울 것이다. 도요타에서 모노즈쿠리란 자동차 제조에 들어가는 모든 종류의 숙련된 전문 노동을 의미했다. 최고의 장인이 되는 데 집중하기로 한 가와이는 자신이 최고가 된다면 로봇이 그의 일을 배우더라도 여전히 자기만의 가치가 있을 것이라고 믿었다.

이후 수년간 가와이는 자동차 제조의 미세하고 섬세한 부분에 대한 감을 길렀다. 고장 난 기계를 보면 소리와 냄새만으로도 잘못된 곳을 찾을 수 있었다. 또한 쇳물이 내는 빛만 봐도 온도를 추정할 수 있었다. 특히 그는 로봇보다 인간이 유리한 점을 짚어내는 데 탁월했다. 일례로 어느 날 가와이는 대형 금속 조각 접합에 쓰는 로봇의 기술적 한계로 도요타의 한 차종을 받치는 차대에 결함이 있음을 발견했다. 그는 노련한 인간 용접공이라면 이 작업을 더 깔끔하게 할 수 있겠다고 생각했다. 가와이는 자동화를 멈추고 이 작업을 다시 인간 손에 맡겨야 한다고 상사들을 설득했고, 결국 더 튼튼한 차대를 제조해 고객 만족도를 높였다.

많은 자동차 제조 노동자가 새로 등장한 로봇을 능가하려고 애쓰거나 대놓고 반기를 들 때, 가와이는 집요하게 모노즈쿠리에 집중한 결과 일종의 아웃라이어가 되었다. 자동화에 반대한 것은 아니었다. 하지만 가와이는 로봇을 가르치고 로봇과 함께 일하고 로봇의 실수를 포착해 값비싼 실패를 막는 숙련된 인간이 옆에 없다면 공장 로봇은 무용지물이라고 믿었다. 그는 한 인터뷰에서 이렇게 말했다. "같은 작업을 반복하기만 하는 기계에 쉽게 의존할 수는 없습니다. 기계의 주인이 되려면 기계를 가르칠 지식과 기술을 갖춰야 합니다."

20세기 후반부터 21세기 초까지 도요타 공장이 점점 더 자동화되는 동안 자신의 기술을 갈고닦는 데 집중했던 가와이의 결정은 계속 효과를 나타냈다. 가와이는 승진을 거듭했다. 그가 강조한 모노즈쿠리 철학은 도요타 블루칼라 노동자들의 표어가 되었다. 노동자들은 자기 일에 자부심을 느꼈으며 단순히 로봇을 다루기만 하는 사람이 되길 원치 않았다. 숙련된 장인은 훌륭한 자동차를 만들면서도 낭비를 줄이는 효과를 내기도 한다. 최근 몇 년간 도요타는 가와이의 지도력 아래 생산 라인의 상당 부문에서 자동화를 없애고 한때 로봇이 수행하던 일을 인간에게 맡겨 자동화 경향과는 반대로 움직였다.

오늘날 가와이는 도요타의 살아 있는 전설이다.[39] 노동자들은 가와이를 '오야지', 즉 아버지라 부른다. 그는 도요타의 80년 역사상 기술 아카데미에서 시작해 임원까지 오른 유일한 직원이자, 고위급 관리자 중 대학 학위가 없는 유일한 사람이다. 2020년 도요타는 가와이를 사내 최초의 최고 모노즈쿠리 책임자에 임명했다. 이 직함은 도요타 노동자들을 위해 가와이가 수십 년간 기울인 헌신을 증명하는 동시에 최첨단 로봇 시대에서도 인간의 기술이 모든 차이를 만들어낸다는 그의 굳은 신념을 반영한다.

'열심히'가 아닌 나만의 모노즈쿠리를 남겨라

1966년 열여덟 살의 가와이가 자동차 제조 노동자로서 직면했던 상황은 오늘날 교육 수준이 높은 화이트칼라 지식 노동자 수백만 명이 처한 상황과 대체로 같다. 우리는 정당한 이유를 들어 로봇이 일자리를 빼앗아 우리가 쓸모없게 되기 일보 직전이라고 걱정한다. 그리고 우리에게 녹슬지 않을 우위를 줄 무언가를 애타게 찾고 있다.

물론 열심히 일해서 차별화를 꾀하는 방법도 있다. 최근 몇 년간 이른바 '허슬 문화 hustle culture'(일을 중심으로 열정적으로 살아가는 생활 방식을 높이 평가하는 문화-옮긴이)라는 이름의 전략이 날로 큰 인기를 더하고 있다. 인플루언서와 비즈니스 전문가들은 쉬지 않고 꾸준히 기울이는 노력과 생산성의 가치를 소셜 미디어 곳곳에서 설파하고 있다. 이들은 트위터, 링크트인, 인스타그램에 "일어나 일하라", "월요일이라 감사합니다" 같은 문구가 적힌 '허슬 포르노' 밈을 게시한다. 라이프해킹 요령을 주고받고, 불필요한 인지적 부담을 피하려고 매일 같은 옷을 입거나 끼니마다 같은 것을 먹는다.

허슬 문화에는 꽤 오랜 역사가 있다. 18세기 후반과 19세기 초반 철강 노동자로 일했던 프레데릭 윈슬로 테일러는 '과학적 관리법'을 만들어내 미국 재계를 사로잡았다.[40] 테일러는 대다수 직종을 측정 가능한 표준화된 업무로 쪼갤 수 있다고 보았다. 비능률적인 부분을 해결하고 낭비되는 자투리 시간을 모두 없애면 이런 업무가 완벽해진다고 믿었다. 궁극적으로 테일러는 생산성 강화가 모두에게 이롭다고 믿었다. 회사는 생산량이 늘어서 좋고 노동자들은 최고의 성과를 내서 성취감을 얻게 될 터였다.

오늘날에는 마케팅 전문가이자 소셜 미디어 인플루언서 게리 바이너척이 테일러 같은 사람일 것이다.[41] 게리 바이너척은 수백만 명에 이르는 팔로워들에게 더 열심히 일하라는 고무적인 말들을 해서 큰돈을 벌어들인 것으로 유명하다. 2018년에 게시한 한 유튜브 영상을 예로 들면 "1분 1초도 버리지 말고 열심히 일해야 합니다"라는 식으로 말한다. 하지만 비슷한 주장을 하는 경쟁자가 많다. 테슬라와 스페이스X를 설립한 일론 머스크는 집중 생산 기간에는 테슬라 공장 바닥에서 쪽잠을 자며 번아웃에 이를 정도로 일에 매달리는 것으로 유명하다.[42] 언젠가 그는 트위터에 "일주일에 40시간만 일해서 세상을 바꾼 사람은 없다"라는 글을 올렸다. 야후 CEO였던 마리사 메이어는 2016년 인터뷰에서 사신이 얼마나 열심히 일하는지 자랑하며 이렇게 말했다. "수면, 샤워, 배변 활동을 전략적으로 하면 일주일에 최대 130시간까지 일할 수 있어요."[43]

테일러가 말한 과학적 관리법은 하향식으로 전달될 때가 많았으나 오늘날 허슬 문화는 대개 자발적 실천을 기본으로 한다. 이는 작가 데릭 톰슨이 말한 '워키즘workism' 철학의 파생물이다.[44] 워키즘은 A형 행동 양식(성급하며 경쟁적인 것이 특징-옮긴이)을 바탕으로 뛰어난 성과를 거두는 현대인 사이에 널리 인정되는 신념이다. 이에 따르면 일은 단순히 경제적으로 필요한 활동을 넘어 우리 삶의 정체성과 의미를 만들어내는 중요한 전거다.

허슬 문화를 거부할 이유는 여러 가지다. 우선 노동자들의 육체적, 정신적 건강에 실제 위험을 초래한다. 허슬 문화는 자녀가 없는 젊고 건장한 남성에게 잘 맞는다. 이들은 가정에서 맡은 책임이 적으므로 장시간 고된 노동을 해낼 가능성이 더 크다. 허슬 문화는 또한 더 공정하고 인간적인 일터를 형성하려는 노력을 훼손하는 잔인하고 퇴행적인 자본주의 정신을 강화한다.

여기서 내가 강조하고 싶은 것은 좀 더 즉각적인 문제다. 인공지능과 자동화 시대에 허슬 문화는 사실 역효과를 낳는다. 아무리 열심히 노력해도 알고리즘을 이길 수는 없다. 이는 승산 없는 게임일 뿐더러 그 과정에서 인간 고유의 이점마저 잃게 한다.

인간이 기계를 능가할 수 있다는 생각은 그 옛날 존 헨리와 증기 드릴의 전설로 거슬러 올라가는 유혹적 판타지다. 하지만 오늘날 가장 강력한 기술들은 거대한 연산력을 바탕으로 막대한 규모의 한복판에서 작동하므로 인간이 이들과 정면 대결한다는 말은 어불성설이다. 수십억 개의 웹사이트로부터 필요한 정보를 가져오는 일에서 인간 사서와 구글이 '경쟁'한다면 무슨 의미가 있겠는가? 매초 수백만 건의 거래를 분석해내는 초단타 알고리즘 매매와 인간 트레이더가 '경쟁'한다고 말할 수 있겠는가? 더 정확히 말해 과연 이런 시도를 해보기는 하겠는가?

인정을 갈구하며 정신없이 움직이는 대신 가와이 미쓰루의 예를 따라야 한다. 기계의 조건에 맞춰 경쟁할 것이 아니라 우리가 만들어내는 것에 인간 고유의 흔적을 남기는 데 초점을 맞춰야 한다. 무슨 일을 하든 일주일에 몇 시간을 일하든 우리는 자기만의 모노즈쿠리를 연습할 수 있다. 얼마나 많이 일하느냐가 아니라 최종 결과물에 우리의 흔적이 얼마나 남아 있느냐가 우리를 기계와 구별해줄 것이다. 다시 말해 엄청난 수고는 필요 없다. 손자국을 남겨야 한다.

인간은 인간의 노력이 담긴 상품과 경험을 선호한다

페이스북 인공지능 연구 책임자였던 얀 르쿤이 손자국의 가치에 관한 자신의 이론을 명확히 설명했다.[45] 이른바 '딥러닝의 대부'로 손꼽히는 르쿤은 오늘날 소비자들이 보는 인터넷 페이지의 상당수를 작동시키는 인공지능 기술인 심층 신경망 사용을 개척한 소수의 과학자 중 한 명이다. 그는 MIT 콘퍼런스 강연에서 심층 신경망 기술에 관한 온갖 난해한 기술적 주제를 1시간 가까이 설명했다. 그러고 나서 발표가 끝나갈 무렵 이 모든 인공지능과 기계 학습의 기술 세계가 고용 시장에 미칠 영향에 관해 뜻밖의 전망을 내놓았다. 본인이 기술 전문가임에도 르쿤은 미래 경제의 최후 승자는 프로그래머나 데이터 과학자가 아니라 예술가나 장인이 될 가능성이 더 크다고 말했다.

르쿤은 두 사진을 한 화면에 띄웠다. 하나는 아마존에서 47달러에 팔리고 있던 블루레이 DVD 플레이어였고 다른 하나는 750달러에 팔고 있는 수제 사기그릇이었다. 그는 두 물건이 복잡성 측면에서 매우 다르다고 말했다. 블루레이 DVD 플레이어는 최첨단 공장에서 로봇을 활용해 수백 개의 부품을 조립해서 만든 정교한 기술 제품이었고, 사기그릇은 진흙 덩이를 바퀴 위에 얹어놓고 수천 년 된 기술을 사용해 만든 간단한 물건이었다. 하지만 이 그릇은 블루레이 DVD 플레이어보다 거의 20배 높은 가격에 팔리고 있었다.

르쿤은 청중에게 사기그릇에는 "진정한 인간의 개입, 진정한 인간 경험"이 깃들어 있다고 설명했다. 그는 미래에는 "이러한 물건의 가치가 더 크게 인정받고 로봇이 설계한 물질적 상품의 가치는 점점 떨어질" 것이라고 예견했다.

선도적인 인공지능 전문가와 경제학자들에게서도 르쿤의 예측과 같은 말을 들은 적이 있다. 이 주제에 관한 한 때로는 전문가의 견해를 회의적으로 바라보는 입장이지만 이 예측만은 믿게 되었다.

왜일까? 주변을 한번 둘러보자. 평면 TV나 식기세척기, 온수 욕조처럼 한때 지위의 상징이었으나 이제 훨씬 저렴한 가격에 널리 사용되는 대량 생산 소비재가 우리 경제를 가득 채우고 있다. 요즘은 소비하는 제품을 생산하는 데 얼마나 **적은** 기술이 관여하느냐가 사치의 지표다. 수제 가구, 맞춤옷, 주문 제작 작품 등은 인간의 노력이 많이 필요한 까닭에 높은 지위를 보여주는 구매품이 되었다.

사회과학자들이 '노력 휴리스틱 effort heuristic'이라 부르는 이 현상에 관해서는 소비 심리학 분야에서 많은 연구물이 나왔다.[46] 관련 연구 목록은 노스웨스턴 대학 켈로그 경영대학원의 심리학 교수 애덤 웨이츠가 쓴《인간의 힘 The Power of Human》에서도 확인할 수 있는데,[47] 이는 기계가 정확히 같은 상품과 경험을 제공해도 인간이 노력을 들인 확실한 상품과 경험이 훨씬 선호된다는 것을 보여준다.

노스캐롤라이나 대학 심리학 교수 쿠르트 그레이는 두 그룹의 참가자들에게 같은 사탕 봉지를 나눠주는 실험을 진행했다.[48] 안에 든 사탕은 전부 임의로 선택되었지만, 한 그룹에만은 그들을 생각해 다른 사람이 개인적으로 사탕을 골라 담았다고 말해주었다. 이 그룹에 속한 참가자들은 사탕을 임의로 골랐다고 말해준 그룹보다 자신의 사탕이 더 맛있다고 평가했다. 그레이는 또 다른 실험을 통해 전자 안마 의자에서 마사지를 받은 참가자들은 인간이 버튼을 눌러 의자를 작동시켰다는 얘기를 들으면 더 큰 만족감을 느꼈다고 보고했다.

노력 휴리스틱은 전통 양조업, 직접 재배한 식재료를 쓰는 식당,

공예가의 작품을 판매하는 사이트인 엣시 Etsy와 비슷한 상점들이 부상하는 이유에 관해 많은 것을 설명해준다.[49] 스트리밍 음악 서비스와 전자책을 손쉽게 구할 수 있어도 여전히 레코드판과 종이책이 인기 있고, 사무실과 가정에 더없이 좋은 커피를 내려주는 기계가 있어도 여전히 최고급 카페에서 바리스타가 만들어준 카푸치노가 비싸게 팔리는 것 역시 노력 휴리스틱으로 설명할 수 있다.

이와 정반대 상황, 즉 무언가에 투여된 인간의 노력을 숨기거나 제거하면 그 가치를 낮게 보는 현상도 노력 휴리스틱이 설명해준다. 이를 보여주는 흥미로운 예가 페이스북의 생일 축하 메시지다. 페이스북 초창기에 생일 축하 메시지를 받는 일은 정말 특별한 이벤트였다.[50] 친구들이 내 생일을 생각하고 있다가 생일 알림이 뜨면 내 프로필에 들어와 페이스북 담벼락에 뭔가 따뜻한 말을 적어줄 만큼 신경을 써줬다는 의미였기 때문이다. 하지만 몇 년 후 페이스북은 더 수월하게 생일 축하 인사를 할 수 있게 만들어 사용자들의 참여를 높이려 했다. 친구들의 생일을 캘린더 앱으로 내보낼 수 있게 하고 이를 뉴스 피드에서 눈에 잘 띄는 곳에 배치했다. 게다가 클릭 한 번으로 자동 완성형 생일 축하 메시지를 게시할 수 있게 했다.

그러자 페이스북의 생일 축하 메시지는 특별하고 친밀한 느낌을 잃었을뿐더러 친밀함과 정반대되는 느낌을 주고 말았다. 내 페이스북 프로필에 "생일 축하해!"라고 쓴 모든 사람은 그저 앱의 지시를 따랐을 뿐이며, 더 친밀한 메시지를 보낼 만큼 신경을 쓰지는 않았음을 알게 되었기 때문이다. 페이스북은 누군가에게 축하 인사를 전하는 데 드는 노력을 줄여 친밀한 표현을 가벼운 모욕으로 바꿔놓았다.

얼마나 인간답게 일하느냐가 관건

손자국 법칙을 내면화하는 것은 미래를 준비하는 데 중요한 부분이다. 무언가에 깃든 인간의 노력이 잘 드러날수록 가치가 높다고 보는 것인데 한번 생각해보자. 인공지능과 자동화가 많은 것을 **매우** 수월하게 만들 것임은 잘 알고 있다. 소포를 처리하고 예상 판매량을 내놓고 두 지점 사이를 운행하는 등 인간의 큰 수고가 필요했던 일들은 식은 죽 먹기가 될 것이다. 현재 이런 일로 먹고사는 사람들은 기지를 발휘해 자기가 이바지한 가치를 더 분명히 드러낼 방법을 찾아야 한다.

조심스럽게 말하건대 손자국 남기기는 단순히 자랑을 늘어놓는다거나 최대한 많은 일을 해 인정받는 것이 아니다. 수행 성과에만 열을 올리는 허슬 문화와도 다르다. 허슬 문화는 얼마나 열심히 일하느냐를 따지지만, 손자국 남기기는 얼마나 **인간답게** 일하느냐를 중시한다.

때로는 눈에 보이지 않는 노동을 눈에 띄게 만드는 간단한 일로 손자국을 남길 수 있다. 디자이너들은 자신의 창작 과정을 고객에게 설명해 스케치 하나하나에 얼마나 많은 노동과 전문성을 투여했는지 보여줄 수 있다. 소프트웨어 엔지니어는 기술에 대해 잘 모르는 임원들에게 쉬운 말로 설명하는 것을 연습할 수 있다.

한편 원칙적으로는 불필요하나 실행하면 큰 인정을 받을 만한 노력을 기울이는 것도 손자국을 남기는 일이다. 보험 설계사들은 화재로 집을 잃었거나 교통사고를 당한 의뢰인에게 위로의 카드를 보낼 수 있다. 상점 점원은 단골손님을 기억하고 그 손님이 좋아할 만한 특별한 제품을 따로 잘 두었다가 다음번 방문 때 권할 수 있다.

기자인 내게 손자국을 남기는 일이란 취재에 들어갈 때마다 어떻게 하면 나만의 흔적을 남길까를 제일 먼저 고민하는 것이다. 나는 모든 기자, 심지어 인공지능 소프트웨어가 쓸 수 있는 평범한 기사는 쓰지 않으려고 한다. 자세히 말해 기술 정보를 설명하는 딱딱한 기사에 농담을 섞어가며 활기를 불어넣거나, '누구의 관점도 아닌' 몰개성적인 태도보다 나의 경험을 살린 1인칭 시점에서 글을 쓴다.

나는 약간의 인간다움을 발휘해 큰 영향력을 미칠 수 있는 행동에도 특별히 관심을 기울인다. 새 책이 나와 증정본을 발송할 때면 시간을 내주어 감사하다는 내용을 담아 수령인 모두에게 손글씨로 인사를 전한다. 굵직한 그룹 프로젝트를 마쳤을 때는 함께 수고한 모든 동료에게 감사의 표시로 집에서 만든 쿠키나 작은 선물을 보낼 때도 있다. 매년 자기 평가서를 제출할 때는 최대한 의견과 개성을 드러내 내가 빈틈없이 재단된 자동 기계가 아니라 살아 숨 쉬는 인간임을 상사들에게 알리려고 노력한다.

이 중 새롭거나 혁명적인 것은 없다. 인간처럼 행동하려고 의식적으로 애써야 한다는 사실이 한편으로 조금 슬프기도 하다. 하지만 이런 일에는 의식적인 노력을 기울여야 한다. 특히 삶을 수월하게 만들기 위해 온갖 기술이 개발되는 현실에서는 더욱 그렇다. 나도 다른 많은 이들처럼 허슬 문화가 전파하는 완벽주의 경향을 빨아들이며 수년을 보냈다. 허슬 문화는 스포츠카 또는 고속 모터보트처럼 최적의 성과를 내야 성공한다고 가르친다. 나는 노동이 지워지는 기술의 시대에 때로 가장 의미 있는 행동은 뒤죽박죽이고 불완전하지만 **"자 보세요. 제가 이렇게 노력했어요"**라고 말하는 자세임을 스스로에게 주지시켜야 했다.

* * *

기업들도 손자국을 남기기 위한 전략을 마련해야 한다. 조지프 파인 2세와 제임스 길모어는 《경험 경제》에서 '경제적 가치 발전'의 단계를 밟는 몇몇 기업에 관해 언급했다.[51] 이 기업들은 원자재 판매에서 시작해 상품 판매에 발을 들이고, 이후 서비스 제공업체로 변모한 뒤 결국 경험을 설계하는 기업으로 발돋움한다. 책에서 저자들은 이렇게 쓰고 있다. "재화와 서비스를 제공하며 점차 시들어가는 세계 속에 눌러앉는 기업들은 부적절하다는 평을 듣게 될 것이다. 이러한 운명을 피하려면 풍부하고 압도적인 경험을 선사할 방법을 배워야 한다."

이 주장을 설명하기 위해 두 저자는 커피를 예로 들었다. 커피는 도매상점에서 파는 것이 가장 저렴하고 슈퍼마켓에 가면 조금 더 비싸진다. 커피 한 잔을 스타벅스에서는 4달러 안팎에 팔고 이탈리아의 고급 카페에서는 10달러에 판다. 각 상황에서 커피를 사는 데 돈이 오간다. 하지만 소비자가 돈을 내고 실제로 사는 것은 저마다 다르다. 도매상점에서는 원두를 산다. 슈퍼마켓에서는 원두와 포장과 서비스를 산다. 이탈리아의 최고급 카페에서는 원두, 포장, 서비스 그리고 현지인에 둘러싸여 커피 한 잔을 마시는 경험도 산다. 어쩌면 매력적인 바리스타가 나와서 자기가 만든 카페 마키아토의 독특한 풍미를 설명해줄지도 모른다.

자동화가 진행된다고 해서 커피 도매상점, 슈퍼마켓, 스타벅스의 필요성이 사라지지는 않는다. 하지만 자동화 과정에서 이 업계들은 점점 더 취약해져 쉽게 맞붙을 상대가 된다. 이 경주에서 경험을 파는 업계가 경쟁적 우위를 차지한다. 경험은 쉽게 복제될 수도 없거니와 프로그램을 짜서 손쉽게 기계에 심어놓을 수도 없기 때문이다.

몇 년 전 미국의 대형 유통업체 베스트 바이는 이 교훈을 배울 수밖에 없었다.[52] 다른 수많은 대형 상점처럼 베스트 바이도 아마존을 비롯한 온라인업체를 쫓아가느라 고군분투하고 있었다. TV와 같은 고가 제품의 판매가 줄고 있었고 새로 발매된 CD나 DVD처럼 한때 고객을 가게로 끌어모으던 많은 제품이 가치를 잃어갔다. 매장을 찾는 고객들도 실제 구매는 더 저렴한 온라인 상점을 이용했다. 매장에는 제품의 실물을 살펴보기 위해서만 방문하는 것이었다. 주가가 곤두박질치면서 어쩔 수 없이 폐업과 해고가 잇따랐고 투자자들은 끝을 감지했다.

그러던 2012년 위베르 졸리가 새 CEO로 취임했다. 경쾌한 억양의 프랑스인인 졸리는 경영 컨설턴트 출신이었다. 졸리는 베스트 바이가 살아남을 유일한 방법은 아마존과 경쟁하기를 멈추고 다른 이점을 찾는 것이라고 믿었다. 그는 2017년 인터뷰에서 내게 말했듯이, "기술 제품의 구매와 판매가 순전히 상품만 사고파는 게임이라면 베스트 바이에는 기회가 없을 것"임을 깨달았다.

이에 졸리와 경영진은 고객과 직접적 접촉을 높이는 방식으로 사업 전략을 바꾸기로 했다. 전자 상거래 소매업체들이 로봇이 가득한 세련되고 고도로 최적화된 창고를 동원하더라도 감히 상대할 수 없는 매우 인간적인 경험을 제공하겠다는 의지였다. 이후 점포 담당자를 위한 교육에 더 많이 투자했고 훈련된 베스트 바이 전문가가 고객에게 개인적 자문을 제공하는 '찾아가는 도우미' 프로그램을 시작했다. 이들은 고객의 집에 방문해 거실에 적합한 대형화면 TV를 추천해주거나 야외 테라스에 적합한 스테레오 시스템을 조언해주었다. 2017년에 시작한 이 프로그램은 시작하자마자 인기를 끌었고 베스트 바이를 단순한 대형 유통업체가 아니라 자신들의 기술 관리인으로 대우하기 시작한 충성도 높은 핵심 고객층도 생겨났다.

졸리는 인터뷰에서 이렇게 말했다. "우리의 사업은 단순히 물건을 파는 것이 아니라 기술적 해법을 동원해 사람들의 필요를 채워주는 겁니다. 따라서 우리는 사람들의 필요 사항에 초점을 맞춥니다."

졸리의 인간주의적 전략 덕분에 베스트 바이는 회생에 성공했다. 매출이 폭등하자 몇 년 만에 회사 주가가 역대 최고치를 기록하며 직원과 주주를 모두 만족시켰다. 졸리는 2019년 베스트 바이 CEO 자리에서 물러나며 영웅 대우를 받았다.

베스트 바이보다 훨씬 작은 규모로 손자국 전략을 성공시킨 히스 세라믹의 사례도 있다.[53] 히스 세라믹은 캘리포니아 소살리토에 있는 70년 역사의 유명 도자기 스튜디오다. 현재 히스의 소유주인 캐서린 베일리 Catherine Bailey와 로빈 페트라빅 Robin Petravic이 2003년 히스를 인수했을 때만 해도 모두 엉망이었다. 히스의 도자기들은 캘리포니아 예술 애호가들에게서 찬사를 받았다. 히스의 고객 중에는 건축가 프랭크 로이드 라이트와 셰 파니스(캘리포니아의 유기농 전문 레스토랑-옮긴이)의 창업자 앨리스 워터스도 있었다. 하지만 히스는 한물간 유물이 되어 계속 적자를 이어가고 있었다. 당시 수많은 소규모 도자기 스튜디오들이 문을 닫았고 해외 공장에서 대규모로 생산하는 값싼 도자기들이 업계를 장악하고 있었다.

베일리와 페트라빅은 가격이나 규모 면에서 외국 제조업체들과 경쟁은 무리라는 것을 정확하게 판단했다. 하지만 인간다움에서라면 **충분히** 경쟁할 수 있었다. 두 사람은 대변신 프로젝트에 돌입했다. 이들의 계획에는 경비 절감에 신경 쓰는 전통적인 컨설턴트라면 절대 추천하지 않을 방법이 가득했다. 우선 투자 제안을 거절했다. 히스의 도자기는 전부 해외가 아닌 현지에서 제작했다. 샌프란시스코 미션 디스트릭트에 있는 더 비싼 건물에 주요 생산 시설을 옮겨다 놓고 공장 견학 프로그램을 통해 고객들이 자신의 그릇, 머그, 타일이 만들어지는 과정을 직접 볼 수 있게 했다. 도예 대가들이 세상에 하나뿐인 디자인을 창작하는 실험 연구소라 할 수 있는 히스 클레이 스튜디오를 열었다. 세계 곳곳의 희귀 잡지 수백 종을 판매하는 히스 뉴스스탠드도 열었다. 한편 샌프란시스코 스튜디오 인근에서는 히스 콜라보레이티브Heath Collaborative라는 일종의 장인 바자회를 열어 보석 세공인, 섬유 예술가, 제빵사들이 가게를 차릴 수 있게 했다.

손대는 시설마다 사람 냄새를 불어넣은 베일리와 페트라빅은 히스의 도자기에도 인간다움을 더하는 실험에 나섰다. 이를테면 어느 직원이 유약을 발랐는지 알 수 있게 꽃병 하나하나에 직원 고유의 도장을 찍었다. 이 모든 작업의 목표는 자신들의 일을 세상에 보여주고 기계가 아닌 살아 숨 쉬는 인간이 작품을 만든다는 사실을 고객에게 알리는 것이었다. 충분히 유효한 전략이었다. 2003년 이후 히스는 눈부신 모습으로 업계에 돌아왔다. 직원 수가 200명이 넘고 연간 매출도 3,000만 달러에 육박했다. 2020년에는 인수 이래 처음으로 모든 빚을 청산했다.

베스트 바이의 위베르 졸리처럼 베일리와 페트라빅도 기술에 정통한 사업가는 아니었다. 손쉽게 사용할 첨단 인공지능도 없었다. 고임금 프로그래머와 물류 전문가들이 우르르 달라붙어서 제작 공정 하나하나를 효율적으로 만든 것도 아니었다. 하지만 그들은 경쟁의 판도를 정확히 읽어냈다. 인간다움을 지우기보다는 오히려 강조해 차별성을 확보할 수 있음을 간파했다. 60년 전 도요타 공장에서 가와이 미쓰루가 깨달은 것을 그들도 깨달았다. 가장 큰 경쟁 상대가 기계일 때 더욱 빛을 발하는 것은 우리의 생산성이 아니라 인간다움이다.

법칙 5.

기계 사이에
끼어 있지 말라

"지금은 우리를 필요로 하는 것 같은데,
비용을 줄여줄 무언가가 생기면 우릴 없앨 방법을 찾겠죠."[54]

– 고객센터 직원 벌리사 레너드

2018년 5월 8일 콘퍼런스 무대에 오른 구글 CEO 순다르 피차이는 출시를 앞둔 신제품을 선보이며 청중을 깜짝 놀라게 했다. 구글 리서치에서 연구 개발한 대화형 인공지능 비서 듀플렉스Duplex였다.[55] 듀플렉스는 약속을 잡고 식당을 예약하는 등 전화로 각종 업무를 수행했다. 피차이는 시연을 위해 최근 듀플렉스가 미용실에 전화해 예약을 잡는 통화 내용을 들려주었다.

"안녕하세요. 무엇을 도와드릴까요?" 미용실 안내원이 말했다.

"안녕하세요. 여성 커트를 예약하려고 전화드렸습니다. 5월 3일이면 좋겠는데요." 듀플렉스가 대답했다.

"몇 시로 잡아드릴까요?" 안내원이 물었다.

"낮 12시요." 듀플렉스가 말했다.

"12시는 어렵습니다. 가장 가까운 시간으로 1시 15분은 가능합니다." 안내원이 말했다.

"그럼 오전 10시에서… 음… 낮 12시 사이에는 가능할까요?" 듀플렉스가 물었다.

"손님이 어떤 것을 하시느냐에 따라 다른데요. 어떤 서비스를 원하시나요?" 안내원이 물었다.

"지금으로서는 그냥 여성 커트면 됩니다." 듀플렉스가 답했다.

여기서부터 대화는 물 흐르듯 진행되었다. 듀플렉스는 주저하거나 혼란스러워하는 기색 없이 '음', '어' 하는 추임새까지 넣어가며 현실감을 더했다. 전화받는 사람이 인공지능과 통화하고 있다는 사실을 눈치 챌 만한 대목이 전혀 없었다.

통화가 끝나자 청중들 사이에서 우레와 같은 박수가 쏟아졌다. 집에서 시연 장면을 지켜보던 나도 입이 떡 벌어졌다. 듀플렉스의 시연을 보고 충격에 빠진 기술광들의 논평이 이어졌는데 그중 하나가 내 시선을 잡아끌었다. 글쓴이 크리스 메시나 Chris Messina는 구글에서 제품 디자이너로 일했던 사람이었다. 그는 트위터에 이런 글을 남겼다.[56] "구글 듀플렉스는 지금까지 #IO18에서 나온 것 중에 가장 놀랍고 두려운 제품이다. … 구글 비서가 미용실에 전화를 걸어 약속을 잡다니. 예약 전화를 받은 사람은 자신이 인공지능과 통화하고 있다는 사실을 까맣게 모른다. 인간은 급속도로 값비싼 API 엔드포인트가 되어간다."

나는 지금도 메시나의 트윗을 항상 생각한다. 특히 '인간은 급속도로 값비싼 API 종점이 되어간다'라는 마지막 문장이 계속 맴돈다. 프로그래밍에서 '엔드포인트^{endpoint}'란 API, 즉 응용프로그램 인터페이스를 통해 프로그램들이 서로 교류하게 만드는 특정 웹 주소를 말한다. 예를 들어 데이팅 앱 틴더에 사용자들이 인스타그램 사진을 올릴 수 있게 하려면 틴더는 해당 사진의 인스타그램 API 엔드포인트에 허락을 요청하는 코드를 작성해야 한다.

메시나가 프로그래밍 용어를 써서 말한 내용의 진짜 뜻은, 구글 시연에 등장한 미용실의 '사람' 안내원은 듀플렉스와 미용실 예약 관리 소프트웨어 사이의 엔드포인트, 즉 연결점 역할을 했으며 이는 단지 두 기계(혹은 소프트웨어)가 아직은 직접 소통할 수 없기에 필요했다는 것이다.

나는 메시나의 트윗을 본 뒤 엉망이 되었다. 사방에서 인간 '엔드포인트'가 눈에 들어왔기 때문이다. 많은 사람이 한 기계로부터 지침을 받거나 호환성 없는 둘 이상의 기계 사이에서 다리 역할을 하고 있었다.

건물 입구에서 보안 시스템을 거치는 방문객을 검사하고 버튼을 눌러 회전식 출입문을 열어주는 보안 요원을 보면 엔드포인트라는 생각이 들었다. 1년에 한 번 건강 검진을 받으러 의사를 찾아갈 때면 간호사가 의료 기구의 숫자를 읽어 들여 내 전자 건강 기록이 있는 아이패드에 연결하는 것을 보고 엔드포인트를 떠올렸다. 스타벅스의 바리스타가 음식 배달업체 포스트메이츠의 배달원에게 모바일 배달 주문을 건네주는 상황을 보면 **엔드포인트가 2개**라는 생각도

들었다.

솔직히 나도 가끔은 웹사이트에서 일어난 일을 소재로 기사를 써서 이를 다른 웹사이트에 게시하고 또 다른 웹사이트에 홍보한다. 이럴 때면 '**그렇군. 나도 일종의 엔드포인트지**' 하는 생각이 든다.

기계를 보조하는 일, 기계의 관리를 받는 일

지금까지는 완전히 자동화된, 즉 처음부터 끝까지 기계로 실행할 수 있는 일을 다루었다. 하지만 부분적으로 자동화된 일도 무수히 많으니 그런 일들도 생각해봐야 한다.

부분적으로 자동화된 일은 2가지 범주로 나뉜다.

첫 번째 범주는 '기계가 보조하는' 일들이다. 인간이 일의 절대다수를 지휘하고 감독하면서 기계를 보조로 쓰는 경우가 이에 해당한다. 기계의 보조를 받는 노동자의 예로 부동산 중개인을 들 수 있다. 이들은 자동화된 매물 정보 소프트웨어를 활용해 의뢰인에게 맞는 매물을 찾으면서도 실제로 직접 만나 의뢰인에게 매물을 보여주고 매매 과정을 안내하는 일도 한다. 기계가 보조하는 직종은 주로 인공지능 낙관론자들이 '인간 중심의 자동화'를 논할 때 떠올리는 일들이다. 이런 일들은 기계가 인간을 대체하기보다는 인간 노동자를 보완한다.

두 번째 범주는 '기계의 관리를 받는' 일들이다. 기계가 일의 대다수를 지휘하고 감독하며, 인간은 아직 기계가 스스로 처리하지 못하는 일을 수행하고 틈을 메우는 역할을 한다. 기계의 관리를 받는 일의 대표적인 예로는 우버, 리프트, 포스트메이츠 등에서 일하는 긱 워커 gig worker나 아마존 창고 노동자, 소셜 미디어의 콘텐츠 모더레이터를 들 수 있다.

기계의 관리를 받는 일은 인공지능 시스템과 협업하기보다는 이 시스템을 받쳐주는 업무가 더 많다. 우버의 기사가 탑승자 매칭 알고리즘과 '협업'하는 것은 아니다. 오히려 육군 사관 후보생이 행렬 지시를 내리는 훈련 담당 부사관에 '협조'하는 데 더 가깝다. 이 관계에서 모든 힘과 우위는 기계가 가진다. 인간은 그저 손쉽게 이용하는 주변 기기로서 지시를 따를 뿐이며 언제든 원하면 갈아치울 수 있는 존재다.

기계의 관리를 받는 일이 바로 엔드포인트이며 이런 일들이야말로 몹시 위험하다고 할 수 있다. 이런 일은 현재 자동화 단계에 있는 기술적 격차를 메우거나 자동화된 시스템의 성과를 인간 수준까지 끌어올리려고 훈련하는 것을 목표로 삼기 때문이다.

사실 기계의 관리를 받는 노동자를 고용하는 모든 조직은 언젠가 그 일을 기계에 이전하길 바라고 있을 가능성이 매우 다분하다. 다시 말해 기계의 관리를 받는 노동자(그 세계의 엔드포인트들)는 경계 태세를 갖춰야 한다는 뜻이다. 언론인 마틴 포드는 자신의 저서 《로봇의 부상》에서 다음과 같이 썼다.[57] "지능형 소프트웨어 시스템과 함께 또는 그의 지시를 받으며 일하는 사람은 스스로 알든 모르든 결국 자신을 밀어낼 소프트웨어를 훈련하는 꼴일 가능성이 크다."

서비스업, 소매업, 운송업 등 우리가 예상하는 여러 업계에 많은 엔드포인트 일자리가 존재한다. 하지만 이보다 더 명망 있는 화이트칼라 직종에도 엔드포인트들이 생겨나고 있는데, 인공지능이 기존에 기계의 보조를 받던 일들을 기계의 관리를 받는 일로 바꿔놓고 있다.

2018년 〈뉴요커〉에는 "의사들이 컴퓨터를 싫어하는 이유"라는 제목의 기사가 실렸다.[58] 이 기사에서 아툴 가완디는 지난 10년 사이 병원에서 전자 의무 기록 소프트웨어의 상용화로 기록 관리 업무에 몰린 의사들이 환자들과 소통할 여유가 없고, 이로 인해 점점 번아웃과 우울증에 빠지고 있다고 밝혔다. 샌프란시스코에서 활동하는 내과의 에밀리 실버만도 같은 의견을 냈다.[59] 2019년 〈뉴욕 타임스〉에 기고한 한 칼럼에서 실버만은 병원에서 쓰는 전자 의무 기록 시스템 때문에 자신을 비롯한 동료들이 기계에 신경을 쓰다가 스트레스에 짓눌리게 되었다고 토로했다. 실버만은 이렇게 썼다. "완료하지 못한 일을 끊임없이 알려주고 계산서 작성을 제대로 하라고 재촉한다. 날마다 갖가지 알림에 시달린다."

의사와 소프트웨어 사이의 충돌은 부분적 자동화의 모순을 여실히 보여준다. 전자 의무 기록은 여러 면에서 기존의 상태를 크게 개선한 것이다. 이 시스템을 적절히 실행한다면 환자의 안전을 향상하고, 의료 과실과 비용도 줄일 수 있다.[60] 반면 전자 의무 기록 시스템으로 인해 의사들은 한 화면에서 다른 화면으로 데이터를 옮기는 것을 업무의 전부처럼 느끼게 되었다. 한 학자는 이를 가리켜 '기술적 몽유병'이라 부를 정도다. 전에는 기계를 보조로 쓰면서 일했는데 지금은 정말 그런지 확신하기 어렵다.

기계의 보조를 받기보다 똑똑한 기계로 인해 지위가 떨어진 노동자들이 느끼는 두려움은 새로운 감정이 아니다. 이에 관한 최고의 사례는 1970년 제너럴 모터스^{GM}가 오하이오주 로즈타운에 세운 고도로 자동화된 새 공장에서 실제로 찾을 수 있다.

현대화를 상징하는 눈부신 예로서 '미래형 공장'이라며 언론의 극찬을 받은 로즈타운 공장은 곳곳에 26대의 로봇 군단이 돌아다녔다.[61] GM은 초현대적 낙원에서 직원들이 행복한 나날을 보내리라 믿었다. 하지만 노동자들은 공장을 혐오했다. 관리자들이 설정한 더 높은 생산 목표가 그들을 압박했다. 온종일 기계를 조작하게 되자 노동자들은 인간성이 사라지고 지루해졌다고 느꼈다. 다음은 로즈타운 공장의 한 노동자가 묘사한 일과다.[62]

일은 자동으로 이루어진다. 조건반사 훈련을 받은 원숭이나 개와 다를 바 없다. 모든 일이 끊임없이 반복되다 보니 정체되어 있다는 느낌이 든다. 일하러 가면 기계를 조작하는 게 삶의 유일한 목표 같고, 생산 방침을 맞추려고 종일 애쓴 탓에 집에 돌아오면 녹초가 된다. 뭔가 더 나은 사람이 되고 있다는 느낌은 전혀 들지 않는다. 이로 인해 일반 직원들은 식물이 된 듯한 기분을 느낀다.

1972년 견디다 못한 로즈타운 공장 노동자들은 파업을 결심했다. 이 파업은 전국의 주목을 받았고 미국 전역에서 '로즈타운 신드롬'(새로운 종류의 부분적 자동화가 가져오는 실존적 불쾌감)이 사람들 입에 오르내렸다. 〈뉴스위크〉는 로즈타운 파업을 가리켜 '산업계의 우드스탁'이라 불렸고, 〈뉴욕 타임스〉는 사설을 통해 GM은 로봇이 지배하는 일터에서 직원 개인의 가치를 지키는 데 주의를 기울여야 한다고 지적했다.

22일간의 파업 끝에 사측이 백기를 들었다. 사측은 생산 목표를 축소하고 노동자들에게 더 많은 휴식 시간을 제공했다. 로즈타운 공장의 근무 환경 개선을 위해 '인간화' 전담팀도 꾸렸다.[63] 당시 GM 회장이었던 에드워드 콜은 한 연설에서 회사가 인간 노동자를 기계에 종속시킨 것은 잘못이었다고 시인하며 다음과 같이 말했다.[64] "우리 회사의 미래 발전은 기계가 아니라 사람에게 달려 있습니다."

원격 근무하는 당신을 동료가 로봇으로 오해한다면?

엔드포인트가 되지 않게 특별히 주의해야 할 사람들은 원격 노동자들이다. 코로나19 팬데믹 전 이 책의 초고를 작성할 때만 해도 한 장을 따로 만들어 원격 노동자들이 과대평가되었다는 주장을 펼쳤다. 가장 인간다운 최고의 직종은 사람들이 화면이 아니라 직접 만나는 분야라고 제안하는 연구도 인용했다. 인공지능으로 가득한 미래에 대비하려면 사무실에 나가 동료와 작업대에서 살을 부대끼며 자연스럽게 의견을 나누고 수시로 번득이는 아이디어를 떠올리며 말 그대로 **함께** 일해야 한다고 주장했다. 그런데 결국 그 장 전체를 들어냈다. 사실 나는 주관에 근거해 내놓는 훌륭한 논평을 좋아하지만 팬데믹 시기에 과밀한 사무실에 다닥다닥 붙어서 일해야 한다는 주장은 지나치다고 판단했기 때문이다.

이제는 원격 근무가 확실히 일반화되었고 앞으로 가상 협업은 많은 화이트칼라 업무의 일부가 될 듯하다. 2020년 7월 미국 시장조사 기업 가트너가 한 설문 조사에 따르면[65] 전체 기업인의 82%는 팬데믹 이후로도 직원들이 최소한 일부 시간은 원격으로 근무하도록 허락할 계획이며, 앞으로 종일 무기한 원격 근무를 허용할 계획이라고 한 응답자도 절반에 가까웠다.

팬데믹 상황에서 원격 근무로 전환한 것은 명백히 옳은 방침이었다. 앞으로도 유연한 원격 근무는 많은 노동자가 고비용 도시를 피할 합리적인 방안이 될 것이다. 하지만 나는 (그리고 내 의견을 뒷받침할 강력한 증거들에 따르면) 미래에 우리가 해야 할 매우 인간적인 업무에는 정기적으로 동료와 직접 만나 교류하는 사람들이 여전히 더 유리하다고 믿는다.

나는 팬데믹 기간에 집에서 원활하게 일할 수 없어 쩔쩔맸는데 나만 그런 게 아니었다. 팬데믹이 장기화하면서 많은 노동자가 줌 화상 통화와 온라인 협업 도구 슬랙의 글타래만으로는 번득이는 아이디어를 생각해내기 힘들어했고, 팀의 단결력을 공고히 하거나 새 직원을 합류시키기 어려워 좌절했다. 또한 온종일 집에 머물며 아이들과 씨름하고 방역에 신경 쓰고 같은 화면을 계속 쳐다보느라 몹시도 지쳤다.

기업 임원들도 녹초가 되기는 마찬가지였다. 어도비의 CEO 샨타누 나라엔은 원격 근무가 회사의 새 추진 과제를 실행하는 데 걸림돌이 되었다고 불평하며 이렇게 말했다.[66] "새 프로젝트를 내놓을 때면 음료수를 마시며 자유롭게 어울리는 사무실 공간에서 동료들과 함께하고 싶습니다." 넷플릭스 CEO 리드 헤이스팅스도 〈월스트리트 저널〉과의 인터뷰에서 원격 근무에는 '부정적인 것밖에' 없다고 지적했다.[67] 팀을 다시 사무실로 불러들일 계획이냐는 물음에 그는 "백신이 승인되고 12시간만 지나면 바로 불러들일 겁니다"라고 답했다.

기업 임원들이 사무실에 다시 모이려 하는 것은 놀랍지 않다. 여러 연구 결과 같은 방에 모여 있는 사람들이 전자 기기로 협업하는 사람들보다 더 빨리 문제를 해결하며,[68] 학술 논문의 공동 저자들도 지리적으로 더 가까이 있을 때 질적으로 더 훌륭한 연구 결과를 내놓는 경향이 있었다.[69] 또 다른 연구들에서는 원격 근무를 진행했을 때 팀의 응집력이 무너지며,[70] 원격 노동자가 사무실 노동자보다 더 생산적일 수는 있어도 창의력은 뒤처질 때가 많다는 것이 드러났다.

물론 원격 근무는 실용적 측면에서 노동자들에게 유익한 면이 많다. 원격으로 일하는 부모는 자녀들과 더 많은 시간을 보낼 수 있고 노동자들은 답답한 통근 시간을 피할 수 있으며 장애가 있는 사람들은 집에 꾸민 사무공간에서 더 수월하게 일할 수 있다. 하지만 여기에는 대가가 따른다. 집에서 일하다 보면 일과 여가 사이의 경계가 흐려져 어느 순간 연결을 끊고 재충전하기가 어려워질 때가 많다. 게다가 원격 근무자는 직접 교류를 통한 유대 형성이나 동료의 현명한 조언, 경력 개발 등 사무실 문화가 안겨주는 여러 사회적 이점을 포기해야 한다. 또한 이들은 샌프란시스코 주립 대학 경영학 교수 존 설리번이 말한 '우연한 상호작용^{serendipitous interaction}'을[71] 놓치고 만다. 우연한 상호작용이란 카페테리아에서 잠시 쉬거나 커피 자판기 앞에 줄 서서 기다리는 직원들이 우연히 마주치며 소통하는 것을 말하는데, 이때 나누는 소통이 참신한 대화와 뜻밖의 아이디어로 이어질 때가 많다.

자동화와 관련해 원격 근무의 가장 큰 위험은 얼굴을 맞대고 소통할 수 없다 보니 서로의 인간다움을 드러내기가 훨씬 어렵다는 점이다. 어떤 면에서 원격 노동자들은 이미 반쯤은 자동화되었다. 2차원의 줌 대화방에서 얼굴만 보거나 슬랙의 글타래에서 아바타로만 서로를 경험한다. 직원의 성과는 업무 완수와 목표 달성으로 측정될 때가 많고, 풀이 죽은 동료 직원의 기운을 북돋아주거나 인턴에게 친절하게 일을 알려주는 것과 같은 더 섬세하고 인간적인 방식으로 조직에 이바지하는 능력은 급격히 제한된다. 이런 점에서 원격 노동자들은 자신의 인간다움을 표현하고 다른 사람들에게 자신의 존재감을 일깨워주기 위해 더 노력하는 것이 훨씬 중요해졌다. 원격 노동자를 고용하는 조직들은 직원 정기 모임에 그들을 불러들여 실제로 만나 사람들과 어울리고 팀에 융합할 기회를 주어야 한다.

팬데믹 이전부터 많은 회사가 원격 노동자들에게 다른 직원들과의 끈끈한 연대감을 심어주고자 다양한 방법을 실험해왔다. 오픈 소스 협업 플랫폼 깃랩^{GitLab}은 원격 노동자들에게 '가상의 커피 휴식 시간'을 일정에 넣고 구글의 화상 채팅 기능인 행아웃에도 참여하라고 독려한다.[72] 시애틀의 소프트웨어업체 시크^{Seeq}에서는 직원들이 날마다 한 사람씩 돌아가며 '공유 시간'을 맡아 15분간 일과 무

관한 주제로 비디오 프레젠테이션을 한다.[73] 웹사이트 제작 툴인 워드프레스를 개발한 회사로 전 직원이 원격으로 근무하는 오토매틱은 일주일간 연례 '단합 대회'를 연다.[74] 이 기간이 오면 오토매틱 직원 700여 명이 낮에는 협업 프로젝트를 함께 진행하고 저녁에는 사교 모임을 갖는다.

위와 같은 사례는 원격 노동자에게 두터운 소속감을 안겨주는 좋은 방법이지만, 여전히 이런 노력만으로는 사무실에서 경험하는 사회적 교류를 완전히 대체할 수 없다. 모든 업무를 원격으로 하는 노동자라면 근무 시간에 사회적 교류를 넣을 수 있는 자기만의 방법을 찾아야 한다. 근처 식당에서 다른 원격 노동자들과 만나는 시간을 가져보자. 순수하게 사교적 목적에서 동료들과 문자를 주고받는 채널도 만들어보자. 가상 파티 혹은 돌아가며 선물을 주고받는 이벤트를 기획할 수도 있다. 자신의 인간다움을 표현할 방편을 만들어 누구도 당신을 로봇으로 오해하지 않게 해야 한다.

* * *

나처럼 엔드포인트 역할을 하지 않아도 되는 일을 가졌다면 매우 운이 좋은 사람이다. 하지만 그 행운에 안주해서는 안 된다. 자기 분야에서 어떤 개발이 이루어지고 있는지 늘 예의주시하고, 지금 하는 업무가 기계가 관리하는 형태로 바뀐다거나 사람의 손길이 필요한 업무로부터 자신을 멀어지게 만드는 신기술이 등장하지는 않는지 잘 살펴야 한다.

팀을 관리하거나 조직을 이끌고 있다면 현재 사용하는 기술이 사람의 인간다움을 앗아가게 하지 말고 사람의 능력을 향상하게 하자. 자동화에 관한 의사 결정 과정에 직원들을 참여시키고 어떤 방식으로 기계를 사용하면 좋을지 의견을 듣자. 그리고 GM의 로즈타운 공장처럼 첨단 기술을 갖추고 엄청난 생산성을 자랑하던 일터에서 로봇처럼 대우받는 데 환멸을 느껴 들고 일어난 노동자들에게 무릎을 꿇은 일이 내 조직에서도 일어날 수 있다는 점도 기억하자.

기계의 관리를 받으며 엔드포인트 역할을 하고 있거나 앞으로 그렇게 되리라 생각하는 사람에게는 몇 가지 선택지 있다.

먼저, 할 수만 있다면 **빠져나와라**. 엔드포인트 일은 인간성을 상실하게 하고 자동화에 극도로 취약하다. 기본적으로 적절한 기술이 등장할 때까지만 존재하는 임시방편이므로 개선될 여지가 거의 없다. 지금 하는 일이 주로 하나의 시스템에서 다른 시스템으로 정보를 옮기는 일이라면 판단력을 기반으로 하는 좀 더 복잡한 일이 관여되는 다른 역할을 제안하자. 디지털 광고 구매자로 일하고 있다면 팀의 아이디어 설계 과정에 좀 더 일찍 관여하게 해달라고 요청하자. 영업 부문에 종사하고 있다면 단순히 파워포인트 자료를 만들기보다 전략 회의에 참석하겠다고 제안하자.

직무를 바꾸기 어렵다면 현재 일을 더 인간답게 만들고 도구에 대한 통제력을 늘릴 수 있게 기존 업무에 몇몇 변화를 제안해보자. 이미 수많은 노조가 조합원을 위해 이 같은 조항을 만들고자 목소리를 높여 성공을 거뒀으며, 수십 년간 제조업 분야에서 일어난 노동 운동(예컨대 GM의 '인간화' 전담팀 신설)은 화이트칼라 노동자들이 본받을 만한 모델이다.

직종을 바꿀 수도 없고 기계 관리에서 벗어날 수도 없다면 탈출 계획을 세워야 한다. 우버 또는 리프트처럼 기계가 관리하는 업무를 전체 사업 모델로 하는 플랫폼에서 계약직으로 일하거나 업무 변화를 제안할 만큼의 우위나 권한이 없는 사람들이 여기에 해당한다.

역사가 일러주는 한 가지 분명한 교훈은 사람들이 엔드포인트로 남아 있을 시간이 그리 길지 않다는 것이다. 이런 프로세스를 자동화하면 수많은 인센티브가 따르므로 자동화도, 업무 시스템에서 인간을 제외하려는 많은 기술 전문가의 노력도 절대 멈추지 않을 것이다. 마침내 기계들이 자기들끼리 소통하는 날이 왔을 때 내 일이 어디로 사라졌는지 의아해하며 난처하게 그 자리에 끼어 있지 않는 편이 좋을 것이다.

법칙 6.

인공지능을
침팬지 군단으로 여겨라

"페이스북에서 버마어가 영어로 잘못 번역되는 기술적 문제를 해결했습니다.
이런 일은 없었어야 하며 다시는 같은 일이 일어나지 않도록 조치하고 있습니다."[75]

－페이스북 대변인, 시진핑 중국 국가주석의 이름을 'MR. Shithole'(똥구덩이 씨)라고 번역한
페이스북 기계 학습 인공지능의 결함에 관해 사과하는 발언 중에서

마이크 파울러는 휴대전화 진동 소리에 아침 일찍 잠에서 깼다.
2013년 토요일 아침, 호주 멜버른에 거주 중인 미국인 기업가 파울
러는 엉뚱한 시간에 업무 메일을 처리하는 일에 익숙했다. 통통 튀
는 티셔츠를 비롯한 의류 품목을 온라인에서 판매하는 회사 솔리드
골드 봄Solid Gold Bomb의 창립자인 그에게는 늘 어디선가 무언가를 요
청하는 고객이나 직원이 있기 마련이었다.

하지만 휴대전화를 훑어보던 파울러는 뭔가 잘못되었다는 느낌
을 받았다. 낯선 사람들이 온갖 끔찍한 이름을 들먹이며 그에게 페
이스북 메시지를 보냈다. 아마존의 고위급 임원에게서 긴급 메일이

와 있었고 BBC에서는 인터뷰를 요청해왔다.

파울러는 내게 "'오 세상에, 무슨 일이 났구나' 싶었습니다"라고 말했다.

실제 정황을 파악한 파울러는 충격에 빠졌다. 알고리즘이 그를 배신한 것이다. 1년여 전 파울러는 사업에 혁명을 일으킬 아이디어를 떠올렸다. 다른 티셔츠 디자이너들을 보니 페이스북 타깃 광고를 활용해 매우 구체적인 잠재 고객을 겨냥한 문구를 넣어 티셔츠를 팔고 있었다. 2012년과 2013년 페이스북 피드를 보면 그런 티셔츠 광고를 찾아볼 수 있다. 예를 들어 "Never Underestimate a CUBS FAN Born in AUGUST"(8월에 태어난 컵스 팬을 절대 가볍게 보지 마라) 또는 "Sorry, I'm Already Taken by a Sexy DENTAL HYGIEN-IST named TAMMY"(미안하지만 태미라는 섹시한 치위생사에게 이미 관리받고 있어요) 등이 있었다.

파울러는 수백 부류의 미세 잠재 고객을 넘어 수백만 명에게 티셔츠를 선보일 알고리즘을 써보면 어떨까 하는 생각을 품었다. 그는 사전에서 몇몇 단어를 골라 간단한 문구를 써보고 이를 인기 있는 캐치프레이즈에 연결한 뒤, 자동으로 티셔츠 디자인을 만들어 다양한 색상과 사이즈를 갖춘 티셔츠 수십 종을 하나하나 아마존에 등록했다.

파울러가 알고리즘으로 문구를 생성해 디자인한 티셔츠를 판매하기 시작한 것은 2012년 블랙 프라이데이 때였는데 이로부터 그다음 월요일까지 700장을 팔았다. 월평균 판매량을 넘어선 양이었다. 이후 파울러는 성공 가도를 달렸다. 그의 알고리즘은 1,100여 개의 템플릿을 사용해 온라인에서 2,000만 종의 티셔츠를 만들어냈다. 알고리즘으로 생성된 티셔츠 문구가 전부 의미가 통하지는 않았으나 상관없었다. 아마존 상품 등록은 자유였고 티셔츠는 주문형 제작이었기에 목표한 컵스 팬이나 치위생사가 나타나 옷을 주문하기 전에는 물리적 형태, 즉 실제 상품으로 존재하지도 않았다.

훌륭하게만 보였던 계획이 틀어진 것은 2013년 3월 2일이었다. 한 고객이 아마존을 둘러보다가 뭔가 불쾌한 티셔츠를 발견했다.[76] 이 티셔츠는 'Keep Calm and Carry On'(평정심을 지키고 하던 일을 계속하라)라는 유명한 문구를 이용한 듯했는데, 파울러가 깜빡 잊고 알고리즘 단어 목록에서 제외하지 않은 단어들을 써서 문장을 만들어내고 있었다. 그 메시지는 다음과 같았다.

> KEEP CALM AND HIT HER
> (평정심을 유지하고 그녀를 때려라.)
>
> KEEP CALM AND KNIFE HER
> (평정심을 유지하고 그녀를 베어라.)
>
> KEEP CALM AND RAPE A LOT
> (평정심을 유지하고 많은 사람을 강간하라.)

불쾌감을 느낀 고객이 티셔츠 이미지를 트위터에 게시하자 엄청난 소란이 불거졌다.

상황을 파악한 파울러는 자신의 페이스북 계정에 "해당 메시지는 알고리즘이 생성한 것으로 이를 보았거나 승인한 사람은 아무도 없으며, 논란이 된 티셔츠들은 실제 상품으로 존재하지 않는다"고 해명했다. 하지만 너무 늦었다. 아마존은 규정 위반을 이유로 솔리드 골드 봄을 온라인 상점에서 삭제했고 며칠 뒤 파울러는 전 직원을 해고하고 폐업해야만 했다.

흔히 사용하는 동사를 모아둔 데이터베이스에서 불쾌감을 유발할 만한 단어들을 제외하는 것을 깜빡 잊었을 뿐이었다. 하지만 그 사소한 실수가 파울러의 인생을 송두리째 바꿔놓았다. 내가 파울러와 대화를 나눈 것은 티셔츠 사건 당시로부터 6년이 지난 시점이었는데도 그는 여전히 그때 일을 생각하면 소름이 끼친다며 이렇게 말했다. "정말 견디기 힘든 타격이었습니다. 아직도 완전히 회복되지는 못했습니다."

알고리즘에 의한 '자율 운영 회사'도 가능?

1,000마리의 침팬지 군단이 일거리를 찾아 사무실 앞에 나타난다면 어떻게 하겠는가? 현실적으로 생각하면 문을 걸어 잠그고 동물 관리국에 전화하거나 뭔가 잘못 봤다며 정신 차리라고 자신을 다그칠 것이다. 하지만 현실성은 잠시 접어두고 충격에 휩싸이는 대신 정말 그들에게 일거리를 찾아주려고 노력한다고 해보자.

사실 적절한 환경이 조성된다면 침팬지들도 훌륭한 노동자일 수 있다. 그들은 힘이 세고 민첩하며 꽤 똑똑하다. 얼굴을 인식하고 물건을 집어 운반하고 간단한 명령에 반응하게 훈련할 수 있다. 잘 훈련받은 일군의 침팬지 직원이 창고 선적물을 올리고 내린다거나 비어 있는 레이저 프린터의 재고를 보충하는 모습도 상상할 수 있다.

물론 계약을 하기 전에 그 침팬지들에 관해 더 자세히 알고 싶을 것이다. 그동안 행실은 얼마나 적절했는가? 공격성을 드러낸 적은 없었는가? 훈련과 감독은 얼마나 필요한가? 설령 그 침팬지 군단을 사무실에 들인다고 하더라도 당장 불러들이지는 않을 것이다. '침팬지 안전 감사'를 시행한다거나 '침팬지 감독 특별 전담팀'부터 소집할 것이다. 소규모의 침팬지를 한 방에 넣고 면밀한 감독하에 간단한 업무를 가르쳐 그 결과를 평가한 다음에야 더 중요한 업무를 맡길 것이다.

어느 정도까지 위험을 감수할지 모르지만, 장담컨대 그 침팬지들을 바로 사무실에 투입해 배지와 사원증을 나눠주고 "좋습니다. 일들 하시죠!"라고 말하지는 않을 것이다. 더군다나 그들에게 **책임자** 지위를 허락하는 것은 꿈에도 생각할 수 없는 일이다.

무슨 말을 하려는지 충분히 짐작할 것이다. 앞 장에서 우리는 인간이 엔드포인트로 변했을 때 벌어지는 일(아직 어떤 프로세스가 완전히 자동화되지 않아 사람을 고용해 그 틈을 메우는 현상)을 살펴보았다. 하지만 이와 정반대 상황도 존재한다. 많은 조직이 **과도한 자동화**라는 오류를 범해 아직 충분히 준비되지 않은 기계에 다양한 업무와 권한을 부여하고는 일이 잘못되면 화들짝 놀란다.

나는 지난 몇 년간 인공지능은 변화를 일으키는 놀라운 기술이라고 확신하는 기업 임원들을 많이 만났다. 이들은 인공지능으로 인한 부정적 피해나 여파는 없다고 믿었으므로 사업장에 인공지능을 도입하는 것은 카페테리아에서 샐러드드레싱을 바꾸는 일만큼이나 쉬운 결정이라고 생각했다. 기업 임원들은 최대한 많은 기계를 업무에 동원하고 싶어 안달이 나 있다. 백 오피스에서 지루한 RPA 봇을 사용하는 정도를 넘어 경영 일선에서 조직의 전략과 운용에 관해 중요한 결정을 내릴 수 있는 실제 인공지능도 도입하려 한다. 사실 일부 임원들은 자기 업무의 상당 부분을 인공지능에게 넘겨줄 날을 간절히 바라고 있다. 최근 〈MIT 슬론 매니지먼트 리뷰〉에 실린 한 기사에서 기업 임원 2명이 '자율 운영 회사'가 급부상할 것이라고 예측했다.[77] 자율 운영 회사란 인간 관리자를 극소수로 제한하고 고용과 해고를 포함한 기업의 주요 의사 결정을 알고리즘에 맡기는 조직을 말한다.

아무리 긍정적으로 생각하려고 해도 제정신이 아닌 것 같다. 인공지능과 기계 학습 개발의 최전선에 있는 컴퓨터 과학자들 중 아무나 붙잡고 물어봐도 현존하는 최상의 인공지능조차 그렇게 부주의하게 큰 신뢰를 덥석 안겨주기에는 한참 모자란다고 말할 것이다.

오늘날 대다수 인공지능은 침팬지 군단과 비슷하다. 똑똑하긴 하지만 인간만큼 똑똑하지는 않다. 적절한 훈련과 감독을 거치면 지시를 따를 수 있으나 그렇지 않으면 오류를 내기도 한다. 수년간 훈련과 개발을 기울인 인공지능은 수신함에 담긴 무수히 많은 스팸 메일을 골라내거나 듣는 사람의 취향에 맞게 음악 재생 목록을 수백만 개 만들어내는 등의 초인간적 일은 해낼 수 있지만, 새롭고 중대한 상황에 던져지면 능률이 떨어진다.

과도한 자동화와 검증되지 않은 기계들

나는 'AI 위어드니스^AI Weirdness'라는 블로그를 좋아한다. 컴퓨터 과학자 저넬 셰인이 캘리포니아 대학 샌디에이고 캠퍼스에서 박사 과정을 밟으며 인간 두뇌의 정보 처리 방식을 모방한 인공지능 신경 망을 공부하면서 쓰기 시작한 블로그다. 셰인은 어떤 과제를 수행 하도록 신경망을 훈련할 때 가끔 시스템이 이상한 방식으로 실패한 다는 것을 알게 되었다. 한번은 동물 보호소에서 얻은 고양이 이름 8,000여 개로 구성된 데이터를 활용해 새로운 고양이 이름을 짓도 록 신경망을 훈련했다. 실제 고양이 이름 목록을 익힌 뒤에 프로그 램이 만들어낸 새 이름의 예는 다음과 같다.

Jenderina 젠드리나

Sonney 소니

Mrow 므로우

Jexley 젝슬리

Pickle 피클

Marper 마퍼

Foppin 포핀

Toby Booch Snowpie 토비 부치 스노피

Big Wiggy Bool 빅 위기 불

한번은 칵테일 레시피를 만들어내도록 신경망을 훈련했다. 이 훈런에서 신경망이 내놓은 첫 번째 결과는 '모랄 앤 폽 은가바Morale and Phop Ngaba'라는 칵테일 레시피였는데 그 과정은 다음과 같았다.

> 11/2 oz lineappl 린애플 42g
>
> 1 lunces crilpi juice 크릴피 주스 1 런스
>
> 1 teaspoon sramge juices 스램지 주스 1 작은술
>
> Add witeasples 위티스플 곁들이기
>
> Fttr into a cocltail glass 코클테일 잔에 붓기

'AI 위어드니스'에 게시된 글들은 《좀 이상하지만 재미있는 녀석들》[78]이라는 책으로도 나왔다. 셰인이 나의 침팬지 애길 듣는다면 인공지능을 너무 높이 쳐줬다며 핀잔을 줄지도 모른다. 셰인은 나와는 다른 동물에 비유해 "인공지능은 대략 곤충 수준의 지능을 가지고 있다"라고 했기 때문이다. 셰인은 인간이 세심하게 감독하지 않으면 인공지능은 재미있고 무해한 실수뿐만 아니라 정말 위험한 실수도 저지를 수 있다고 주장하며 다음과 같이 썼다. "인공지능은 본의 아니게 잘못된 문제를 풀고 대상을 부수며 잘못된 지름길을 택하는 경향이 크다. 그러므로 인공지능의 '훌륭한 해법'이 골칫거리가 되지 않게 사람의 손길이 필요하다."

하지만 미국 재계의 의사 결정자들은 이 경고를 귀담아듣지 않은 듯 여전히 인공지능의 지력을 과도하게 신뢰한다. 이로 인해 때로는 실수로 불쾌감을 주는 티셔츠를 광고하거나 도통 알 수 없는 칵테일 레시피를 만들어내는 것보다 훨씬 심각한 결과에 직면한다.

한 예로 2012년 8월 1일 주식 중계업체 나이트 캐피탈^{Knight Capital}은 단 45분 만에 4억 4,000만 달러를 잃었다.[79] 자동 거래 시스템이 오류를 일으켜 눈 깜짝할 사이에 수백만 건의 주식 거래로 주가를 높이는 바람에 재판매할 때 막대한 손실을 보았다. 이 손실로 나이트 캐피탈은 거의 파산할 지경에 놓였고 위태로운 상황을 모면하기 위해 수억 달러의 긴급 자금을 지원받아야 했다.

2011년 미국 TV 퀴즈쇼 〈제퍼디!〉에서 우승을 차지해 유명해진 IBM 인공지능 왓슨의 사례도 있다. 2013년 IBM은 텍사스 대학의 MD 앤더슨 암센터와 손잡고 암 환자를 위한 치료법을 제안할 왓슨 기반의 새로운 종양학 도구를 개발하고자 했다. 하지만 왓슨에는 몇 가지 결함이 있었다. 2018년 의료 전문 매체 스태트^{Stat}가 입수한 내부 실험 결과에 따르면, 왓슨은 실제 환자가 아니라 가상의 환자들에 관한 데이터를 바탕으로 부적절하게 훈련받은 결과 몇 가지 잘못된 치료법을 내놓았다.[80] 일례로 왓슨은 출혈이 심한 65세 폐암 환자에게 출혈을 악화할 수 있는 의약품 처방을 추천한 것으로 알려졌다. IBM은 스태트에 보내는 성명을 통해 다음과 같이 밝혔다. "잘못된 부분을 깨닫고 의뢰인들의 꾸준한 피드백과 새로운 의학 정보, 신종 암, 치료적 대안 등을 바탕으로 왓슨 헬스를 개선했습니다."

결함이 있는 인공지능은 때로 소외 계층에 상대적으로 더 큰 영향을 끼친다. 알고리즘 훈련에 사용하는 사료^{史料} 데이터에 트레이너들의 편견이 반영될 때가 많기 때문이다. 데이터 분석을 통해 잠재적 범죄를 예측하는 '예측 치안 유지^{predictive policing}' 소프트웨어를 예로 들어보자. 법 집행 기관에서 사용하는 이 소프트웨어를 훈련할 때 활용하는 체포 데이터 대다수는 주로 흑인, 라틴계 주민이 모여 사는 지역에서 수십 년간 벌인 과도하고 조직적인 치안 유지 활동과 불심 검문 등의 차별적 정책이 반영된 것이다.[81] 악명 높은 형량 선고 산출 알고리즘인 '컴파스COMPAS'는 형사 피고인의 재범 가능성을 예측한 컴퓨터 자료를 바탕으로 법정에 형량을 제안할 때 사용되었다. 2016년 미국의 비영리 온라인 매체인 프로퍼블리카의 조사에 따르면, 컴파스는 백인 피고인보다 흑인 피고인에게 미래의 범죄자라는 꼬리표를 달 확률이 거의 2배나 높았다.[82]

검증되지 않은 부실한 인공지능과 자동화 시스템이 세계 곳곳에서 중대한 의사 결정을 맡고 있다. 이러한 시스템을 실행하는 일부 정부, 기업, 조직은 주의를 기울여 새 알고리즘을 엄격하게 평가하고 만약의 상황에 대비해 위험 예측과 시나리오 계획을 실행하며 해당 업무에 충분한 인간 감독을 투입하는 등 올바른 길을 걷고 있지만 그러지 않는 경우도 많다. 그저 문을 활짝 열어젖히고 침팬지 군단을 들여놓고는 좋은 결과를 바라고 있다.

컴퓨터 과학자이자 딥러닝 분야의 선구자인 요슈아 벤지오는 모든 중요한 의사 결정 과정에 인공지능을 밀어 넣는 편을 옹호하리라 기대할 만한 사람에 손꼽힌다. 하지만 그는 2018년 언론인 마틴 포드와의 인터뷰에서, 유죄 판결을 받은 중죄인에게 형량을 얼마나 내릴 것인가 등의 인생을 좌우하는 중대한 의사 결정에 인공지능을 사용해서는 안 된다고 강하게 반대했다.[83] 벤지오는 이렇게 말했다. "지금 그리고 적정한 미래에 존재하리라 예상되는 인공지능은 옳고 그름에 관한 윤리적 감각이나 도덕적 이해가 없으며 앞으로도 그럴 것입니다. 그렇게 중요한 의사 결정을 기계의 손에 맡긴다는 것은 미친 짓입니다."

일론 머스크처럼 인공지능의 잠재력을 깊이 신뢰하는 사람도 자동화 시스템에 지나친 권한을 부여한 데 따른 위험을 경험했다. 2018년 테슬라는 세단 모델 3의 생산 목표를 맞추는 데 애를 먹었다. 자동 컨베이어 벨트 시스템에 의존하는 공장 기계 장치가 계속 오작동을 일으켰기 때문이다.

생산 중단 사태가 계속되면서 좌절감을 느낀 머스크는 자동 컨베이어 벨트를 멈추고 인간 노동자를 불러들였다.[84] 그러자 생산에 속도가 붙었고 테슬라는 목표량을 맞출 수 있었다. 기억해야 할 점은 머스크가 인공지능의 초지능이 결국 인간 문명을 위협하리라 믿었다는 것이다. 그는 너무 많은 권한을 기계의 손에 맡긴 것은 잘못된 판단이었다고 시인했다. 머스크는 트위터에 "테슬라의 과도한 자동화는 실수였다. 인간이 과소평가되고 있다"라고 썼다.

* * *

분명히 말해두건대 나는 중요한 업무에 인공지능을 사용해서는 안 된다고 주장하는 게 아니다. 다만 기계가 감당할 수 없는 많은 권한을 부여하거나 오류를 범해 무고한 사람에게 해를 끼칠 수 있는 자리에 알고리즘을 배치하는 데 극도로 주의해야 한다는 것이다.

이에 관한 한 정부의 강력한 감독이 필요하다. 브루킹스 연구소의 존 앨런과 대럴 웨스트는 《터닝 포인트 Turning Point》에서 '인공지능 영향 평가서'를 요구해야 한다고 기업과 정부 기관에 제안했다.[85] 이는 개발자들이 새 프로젝트에 착수하기 전에 제출해야 하는 환경 영향 평가서와 비슷한 문서다. 인공지능 영향 평가서에 새 자동화 시스템이 노동자들에게 미칠 잠재적 영향을 약술하고 이 위험을 낮추고자 취하고 있는 조치를 상술하는 것이다. 2019년 미국 상원의원 코리 부커 등은 '알고리즘 책무성 법안Algorithmic Accountability Act'을 발의하며 이와 비슷한 내용을 소개했다.[86] 이 법안은 구직자 선별 알고리즘이나 편견 및 결함이 있는 설계 검증에 사용되는 알고리즘과 같이 '매우 예민한 의사 결정 자동화 시스템'을 감사하도록 연방거래위원회FTC에 권한을 부여하자는 내용을 담고 있다.

책임감 있는 기술 기업들도 힘을 보탤 수 있다. 개발 속도를 늦추어 새 인공지능 도구의 오류 가능성을 심사숙고한 뒤에 대중에 공개하는 것이다. 2019년 비영리 연구 단체 오픈AI는 알고리즘에 기반한 자동 글쓰기 인공지능 모델 GPT-2의 전체 공개를 잠시 보류하여 책임 있는 온라인 배포의 모범 사례를 보여주었다. GPT-2는 인공지능을 사용해 일부만 제시된 단순 문장에서 맥락에 맞는 단어를 예측한 다음 소름 끼칠 정도로 인간다운 방식으로 나머지 문장들을 채우는 기계다. 앞서 전문가들은 GPT-2가 가짜 뉴스나 허위 주장을 온라인상에 유포하는 데 쓰일 수 있다며 우려를 표했다. 이에 오픈AI는 베타 버전으로 일부만 출시해 실제로 어떻게 사용되는지 관찰하기로 했다. 이로부터 9개월 뒤 오픈AI는 오용 사례를 드러내는 강력한 증거를 발견하지 못했다며 GPT-2를 전체 공개했다.

하지만 새 법이 나올 때까지 기다릴 여유도 없고 인공지능 제작자들이 갑자기 태도를 바꿔 무분별하고 무책임한 인공지능 사용을 자제할 것이라고 기대할 수도 없다. 적절한 주의를 기울이지 않은 채 인공지능과 자동화를 실행하는 조직에서 근무하는 노동자라면 목소리를 내야 한다. 관리자가 예상치 못한 오류의 잠재적 비용(재정, 법률, 평판)을 파악하게 하고 중요한 프로세스에 인간이 계속 관여해야 한다고 주장하자. '레드 티밍 red-teaming' 과정을 제안할 수도 있다. 동료들과 함께 자동화 시스템이 실수를 저지르거나 오용될 경우를 처음부터 끝까지 상상해 모의실험을 해보는 것이다. 1970년대와 1980년대에 일부 제조업 회사들이 했던 것처럼 각 부서의 직원들로 '자동화 협의회'를 조직해 자동화 시스템의 작동 현황을 공유하고 발견한 사실을 경영진에 전달할 수도 있다.

사람들의 사생활을 침해하고 상대적 약자들을 괴롭히고 정부 지원 및 주거 혜택과 같은 중요한 결정을 내리는 데 인공지능과 자동화가 사용되는 지역에 살고 있다면 지역 공무원에게 업무를 공개하라고 요구하자. 그들이 사용하는 도구가 역효과를 내는지 확증할 수 없거나 관련 데이터를 볼 수 없다면 비슷한 도구와 관련해 문제를 겪은 다른 지역을 찾아보고 필요하다면 시민단체와 힘을 모으자. 이러한 간섭은 충분히 효과를 낼 수 있다. 한 예로 2020년 시카고 경찰은 논란이 되었던 얼굴 인식 기술 '클리어뷰 AI'의 사용을 중단하겠다고 발표했다.[87] 미국시민자유연맹ACLU의 소송과 시민 활동가들의 주장을 통해 해당 기술이 가정 폭력 생존자, 불법 이민자 등 취약 계층에 해를 끼칠 수 있음을 인정한 것이다.

조직의 리더로서 인공지능과 자동화 도입을 고민하고 있다면 마이크 파울러의 알고리즘 티셔츠 사건을 기억하자. 부실한 디자인이나 편향된 데이터를 훈련해 자사의 알고리즘이 오류를 내거나 편견을 강화하지 않도록 노력해야 한다. 요즘에는 이러한 문제의 징조를 가늠해 알고리즘을 평가하는 '인공지능 감사원'도 나와 있다.[88] 제3의 공급업체를 대할 때는 더더욱 신중하게 행동하고 상대의 현란한 상술은 회의적인 태도로 바라보자. 가능한 한 모든 프로세스에 인간이 관여해야 한다.

상사들이 염두에 두어야 할 것이 있다. 부실하거나 때 이른 인공지능 배치가 불러온 결과는 로봇이 아니라 인간 의사 결정자가 감당해야 한다. 다시 말해 침팬지 군단이 사무실을 난장판으로 만들었다고 해도 그 침팬지들에게 화낼 사람은 아무도 없을 것이다.

법칙 7.

넓고 촘촘한
안전망을 만들라

"수만 명에게 이 재앙이 일어났지만 해법을 찾지 못하는 것을 보면 우리는
기술적으로 진보하지도 않았고 사회적으로 개화되지도 않았습니다. 제가 말하는
해법이란, (진보라는 허울 아래 누군가에게는 파괴를 가져온)
생활 수준을 회복시켜줄 진정하고 실속 있는 대안을 가리킵니다."

– 마틴 루터 킹, 1961년 미국운송노동조합 앞에서 한 자동화 관련 연설 중에서

몇 년 전 쌀쌀한 어느 겨울날, 나는 토론토로 날아가 차를 빌려 북
쪽으로 1시간을 달려 온타리오에 있는 중소 도시 워털루로 향했다.
GPS 안내를 따라가니 팻말이 없는 사무실이 몰려 있는 지역에 도
착했고, '리서치 인 모션–서쪽 주차장'이라는 작은 표지가 붙은 넓
은 주차장에 차를 세웠다. 평일 오후 4시가 조금 지나 도착했는데도
주차장은 차량 몇 대가 띄엄띄엄 서 있을 뿐 대체로 비어 있었다.

10년 전 이곳은 차들로 빽빽했다.[89] 한창때만 해도 블랙베리 제조
사였던 리서치 인 모션 Research in Motion, RIM(이하 림)은 연 매출 200억
을 올리며 2만 명의 직원이 근무할 정도로 기술업계에서는 유명한

기업이었다. 이곳에서 출발한 림이 거대 기업으로 성장하자 워털루도 갑자기 신흥 도시로 탈바꿈했다. 물론 2007년 애플에서 아이폰을 선보인 후로 림은 길고도 고통스러운 내리막길을 걸었다. 소비자들이 아이폰과 안드로이드 기기로 우르르 몰려가자 림의 블랙베리 매출에 구멍이 났고 손실이 늘어난 탓에 림은 직원 상당수를 해고해야만 했다.

림의 추락은 경제적, 정신적으로 워털루에 큰 타격이었다. 도시의 자랑이었던 림 덕분에 한때 워털루는 지도에 글로벌 기술 허브라고 표시되기도 했었다. 림의 화려했던 날들은 이미 과거가 되었지만 워털루 사람들은 자랑스럽게 블랙베리를 가지고 다니며 림의 회복을 바랐다.

대기업이 실패하는 것은 드문 일도 아니고 그런 기업에 의존하던 지역 공동체가 수십 년 뒤에까지 고군분투하는 것도 드문 일은 아니다. 1960년대 미국 자동차업계가 성황을 이룬 뒤로 디트로이트에서 벌어진 일과 뉴욕 로체스터의 가장 큰 고용 주체였던 코닥이 무너져 파산한 이후로 주민들이 겪은 일만 봐도 그렇다.

하지만 워털루는 이들 산업 도시처럼 죽지 않았다. 오히려 정반대다. 림에서 해고된 직원 대다수는 금세 다른 일을 찾았다. 구글, 페이스북 같은 미국 기술 기업들이 뛰어들어 림에서 일하던 직원 일부를 채용했고 현지 스타트업과 캐나다 대기업들이 나머지 직원 대다수를 흡수했다. 오늘날 워털루는 림의 전성기 때보다 중산층 가구 소득도 높고 실업률도 낮아 경제가 활기를 띠고 있다.

워털루에 빠른 회복을 가져온 한 비결은 림에서 해고된 많은 직원이 기술 노동자로서 업계에서 수요가 높은 기술을 겸비했다는 사실이다. 하지만 기술적 재능만으로 워털루 현상을 다 설명할 수 없다. 림에서 기술직으로 일하지 않았던 직원들도 신속히 자립에 성공했기 때문이다.

나는 워털루에서 일주일을 보내면서 지자체 관계자, 전 블랙베리 직원, 지역 사회 지도자들과 만나 블랙베리의 몰락 이후 워털루가 어떻게 회복할 수 있었는지 들어보았다. 알고 보니 도시의 생존에는 2가지 중요한 요인이 있었다.

첫째 요인은 '넓은 그물망'이다. 워털루에는 갑작스러운 고용 충격의 여파를 완화할 대규모 프로그램과 정책이 있었다. 캐나다의 보편적 의료 보험 제도도 넓은 그물망 역할을 했으며 비교적 관대한 실업 수당 지원도 마찬가지였다. 게다가 워털루 주민들에 따르면 지방 정부는 해고 노동자들을 고용하는 기업에 인센티브를 제공하고 이 노동자들이 지역을 떠나지 않는 것을 우선시하는 등 문제의 징후를 처음 발견하자마자 개입에 나섰다.

워털루에 회복을 가져온 둘째 요인은 힘든 시기를 보내는 사람들을 지원하는 비공식 현지 네트워크라 할 수 있는 '소소한 거미줄'이다. 워털루는 소규모 네트워크로 가득한 촘촘하고 탄탄한 지역 사회다. 18세기 초기 정착민의 원류인 메노파교도로부터 내려오는 관용의 문화가 뿌리내리고 있었다. 블랙베리가 힘든 시기에 빠지자 이 소소한 네트워크들이 움직였다. 시내에 있는 지역 사회 기술 교육센터이자 공동 작업 공간인 커뮤니테크 Communitech 는 해고 노동자들에게 사무실 공간을 비롯한 각종 혜택을 무료로 제공했다. 이웃과 친구들은 채용 정보를 공유했고 워털루 주민들은 직업 박람회를 열어 시외 고용주들을 시내로 초대했다.

블랙베리 직원이었던 댄 실리베스트루는 이러한 공동 대응이 워털루 사람들에게는 자연스러웠다고 하면서 이렇게 말했다. "일종의 메노파식 자선행사죠. 림에서 문제가 발생하자 다들 하던 일을 내려놓고 '좋아, 서로 거들어야 할 때군' 하고 나선 겁니다."

출향부터 로봇세까지, 넓은 그물망 해법

앞에서는 주로 기술 변화의 여파에 스스로 대비하는 방법을 이야기했다. 하지만 아무리 철저히 대비하고 갖가지 인간적 기술을 쌓는다고 해도 인공지능과 자동화가 우리를 넘어뜨릴 수 있다는 것을 알아두어야 한다. 워털루에 방문한 것도 이 때문이었다. 나는 워털루가 파괴적 기술 변화 속에서도 영구적 재앙에 빠지지 않고 살아남은 비결을 알고 싶었다. 나아가 인공지능과 자동화의 물결로 상대적으로 큰 영향을 받는 다른 지역 사회에도 블랙베리의 여파를 극복한 워털루의 복원력을 적용할 수 있을지 궁금했다.

한 가지 분명히 해둘 게 있다. 모든 지역 사회가 워털루처럼 회복하지는 않는다. 내가 자란 오하이오 북동부에서는 한때 일자리 수십만 개를 창출하던 제조업 경제가 무역 정책, 자동화, 정치적 과실로 인해 공동화되었다. GM, 포드 등 지역 내 주요 고용 기업에서 해고된 노동자 다수는 결국 안정된 새 직장을 구하지 못했다. 해고 노동자들은 급여가 더 낮은 곳에 취직하거나 더 나은 일을 찾아 지역을 떠났다. 아예 구직을 포기한 사람들도 있었다. 일자리가 사라지자 지역에 심각한 피해가 뒤따랐고 고향의 빈곤층 수는 지난 20년 사이에 2배로 늘었다.

미국 곳곳에서 지역을 떠받치던 주요 업계가 사라짐에 따라 비슷한 비극이 나타났다. 인공지능과 자동화가 앞으로 더 많은 노동자를 대체하리라 믿는 경제학자, 기술 전문가, 정치가 다수는 대대적 정책 변화와 사회적 프로그램을 주축으로 하는 넓은 그물망 해법이야말로 이 타격을 완화할 수 있다고 제안했다.

역사적으로 볼 때 넓은 그물망은 사회가 기술 변화에 더 수월하게 적응하도록 만들었다. 한 예로 일본은 수많은 공장에 로봇이 도입되던 1980년대에 '출향出向'이라는 고용 제도로 굵직굵직한 해고의 충격을 완화했다.[90] 해고 명단에 오른 노동자들은 해고되는 대신 출향 제도에 따라 최대 수년간 다른 회사에 '임대되어' 근무하면서 원고용주가 그들을 위한 새 일을 찾을 때까지 기다렸다.

스웨덴의 경우 자동화로 일자리를 잃은 노동자는 '일자리 보장 협의회'라는 단체들에서 지원을 받았다.[91] 이 협의회는 민간단체로서 수만 개의 기업에서 일하는 노동자들을 돕는다. 이들은 고용주들이 낸 비용을 활용해 해고 노동자들에게 퇴직금을 지급한다. 협의회에 소속된 직업 상담사는 해고 노동자들에게 채용 중인 일자리를 주선하고 다른 일을 원하는 사람에게는 직업적, 정서적 지지를 제공한다.

오늘날 미국의 인공지능 전문가들이 가장 빈번히 제안하는 넓은 그물망은 보편적 기본 소득 universal basic income, UBI이다. UBI 계획에 따르면 모든 시민 중 성인은 고용 상태나 소득 수준에 상관없이 매월 무상으로 현금을 지원받는다. 이미 미국 내 몇몇 지역 사회가 소규모로 UBI 프로그램을 시도해 긍정적인 초기 결과를 얻었다.

빌 드 블라시오 뉴욕 시장과 빌 게이츠 등 일부 지도자는 '로봇세robot tax'를 거두어 안전 프로그램을 확장하자고 제안했다.[92] 로봇세를 적용하면 자동화 시스템을 사용하는 기업은 노동자 대신 로봇 1대를 사용할 때마다 인간 노동자 1인의 근로 소득세에 견줄 만한 추가 세를 내야 한다. 한편 미국의 세법을 바꾸자는 목소리도 있다. 현행 미국 세법에서는 인간 노동자보다 컴퓨터, 로봇 등의 물리적 장비에 낮은 세를 매겨 자동화에 혜택을 주므로 이를 개선해 기업들이 서둘러 자동화에 나서지 않게 하자는 것이다.

많은 기업인은 화물차나 지게차 운전같이 곧 쓸모없어질 기술을 보유한 노동자들에게 드론 조종이나 코딩 같은 더 유용한 일을 교육하자는 '리스킬링reskilling' 또는 '업스킬링upskilling' 프로그램 제안에 눈뜨기 시작했다. 아마존, AT&T, JP모건 체이스 등의 기업들은 야심 찬 재훈련 프로그램을 실행했고, 몇몇 주 정부와 지방 정부는 자체 노동 훈련과 디지털 기술 프로그램을 수립했다. 하지만 아직까지는 이 프로그램들이 규모에 맞게 작동하고 있는지를 보여주는 증거는 거의 없다. 많은 기업은 기존 노동자를 유지하기보다 신규 고용을 수월히 여긴다. 게다가 데이터 과학처럼 수요가 높은 기술은 전문 지식이므로 6주간의 세미나로 가르칠 수 없다. 2019년 다보스포럼의 보고에 따르면 향후 10년 안에 자동화로 완전히 대체될 노동자 중 민간 프로그램으로 리스킬링에 성공할 사람은 4명 중 단 1명

으로 추산된다.[93]

개인적으로 나는 민간 부문이 자신들이 일조해 생겨나는 문제에서 우리를 구해주리라 생각지 않는다. 이보다는 코로나19 팬데믹 기간에 연방 정부가 나서서 긴급 현금을 지원했던 것처럼 보편적 기본 소득 계획을 실행하면서 전 국민 건강 보험과 노동자를 위한 관대한 실업 수당을 지원하는 편이 낫다고 본다.

어떤 방법을 따르든 자동화에 따른 경제적 고통을 해결하는 데는 **모든** 공동 활동이 현행 방법보다 낫다. 현재 미국 연방 수준에서 기울이는 해법은 기본적으로 아무 효과가 없다.

기술이 다시 사람들을 뭉치게 해줄까?

넓은 그물망에 더해 기술 변화의 시대에 우리가 서로를 지원하기 위해 만들 수 있는 소소한 거미줄도 생각해봐야 한다. 대대적인 경제적, 정책적 변화가 없는 상황이라면 이 일의 상당 부분을 우리 손으로 해내야 하기 때문이다.

코로나19 위기에 대한 우리의 대응을 유용한 지침으로 삼을 수 있다. 팬데믹이 강타하자 주 정부와 지방 정부는 트럼프 행정부의 부적절한 대응을 메우기 위해 자체 데이터를 수집하고 프로토콜을 수립하며 공급망을 구축했다. 지역 사회에서는 자원을 공유하는 상호 원조 네트워크를 형성했다. 가난한 취약 계층을 위해 식료품 배급을 비롯한 각종 지원에 나서 경제적으로 힘든 시기에 서로 도왔다. 식량 은행, 노동자 구제 기금, 소상공인을 위한 모금 운동에도 기부금이 쏟아졌다. 사람들은 의료진에게 남는 방을 빌려주었고 작업장을 꾸려 마스크를 만들었다.

여기에 양심적인 기업들도 나서서 그들 나름의 소소한 거미줄을 형성하기 시작했다. 팬데믹으로 가장 큰 타격을 입은 실리콘밸리 기업 중 하나인 에어비앤비는 유례없는 매출 감소로 직원의 4분의 1을 해고할 수밖에 없었다.[94] 에어비앤비는 이들에게 넉넉한 퇴직금을 제공하는 한편, '동료 인재 명부'를 만들고 해고 직원의 프로필과 작업 샘플을 게시해 새 일자리를 찾도록 도왔다(어차피 채용을 많이 할 수도 없었기에 사내 채용 부서를 재취업 알선 회사처럼 만들어 운영했다). 액센츄어, 버라이즌, 링컨 파이낸셜 그룹, 서비스나우의 임원들은 팀을 이루어 채용을 원하는 고용주와 해고 노동자 사이를 연결해주는 플랫폼을 구축해 수백 개 기업의 참여를 이끌어냈다.[95]

해고 노동자에게 새 일자리를 찾아주는 것 외에 소소한 거미줄이 할 수 있는 일은 또 있다. 이 네트워크들은 심리적으로도 도움이 된다. 예컨대 종교 모임이나 그룹 명상도 경제적 혼란 속에서 평정심과 목적의식을 제공하는 소소한 거미줄이다. 지역 학교에서 자원봉사하기, 독서 모임 참여하기, 심지어 새 친구 만들기처럼 단순한 일도 변화의 시기에 회복력을 기르는 소소한 거미줄 활동이라고 할 수 있다.

소소한 거미줄은 우리에게 유리한 방식으로 신기술을 사용하는 방법을 알려주고 일상을 향상시킬 새 도구의 등장을 축하할 기회도 준다.

내가 좋아하는 소소한 거미줄 이야기 중 하나는 농촌전력화사업
청 Rural Electrification Administration(1930년대 루스벨트 행정부에서 미국 시골
지역에 전력을 공급하고자 창설한 뉴딜 기관)의 사례다. 당시 농촌전력화
사업청에서는 새 도시에 처음으로 전력을 공급할 때마다 지역 사회
단위의 기념식을 거행했다. 시골 지역 사회에 전기가 들어온다는 것
은 삶을 바꿔놓을 만한 임청난 사건이었다. 전기가 들어오자 농부들
은 중노동을 피하면서도 몇 시간씩 더 농사에 심혈을 기울여 전보다
큰 소출을 낼 수 있었다.

역사학자 데이비드 나이에 따르면 이러한 기념식은 종종 활기 넘
치는 공동체 파티로 변모했다.[96] 지역 정치인들이 나와 연설도 하고
석유램프를 땅에 묻는 '장례식'을 통해 낡은 기술의 죽음과 신기술
의 도래를 상징하는 의식도 거행했다고 한다. 1938년 켄터키에서
열린 행사에서는 설교자가 석유램프의 '관棺' 앞에서 추도 연설을 하
는 동안 지역 보이스카우트 학생들이 소등나팔을 연주했다.

오늘날 신기술이 생생한 환영을 받는 경우는 드물다. 하지만 이렇
게 지역 공동체가 모여 함께 축하하는 기분을 느끼며 신기술의 영향
을 논의하고 발견하고자 노력할 수는 있다. 5G 개통을 축하하는 의
미로 지역 상공회의소가 후원하는 블록 파티 block party(특정 블록의 차
량통행을 막고 거리에서 벌이는 축제-옮긴이)를 여는 광경도 상상해볼
수 있다. 또는 '인공지능 박람회'를 열어 최신 의료 로봇, 자율 주행
차, 기계 학습 프로그램 등 지역 내 회사들이 사용하는 기기를 가정
에서 직접 사용해보는 기회도 만들 수 있다.

한때 기술이 사람들을 한데 뭉쳐주었다는 사실을 우리는 쉽게 잊는다. 하지만 다시 그렇게 할 수 있다. 지금의 기술 기업들이 분열을 확대하고 불평등을 심화하는 기술 설계를 멈추고 자신들의 시민적 책임을 받아들이기 시작한다면 말이다.

하지만 그때까지 기다릴 필요는 없다. 한 사회로서 우리는 넓은 그물망을 더 많이 만들어 기술 변화로 인해 균형을 잃고 넘어진 사람들을 도울 수 있다. 개인으로서는 소소한 거미줄을 촘촘하게 만듦으로써 문 앞에 변화가 들이닥칠 때를 준비할 수 있다.

기계 시대에 걸맞은
인간다움을 길러라

"요즘에는 사람들에게 기계가 할 일을 가르치고 있습니다.
그래선 안 됩니다. 사람들은 인간 고유의 능력을 훈련해야 합니다."

– 폴 도허티, 액센츄어 최고 기술혁신 책임자

　내가 인공지능과 자동화를 다루기 시작하자 수많은 사람이 초조하게 미래를 내다보며 자녀들에게 어떤 과목을 가르치면 좋을지 물었다. 나는 오랫동안 적당한 답을 주지 못했다. 앞에서 이야기한 대응력과 사회성, 희소성을 갖춘 인간다움이 미래에 가장 가치 있는 기술임은 자신했지만, 이를 기르는 데 학교에서 배우는 전통적 의미의 인문학 과목이면 충분할지는 확신할 수 없었기 때문이다. 평범한 인류학 전공생이 평범한 공학 전공생보다 사회성이 높을까? 베이지안 통계를 배우기보다 고대 서사시 《베오울프》를 읽으면 뜻밖의 상황에 대한 대응력과 재능의 희소성을 계발하는 데 더 효과적일까?

21세기에 맞는 교육 체계를 세우겠다며 맞춤형 커리큘럼과 대규모 공개 온라인 강좌인 무크^{MOOC}, 성인을 위한 '평생 교육' 프로그램 등 다양한 아이디어가 시도되었다. 하지만 이 중 적절히 시도된 예는 거의 없었다. 하나같이 교육 **방법**만 다룰 뿐 **무엇**을 가르칠지에 관한 물음은 그대로 남겨두었다. 이 프로그램들은 전부 현행 교육 모델을 개혁하는 데만 신경을 쓰다 보니 놓치는 것이 많다. 학급 규모를 조정하고 교육 방법을 최신화하고 일부 과목은 강조하는 한편 일부 과목은 중요도를 낮추 등 형식에만 집중했다.

최근 나는 미래에 꼭 필요하다고 생각하는 나만의 기술 목록을 만들고 '기계 시대의 인간다움$^{machine-age\ humanities}$'이라 부르고 있다. 엄밀히 말하자면 기술적 재능도 아니고 철학이나 러시아 문학 같은 고전 인문학 분야도 아니기 때문이다. 대신 이 기술들은 아동에서 성인까지 모든 사람이 기계와 견주어 자신의 장점을 극대화하는 데 도움이 되는 실용적인 것들이다.

주의력을 회복하면 긍정적 정체성이 생긴다

'감성지능'이라는 용어를 널리 알린 심리학자 대니얼 골먼은 자신의 주의력을 다스리는 집중력이 미래의 핵심 기술이라고 본다.[97] 그는 외부 요소에 방해받지 않고 집중하는 능력이야말로 기술 변화로 인한 온갖 부침에 대처하고 시시각각 변하는 미래를 헤쳐 나아가는 데 유용할 것이라고 하면서 다음과 같이 말했다. "집중력이 뛰어난 사람들은 비교적 감정적으로 덜 동요하므로 위기 상황에서 더 차분하며 감정의 파도 속에서도 침착하게 머물 수 있다."

나는 '집중력'보다 '주의력 지키기'라는 말을 선호한다. 오늘날 대다수 사람이 방해 요소에 맞설 때면 주의를 앗아가는 다양한 외부 세력(소셜 미디어 앱, 뉴스 속보 알림, 밀려드는 문자와 메일)의 공격으로부터 주의력을 지키려 하기 때문이다.

주의력을 잘 지켜주는 전통적 방법들이 있다. 하나는 명상이다. 여러 연구에 따르면 8분 정도 짧게 진행하는 명상으로도 마음이 내달리는 것을 줄일 수 있다.[98] 호흡 훈련, 자연 속에서 걷기, 기도 등도 유익하다. 내게는 독서가 주의력을 지켜주는 최고의 의식이다. 휴대전화를 멀리 떨어뜨려 놓고 자리에 앉아 장시간 종이책을 읽는다. 하지만 오늘날에는 우리의 주의를 흩뜨리려고 어마어마한 구상과 돈이 투여되고 있으므로 다양한 연구를 참고해 주의력을 지킬 방법을 마련해야 한다.

대개 주의력 수호는 생산성 강화로 인식된다. 방해가 줄면 더 많은 일을 완수할 수 있다고 본다. 하지만 주의를 흩뜨리는 세력으로부터 자신의 주의력을 지키려는 이유에는 경제와 관계없는 것도 있다. 집중된 상태를 유지하면 새로운 기술을 익히고 다른 사람들과 소통할 수 있다. 이는 우리 자신을 알아가고 기계의 영향에도 견딜 수 있는 긍정적 정체성을 확립하는 길이다. 역사학자이자 저술가인 유발 하라리는 이렇게 주장했다. "알고리즘이 우리보다 우리 내부에서 일어나는 것을 더 잘 이해하면 자연히 권위는 그리로 이동할 것이다."[99]

상황을 읽어내는 능력이 중요해진다

얼마 전 미국의 구직 사이트 인디드의 수석 경제학자 제드 콜코의 강연을 들으러 갔다. 그는 미래에 대한 잘 준비된 집단에 관해 뜻밖의 예측을 내놓았다. 콜코에 따르면 자신의 정체를 숨겨온 성소수자는 인공지능과 자동화 시대에 특히 잘 살아갈지도 모른다고 한다. 이들 중 다수는 높은 감성지능이 필요한 미묘한 사회적 수완이 발달되어 있어서다. 콜코는 이렇게 말했다. "옷장 속에 숨어 있듯 진실을 감춘 사람들이 기르는 능력, 즉 자신이 처한 상황을 읽어내는 능력은 기술 목록에 올라갈 정도는 아니나 실제로는 온갖 종류의 일터에서 가치 있는 기술입니다."

나는 콜코의 예측에서 한 걸음 더 나가 백인 남성이 좌우하는 직장에서 어쩔 수 없이 자기 행동을 조절해야 하는 여성과 소수 인종도 미래에 좋은 입지를 차지하리라 생각한다. 공격적인 사람이라는 인상을 주지 않기 위해 여성 임원이 부드러운 어조로 말하거나 집단을 대표하는 흑인 직원이 아프리카계 미국인 특유의 억양을 감추는 본능은 높은 수준의 사회적 인지가 필요한 분야에서 한발 앞서게 만들 수 있다.

물론 여성과 소수 인종이 자신을 표현하는 데 이렇게 조심할 필요가 없게 더 평등한 사회를 이루는 것이 훨씬 바람직하다. 하지만 기계 시대는 타인의 편견을 빨리 파악하는 사람들에게 희망의 전조가 될 수 있다.

태도를 바꿔 주변 상황을 파악해야 할 부담이 없는 사람들은 다른 방법으로라도 이 기술을 길러야 한다. 분명 미래에는 필요한 기술일 테니 말이다.

잘 쉬는 것이 필수 생존 기술

인스타그램에서 재미있게 지켜보는 계정 하나가 있는데 'The Nap Ministry'(낮잠 사역)이다. 이 계정을 운영하는 트리샤 허시는 조지아주 애틀랜타에 거주하는 흑인 행위예술가이자 시인이다.[100] 허시는 '흑인의 삶도 중요하다 Black Lives Matter'라는 운동이 처음 싹틀 당시 신학생이었다. 학교 공부도 힘든데 흑인에게 잔인한 행동을 저지르는 경찰들의 동영상까지 널리 유포되자 허시는 몹시 지쳤다. 견디다 못한 허시는 매일 낮잠을 자기로 했다. 낮잠이 정신 건강에 미치는 영향을 관찰한 후 그녀는 자신을 '낮잠 주교'라 칭하고 '낮잠 사역'이라는 계정을 열었다. 다른 사람들, 특히 정서적으로 지쳐 있는 흑인들에게 변화를 일으키는 낮잠의 잠재력을 알리고 싶었기 때문이다. 허시는 한 인터뷰에서 이렇게 말했다. "쉼은 생산성을 높여줍니다. 쉬고 있으면 능률이 생기거든요. 저는 쉼의 의미를 새롭게 규정하려고 노력하고 있습니다. '무언가를 하고' 있지 않으면 가치가 없다는 고전적 관념을 깨뜨리려는 거죠."

허시는 낮잠을 자고 여유를 찾는 것이 단순한 자기 돌봄 이상이라고 믿는다. 이는 백인 우월주의와 자본주의의 압박을 향한 저항 행위이자 허슬 문화로부터 흑인의 존재감을 되찾으려는 움직임이다.

허시의 인스타그램 계정은 "쉼은 해방을 연습하는 것이다", "당신은 기계가 아니다. 맷돌을 멈춰라" 등 고무적인 문장들로 가득하다.

나는 허시가 펼치고 있는 운동의 대상은 아니지만 우리 몸의 휴식을 재규정하는 것을 사회 정의의 문제로 여기는 데 깊이 공감한다. 나아가 이는 억압에 저항하고 더 평등한 미래를 위해 싸우는 데 에너지가 필요한 이들에게 꼭 필요한 기술이라고 생각한다.

대개 유아기가 지나면 낮잠 시간을 교육의 일부로 넣지 않는다. 하지만 두뇌 회전을 멈추고 몸을 재충전하는 쉼은 나이와 관계없이 모든 사람에게 더더욱 유용한 기술이다. 쉼은 번아웃과 과로를 예방해준다. 한 걸음 물러나 더 큰 그림을 보게 하며 생산성을 최고로 여기는 쳇바퀴에서 잠시 빠져나와 가장 인간다운 자신과 다시 만나게 한다. 나를 포함한 많은 사람에게 낮잠과 같은 회복 과정은 도움이 될 수 있다.

제조업을 중심으로 한 구경제 체제에서는 주로 육체적 노동으로 개인의 가치를 재단했던 까닭에 한낮의 쉼은 제멋대로 행동하는 일종의 사치라고 간주했다. 하지만 창의적이고 인간다운 기술을 통해 기계와의 차별성을 얻는 신경제 체제에서는 발상을 전환해 쉼을 필수 생존 기술로 여겨야 한다. 과학 또한 온갖 인간다운 기능과 쉼의 연관 관계를 분명히 보여준다. 미국 월터리드 육군연구소를 비롯한 일류 연구소의 신경 과학자들이 한 여러 연구에 따르면 만성적 수면 박탈이 도덕적 판단을 저해하고[101] 감성지능을 낮추며[102] 상호 의사소통 기술을 망가뜨린다.[103] 신체 건강에 끼치는 위험은 말할 것도 없다.

낮잠 기술을 기르는 것과 더불어 번아웃과 과로를 누그러뜨릴 더 광범위한 조직적 변화도 추진해야 한다. 이미 몇몇 국가는 이를 실천하고 있다. 2019년 일본은 연장 근로 시간을 한 달에 45시간으로 제한하고 이를 어기는 기업은 재정적으로 처벌하는 법을 마련했다.[104] 2017년부터 프랑스는 '퇴근 후 연락 금지법'을 시행하고 있어 오후 6시 이후로는 메일 등으로 업무 지시를 내릴 수 없다.[105] 미국에서는 필수 휴가 정책을 시행해 주말에는 사내 메일을 모두 차단하는 회사들도 생겨났다.

몇몇 학교들도 학생들에게 쉼의 가치를 가르치는 실험에 나섰다. 하버드 대학에서는 입학을 앞둔 신입생이 캠퍼스에 발을 들이기도 전에 '수면 입문'이라는 온라인 강좌를 시청하게 하고 있다.[106] 이는 선도적인 수면 연구자 찰스 체이슬러의 유명 세미나를 적용한 것이다. 브라운 대학, 스탠퍼드 대학, 뉴욕 대학 역시 수면 연구에 관한 자체 선택 과목을 개설하고 있다.

유명 대학의 학생들만 들어야 하는 수업이 아니다. 자동화된 미래에서는 인간이 획기적 발전과 영감에서 얻은 번득이는 아이디어, 정서적 소질을 통해 이바지할 가능성이 커지므로 잘 쉬는 것은 날로 중요해질 것이다.

디지털 분별력은 인간만이 가진 초능력

소셜 미디어를 다루는 기술 칼럼니스트로서 지난 몇 년간 허위 정보와 음모론을 취재했다. 그 과정에서 최근 매우 똑똑하다는 사람들조차 진실과 거짓을 분별하는 데 애를 먹고 있다는 사실을 발견했다. 분명 당신도 그럴 것이다.

이따금 벌어지는 일이 아니다. 수십억 명이 페이스북, 트위터, 유튜브 등의 소셜 네트워크를 통해 뉴스와 정보를 접하는데, 이들 모두는 진실 여부와 관계없이 참여하는 사람에게 정보를 보상으로 제공하는 알고리즘을 이용한다. 이들 플랫폼은 최대한 자연스럽게 작성된 게시물처럼 보이는 광고를 설계한다. 따라서 사용자가 자신의 피드에서 빠르게 화면을 훑어 내려 보면 광고와 광고가 아닌 것을 구분할 수 없다. 드문 일이기는 하지만 플랫폼들이 맹렬한 안티 백신 단체의 게시물 옆에 백신 안전성을 다룬 세계보건기구의 페이지 링크를 다는 식으로 관련 사실을 검증해주어도 소용이 없다. 이런 광고들은 사용자들이 주요 당국을 속속들이 불신하게 만들어 사실 확인 자체가 더 많은 음모론의 먹잇감이 되게 한다.

나는 '미디어 문해력media literacy'이라는 말을 별로 좋아하지 않는다. 이는 올바른 방법을 통해 뉴스와 정보 출처를 종합하고 해석하는 방법을 배울 수 있다는 의미인데, 사실 많은 뉴스와 정보 출처가 상충하며 때로는 사용자와 여론을 조작하려는 미디어 해커가 의도적으로 이를 만들어내기도 한다.

그래서 나는 '디지털 분별력digital discernment'이란 말을 선호한다. 이 단어는 혼란스럽고 갈피를 잡기 어려운 온라인 정보 생태계를 헤쳐가려면 평생 꾸준히 배워야 한다는 뜻을 내포한다. 끊임없이 변하는 기술에 발맞춰 미디어를 조작하는 이들도 새로운 도구와 플랫폼에 적응하기 때문이다.

디지털 분별력의 부족은 점점 심각한 사회 문제가 되고 있다. 2015년 스탠퍼드 대학의 연구자들은 '시민 온라인 추론'이라는 연구를 통해 중학생, 고등학생, 대학생 7,000여 명을 대상으로 기본적인 정보 문해력을 테스트했다.[107] 우선 참가자들은 은행이 후원하고 해당 회사 임원이 작성한 금융 계획에 관한 기사(사실상 광고)를 보고 출처가 객관적이고 믿을 만한지 답해야 했다. 또 다른 테스트에서는 비슷해 보이는 페이스북 게시물 2개를 제시했다. 하나는 폭스 뉴스 공식 계정의 페이지였고 다른 하나는 가짜로 만든 폭스 뉴스 페이지였는데, 둘 중 어떤 것이 진짜인지 참가자들에게 고르게 했다. 연구 결과는 충격적일 만큼 나빴다. 참가자의 80% 이상이 후원 광고를 실제 기사로 오해했다. 또 가짜 폭스 뉴스 페이지를 진짜보다 더 믿을 만하다고 답한 참가자는 30% 이상이었다. 연구자들은 모든 수준, 모든 상황에서 학생들의 준비 상태가 부족하다는 것을 보고 깜짝 놀랐다고 했다.

디지털 분별력 문제는 젊은 층에서만 나타나지 않는다. 실제로 한 연구에 따르면 2016년 미국 대선 기간에 65세 이상인 사람들은 그보다 젊은 사람들보다 인터넷에 올라온 허위 정보를 공유할 확률이 7배나 높았다.[108] 잘못된 인터넷 정보의 실상을 폭로하는 일은 지금도 어렵지만 앞으로는 더더욱 어려워질 것이다. 기계 학습 기반의 알고리즘이 생성하는 문자와 생생한 대화형 인공지능, 딥페이크 동영상 등이 점점 늘어나고 있기 때문이다.

디지털 분별력을 지켜줄 완벽한 해법은 없으나 일부 진전을 이룬 연구도 있다. 2018년 비영리 기관 데이터 앤 소사이어티 Data & Society 가 내놓은 보고서에서 모니카 벌저와 패트릭 데이비슨은 미디어 정보 문해력 프로그램들에 일부 제한점은 있으나 몇몇 유형은 효과를 발휘할 수 있다고 주장했다.[109] 두 사람은 '#CharlottesvilleCurriculum'이라는 해시태그를 예로 들었다. 이 해시태그는 2017년 버지니아주 샬롯스빌에서 백인 민족주의자들이 벌인 치명적인 '우파 단결 Unite the Right' 행진 이후 트위터에서 널리 공유되었다. 이 행진으로 인해 정치적으로 매우 편향된 허위 정보가 쏟아지자 교육자들과 반명예훼손연맹 Anti-Defamation League, ADL 등의 단체들이 이 해시태그를 사용해 인종, 편견, 관용에 관해 교실에서 건설적인 대화를 나누자는 내용을 공유했다.

이는 좋은 출발점이다. 하지만 애초에 허위 정보에 속지 않게 할 뿐더러 음모론을 믿게 되었거나 온갖 날조에 걸려 넘어진 사람들을 다시 현실로 돌아오게 할 실질적 효과가 따라야 한다. 어떤 종류의 개입이 실질적인 효과를 발휘할지 보여줄 더 많은 연구가 절실하다. 이렇게 인식론적 측면에서 앞뒤가 뒤바뀐 혼란스러운 환경에서 진실과 거짓을 구분하는 일은 인간의 초능력이 될 것이다. 디지털 분별력을 통해 사람들은 더 효과적으로 정보를 걸러내고 날조된 정보나 사기에 속지 않으며 현대 정보 전쟁의 안갯속에서 대상을 명확히 꿰뚫어 보게 될 것이다.

아날로그 윤리 교육으로 사회적, 정서적 기술을 높여라

인공지능 스타트업에 투자하는 벤처 자본가 프랭크 천Frank Chen은 미래에 어떤 기술이 유망할지 묻는 사람들에게 색다른 책을 추천한다. 바로 1986년 로버트 풀검 목사가 쓴《내가 정말 알아야 할 모든 것은 유치원에서 배웠다》이다. 이 책은 '모든 것을 나눠라', '정정당당하게 승부해라', '자기 뒷자리는 스스로 치워라' 같은 단순한 삶의 지혜를 가득 담고 있다.

천은 상대방을 잘 대하기, 윤리적이며 친사회적으로 행동하기 등 '아날로그 윤리'라고 부름직한 초보적이고 원시적인 기술이 대인 관계 능력에 가치를 부여하는 시대에 꼭 필요하다고 믿는다.[110] 그는 다음과 같이 썼다.

> 실용적 기술 노하우를 쌓는 일이 중요하다는 것은 알고 있으나 풀검 목사의 의견에 동의하는 부분도 있다. 즉 기계 학습이 움직이는 미래에 인간과 알고리즘이 더 바람직한 모습으로 공존하기 위해 사람들을 완벽하게 준비시켜줄 발판은 감성지능과 연민, 상상력과 창의력이다. 환자를 대하는 훌륭한 태도를 갖춘 의사나 고객의 실질적 문제를 해결해주는 영업 사원, 의뢰인이 위기에 빠졌을 때 진심으로 공감하는 위기 카운슬러처럼 말이다.

아날로그 윤리 교육의 효과는 연구에서도 드러났다. 2015년 한 연구에서 유아기부터 청년기까지의 아동들을 추적 조사해보니 탄탄한 친사회적, 비인지(긍정, 공감, 자기 감정 조절) 능력을 쌓은 사람들은 성인이 되어 성공할 확률이 더 높았다.[111] 2017년 또 다른 연구에서도 '사회-정서적' 학습 프로그램에 참여한 아동들은 인종, 사회경제적 지위, 학교 위치 등의 변인을 모두 통제한 상황에서도 대학을 졸업할 확률이 더 높았고, 성인이 되어 범죄를 저지르거나 정신질환에 걸릴 확률은 더 낮았다.[112]

물론 어릴 때 공유하기, 정정당당하게 승부하기, 사과하기 같은 기본적인 기술을 빠짐없이 배운다. 그런데도 오늘날 많은 학교에서 친절한 태도를 함양하기 위한 프로그램을 공공연히 기획하고 있다. 위스콘신 대학 매디슨 캠퍼스의 '건강한 정신 연구소 Center for Healthy Minds'에서 개발한 친절 커리큘럼 Kindness Curriculum 은 미취학 아동들이 자신과 타인의 감정을 이해하는 데 유용한 기본적 마음챙김 기술을 익히도록 도와준다. 캐나다 출신 교육자 메리 고든이 개발한 프로그램 '공감의 뿌리 Roots of Empathy'는 미국, 한국, 독일을 비롯한 세계 14개국의 학교에서 도입하고 있다.

연령이 높은 학생들도 아날로그 윤리를 다시 짚어보고 있다. 한 예로 스탠퍼드 대학 학생들은 이타적 행동의 심리학을 다루는 '더 친절해지기 Becoming Kinder' 세미나를 들을 수 있다. 뉴욕 대학 학부 과정에 개설된 '실제 세계 The Real World'라는 과목은 문제 해결 모의 연습을 통해 학생들에게 미래에 꼭 갖춰야 할 능력(변화에 대처하는 능력)을 가르친다. 듀크, 피츠버그 등 유수 의과 대학의 종양학 연구원들은 암 환자와 나눠야 하는 힘든 대화에 어떻게 임할지 가르치는 '온코토크 Oncotalk' 과정에 등록할 수 있다.

이 모든 노력이 좋은 출발점이 되고 있다. 앞으로 더 많은 아날로 그 윤리 교육이 필요하다. 개인의 삶을 향상할 뿐 아니라 사회적, 정서적 기술이 가장 소중한 자산으로 여겨질 미래를 든든히 대비하는 길이기 때문이다.

결과를 내다보는 통찰력이 절실하다

인공지능과 기계 학습이 사회 곳곳에 뿌리내릴 때 어떤 여파를 미칠지 생각하고 파악하는 기술도 미래에 가장 가치 있는 기술 중 하나가 될 것이다. 우리는 이미 페이스북, 유튜브 등의 거대한 인공지능 시스템이 불러온 뜻밖의 결과를 알고 있다. 공학자와 기업 임원들은 자신들이 설계한 이 시스템이 오용되고 악용되고 낭비되는 형태를 제대로 깨닫지 못한다는 사실도 알고 있다. 이 시스템 대다수는 일부러 해를 끼치도록 설계되지 않았을 것이다. 이를 기획하고 설계한 사람들은 좋은 의도가 좋은 결과물보다 중요하다고 생각한 이상주의자였을지도 모른다.

이러한 맹점과 함께 실수를 바로잡으려고 회사들이 쏟아부어야 했던 수십억 달러의 비용으로 인해 오늘날에는 **사전에** 기술 시스템의 허점을 포착할 줄 아는 사람들이 점점 더 절실해지고 있다. 구글이나 페이스북 등과 같은 빅테크들은 법 집행, 사이버 보안, 공공 정책 분야에 관한 배경 지식을 가지고 현실 세계의 경험과 더불어 신제품을 분석하고 이들이 초래할 모든 잠재적 위험과 해악을 제대로 내다볼 줄 아는 사람들을 고용하고 있다.

미래에는 이런 상상력을 갖춘 사람들이 훨씬 더 많이 필요해질 테지만 전부 공학자일 필요는 없다. 인간의 심리를 잘 이해하거나 위험과 확률에 정통한 사람이 적임자일 수도 있다. 트위터 CEO 잭 도시는 트위터 초창기에 게임 이론가와 행동 경제학자를 고용하지 않았던 것을 후회한다며 그들이 있었다면 말썽꾼들이 트위터 시스템을 어떻게 남용할지 예측하고 대비하는 데 유용했을 것이라고 했다.[113]

인공지능이 점점 더 많은 업계에 스며들어 더 많은 오류를 만들어내는 까닭에 앞으로 결과를 내다보는 통찰력은 다른 분야에서도 유용할 것이다. 의사와 간호사들은 영상 진단 기기의 장단점을 파악해 잘못된 판독이 나올 경우를 예측할 수 있어야 한다. 변호사들은 법정과 법 집행 기관에서 사용하는 알고리즘을 속속들이 들여다보고 의사 결정의 편향성을 알아낼 수 있어야 한다. 인권 운동가들은 얼굴 인식 인공지능과 같은 기술들이 취약층을 겨냥하거나 감시하는 데 사용되지는 않는지 파악할 수 있어야 한다.

결과를 내다보는 통찰력을 함양하는 방법은 STEM 과목 일부로 공식화하거나 직업적 통과 의례로 만드는 것이다. 캐나다의 공과 대학 졸업생들은 1920년대부터 행해온 '엔지니어의 소명 예식 Ritual of the Calling of an Engineer'이라는 기념식에 참여해야 한다.[114] 의식이 거행되는 동안 각 졸업생이 새끼손가락에 끼는 철제 반지, 아이언 링은 공익을 위해 봉사해야 한다는 책임감을 일깨워주는 징표다. 이어서 낭독하는 서약문은 "앞으로 작업자의 실수나 결함이 있는 재료로 인한 고통을 그냥 지나치거나 그 과정에 내밀히 관여하지 않겠다"
라는 내용으로 시작한다.

페이스북과 유튜브의 소프트웨어 엔지니어들이 기능을 처음 출
시하거나 신경망을 훈련하기 전에 이와 비슷한 예식을 진행한다고
상상해보자. 그러면 사회의 모든 문제가 해결될까? 물론 아니다. 하
지만 이로써 엔지니어들은 분명 자기 작업의 중대성을 인지하고 사
용자들의 취약성에 유의하게 될 것이다.

법칙 9.

반란자들
무장시켜라

"우리는 모두 두려워한다. 자신에 대해, 미래에 대해, 세계에 대해.
그것이 인간적 상상력의 본질이다. 그러나 모든 인간과 모든 문명은
스스로가 하겠다고 작정한 책임 때문에 계속 전진해왔다."

– 제이콥 브로노우스키

약 2세기 전 세상에 염증이 난 27세의 한 청년이 기술을 잠시 끊
어보기로 했다. 그는 미국 산업혁명의 진원지인 매사추세츠주 콩코
드 출신이었다. 가족이 잘나가는 연필 공장을 소유하고 있던 터라
안락한 생활을 누릴 수 있었다. 하지만 공장 생활은 그에게 맞지 않
았다. 대학 졸업 후 그는 초월주의에 푹 빠졌다. 초월주의란 현대화
에 환멸을 느낀 뉴잉글랜드의 작가와 철학자들이 일으킨 새로운 운
동이었다. 이들은 현대화가 인간성을 말살하고 사람들을 개성 없는
순응주의자로 바꿔놓는다고 믿었다.

결국 청년은 산업화된 세계를 뒤로하기로 마음먹었다. 호숫가의
작은 땅뙈기에 뼈대만 올린 작은 집을 짓고 가진 것을 다 버리고는

그곳에 가서 살았다.

바로 헨리 소로 이야기다. 소로는 호숫가로 떠난 여행을 《월든》에 고스란히 담아냈다. 미국의 여러 세대가 이 책을 읽고 기술 진보의 대가를 달리 보게 되었다. 《월든》은 소로가 묘사한 자연과 단순한 삶에 관한 묵상으로 유명해졌다. 하지만 소로는 이 책에서 기술에 반기를 들고 통렬한 비판을 쏟아내기도 했다. 소로는 명백히 기술을 혐오했다. 전신電信과 같은 새 기기를 둘러싼 과대 선전에 분개했다. 그가 보기에 이런 기기는 인간이 진정한 목적을 추구하지 못하게 만드는 훼방꾼에 지나지 않았다.

소로는 1854년에 이렇게 기록했다.[115] "우리는 메인주에서 텍사스주를 잇는 전신을 가설하려고 무척 서두르고 있다. 그러나 메인과 텍사스는 서로 통신할 만큼 중요한 일이 없을지도 모른다. … 마치 전신의 주요한 목적이, 빠른 속도로 이야기하자는 것이지 조리 있게 이야기하자는 것이 아니라는 것과 같다."

소로의 이야기는 널리 알려져 있다. 하지만 1845년 7월 4일(공교롭게도 이날은 소로가 월든 호숫가로 거처를 옮긴 날이기도 하다) 사라 배글리Sarah Bagley라는 노동 운동가가 했던 연설이 소로가 쓴 어떤 글보다도 훨씬 직접적으로 기술 진보의 경로를 바꿔놓았다는 사실은 덜 알려져 있다.

매사추세츠주 로웰에 살던 배글리는 '로웰 여성'(로웰의 직조 공장에서 일하는 수많은 젊은 노동 계층 여성)으로 자랐다.[116] 배글리도 소로처럼 산업 사회에 환멸을 느꼈으나 그 이유는 사뭇 달랐다. 배글리는 부유한 제조업자의 자녀가 아니라 노동자로서 공장 생활이 얼마나 열악한지 직접 목격했다. 봉급 삭감과 장시간 노동, 비인간적인 근무 환경을 직접 경험했고 기업가들이 노동자들의 희생으로 배를 불린다는 생각에 격분했다.

배글리는 소로처럼 자연으로 물러나는 대신 노동조합의 조직책이 되었다. 지역 잡지에 노동자를 옹호하는 글을 기고하기 시작했고, 결국 로웰 여성노동개혁협회 Lowell Female Labor Reform Association 라는 노동자 권익 단체를 조직했다. 지역 노동계의 지도자들도 배글리의 노력을 알아보고 그녀에게 매사추세츠주 워번에서 열리는 독립 기념일 노동자 모임에서 강연을 해달라고 부탁했다.

연설할 곳은 가벼운 자리가 아니었다. 약 2,000명이 산업 시대의 불의에 관한 배글리의 연설을 들으려고 야외 풀밭에 모여들었다. 배글리는 공장 소유주들을 가리켜 "느닷없이 나타난 뉴잉글랜드의 귀족"이라며 빈정거렸다.[117] 그녀는 1일 10시간 노동을 비롯해 노동자 보호를 외치며 싸우는 남성 노조에 가입하겠다고 맹세했다. 또한 "우리의 권리를 짓밟는 자들은 반드시 처벌해야 한다"라며 로웰 여성을 옹호했다.

배글리의 강력한 연설은 가혹한 반대 속에 풀 죽어 있던 노동 운동에 새로운 활기를 불어넣었다. 한 지역 신문은 배글리를 가리켜 "뛰어난 재능과 성취를 보여주는 여성"이라고 언급했다. 기사에 따르면 배글리의 연설이 끝나자 "깊이 감명받은 군중이 소리를 높여 일제히 만세를 외쳤다."

21세기 사라 배글리들을 위하여

19세기 역사 한 토막으로 책을 마무리하려고 이 이야기들을 꺼낸 것은 아니다. 이 이야기들은 우리가 기술의 미래를 앞두고 직면한 중요한 선택을 보여주기 때문이다.

오늘날 세계는 여러 면에서 1845년과 많이 닮았다. 새롭고 강력한 기계들이 여러 산업에 혁명을 일으키고 유서 깊은 기관을 뒤흔들며 시민 생활의 뼈대를 바꿔놓았다. 노동자들은 쓸모없는 존재가 될까 봐 걱정하고 부모들은 신기술이 자녀에게 어떤 영향을 끼칠지 우려한다. 고삐 풀린 자본주의는 막대한 부를 창출해냈으나 그렇다고 노동자들의 삶까지 나아지지는 않았다. 인종, 계급, 지리적 특성에 따라 사회 균열은 심해지고 있고 정치인들은 불평등과 기업 부패가 심화될 것이라고 경고한다.

이 난제들 앞에 우리가 택할 방법은 2가지다.

소로의 길을 따를 수 있다. 백기를 들고 기기를 전부 뽑아버리고는 현대화된 생활에서 빠져나와 야생으로 들어가는 것이다. 아니면 사라 배글리가 될 수도 있다. 대화에 참여하고 기술 채택을 좌우하는 권력 구조의 세세한 면면을 파악한 뒤 이를 더 타당하고 공평한 쪽으로 이끄는 것이다.

개인적으로 나는 배글리 쪽을 지지한다. 우리는 단순히 기계에 대항해 싸우기보다는 사람들을 **위해** 싸울 윤리적 의무가 있다. 기술 노동자가 아니라면 인공지능과 자동화를 부의 창출 수단으로만 보지 않고 해방을 가져다주는 힘으로 만들고자 노력하는 윤리적 기술 전문가들에게 지지를 보낼 의무가 있다고 본다.

이 전략은 '반란자들 무장시키기'로 부를 수 있다. 기술적 착취에 대항하려면 반드시 폭력이 수반되어야 한다는 의미가 아니다. 가장 강력한 기술 조직 안에서 윤리와 투명성을 지키고자 싸우는 사람들에게 도구, 데이터, 정서적 지지라는 무기를 제공하는 것이 중요하다고 생각한다.

현실적인 측면에서도 이 전략은 기술 조직을 몽땅 무너뜨리는 것보다 더 효과적이다. 역사를 보아도 더 타당하고 공평한 게 무엇인가 하는 비전도 없이 무작정 기술에 반대하던 사람들은 대체로 싸움에서 지고 말았다. 러다이트는 직조 기계를 망가뜨려 역사책의 한 페이지를 장식했지만 산업화의 효과를 역전시키지는 못했다. 20세기 중반 우주여행 이야기에 콧방귀를 뀌던 사람들은 허공에 대고 불평을 늘어놓았지만 실제로 이 프로젝트에 관여한 사람들은 미국 역사상 가장 큰 기술적 성취로 손꼽히는 일을 일궈냈다. 제대로 인정받지 못했으나 나사의 엔지니어로 근무하며 우주 경쟁에 크게 이바지했던 흑인 여성 캐서린 존슨과 도로시 본, 메리 잭슨도 여기에 포함된다.[118] 이들을 기리기 위해 《히든 피겨스》라는 책이 나왔고 영화로 제작되기도 했다. 인터넷이 처음 등장했을 때 한탄했던 사람들 역시 도덕적으로는 우위를 느끼며 만족했을지 모르지만 이후 수십 년간 몇십억 명의 삶에 영향을 미칠 온라인 공간을 조성하는 데 힘을 보탤 기회는 놓치고 말았다.

나는 오늘날 사라 배글리라 부를 만한 사람들로부터 꾸준히 이메일과 다이렉트 메시지를 받는다. 이들은 주로 페이스북, 아마존, 구글을 비롯한 빅테크에 종사하는 일반 직원으로서 기업이 설계하는 일부 제품과 직장 관행, 나아가 자사 제품을 사용했을 때 뒤따를 유해성을 억제하지 못하는 상황에 대해 알려준다. 이들은 회사 내부의 윤리적 옹호자들이 움직이는 것이 가장 효과적이라고 믿지만 변화를 요구하는 외침에 목소리를 더하며 외부에서 힘써주는 언론인, 연구자, 활동가들의 노력에도 감사한 마음을 가지고 있다.

빅테크 외에도 우리가 지지하고 알아줘야 할 올바른 기술 설계자들이 많다. 이들 중에는 코드 포 어메리카Code for America라는 비영리 단체에서 활동하는 제품 설계자 재즈민 래티머Jazmyn Latimer도 있다.[119] 몇 년 전 래티머는 '내 기록을 지워줘Clear My Record'라는 앱에 관한 아이디어를 생각해냈다. 이 앱은 과거에 범죄를 저질러 유죄 판결을 받았던 사람이 자동 소프트웨어를 사용해 전과 사실을 자기 기록에서 지우도록 해준다. 이 앱은 캘리포니아에서 8,000여 건의 마약 경범죄 경력을 지움으로써 과거에 감옥에 수감되었던 수천 명에게 깨끗한 기록을 안겨주었다.

2016년 업솔브Upsolve라는 비영리 법률 지원 단체를 세운 로한 파불루리Rohan Pavuluri도 좋은 사례다.[120] 23세 하버드 졸업생이 설립한 업솔브는 자동 소프트웨어를 활용해 미국의 저소득 국민이 파산법 제7장에 따른 파산 보호 신청을 내도록 도와준다. 이 절차를 따르면 무거운 변제 의무를 벗고 재정적으로 새로 시작할 기회를 얻는다. 지금까지 업솔브의 서비스 덕분에 수많은 가구가 총 1억 2,000만 달러의 빚을 변제받았다.

인공지능 연구자 조이 부올람위니Joy Buolamwini와 팀닛 게브루Timnit

Gebru는 선도적인 얼굴 인식 알고리즘 3종을 연구한 뒤, 이들 모두가 밝은 피부색의 얼굴을 인식할 때보다 어두운 피부색의 얼굴을 인식할 때 훨씬 정확도가 떨어진다는 것을 밝혀냈다.[121] 이 연구 덕분에 주요 기술 기업들이 자사의 인공지능에 이러한 편향 증거가 없는지 재검토하고 인종적으로 더 다양한 데이터를 사용해 기계 학습 모델을 훈련하겠다는 서약을 내놓았다.

언론 학자이자 MIT 교수인 사샤 코스탄자 촉Sasha Costanza-Chock은 논바이너리nonbinary(남성과 여성 어느 쪽에도 속하지 않는 사람–옮긴이) 트랜스젠더로서 '설계 정의'라는 개념을 장려했다.[122] 이는 제품 설계를 통해 적극적으로 구조적 불의를 깨뜨리고 소외된 사람들의 필요 사항을 중심에 놓으려는 접근 방식이다. 코스탄자 촉은 얼굴 인식 기술을 금지하고 취약한 사람들에게 해를 끼치는 도구 사용에 반대하는 운동을 주도했다. 예를 들어 공항에서 밀리미터파 스캐너를 사용할 때 보안검색 요원은 먼저 탑승객에게 남성인지 여성인지 정하게 하는데 이는 넌바이너리들을 곤혹스럽게 한다.

나는 지난 몇 년간 해마다 "굿 테크 어워즈Good Tech Awards"라는 칼럼을 통해 올바른 기술 설계자들을 소개했다. 자신과 투자자의 지갑만 채우려 하지 않고 대다수 사람에게 유용한 기술을 설계하는 사람들을 위한 인센티브가 필요하다고 생각했기 때문이다. 그 인센티브가 비록 신문 기사에 언급되는 등의 소소한 인정일지라도 말이다.

오늘날 기술 지형을 조성하기 위해 싸우는 우리에게는 대다수의 인공지능과 자동화로 설 자리가 좁아져가는 사람들을 위해 싸워야 할 특별한 의무가 있다고 생각한다. 역사적으로 소외되어온 여러 공동체와 안전망으로 여길 만한 것이 마땅히 없는 사람들을 생각해야 한다.

인공지능에 관한 논의를 너무 먼 미래로 미뤄두려는 충동도 뿌리쳐야 한다. 나는 진화생물학자 스튜어트 카우프만의 '인접 가능성 adjacent possible '[123]이라는 용어를 좋아한다. 인접 가능성은 생물학적 유기체가 완만하고 점진적인 단계들 속에서 진화하는 방식을 일컫는다.

인접 가능성은 우리를 공상 과학 세계에서 끄집어내 더 현실적인 목표로 초점을 좁히도록 도와주므로 기술 세계에 유용한 개념이다. 로봇들이 인간 노동을 빈틈없이 모두 수행하는 덕분에 우리 인간은 온종일 자유롭게 예술 작품을 만들거나 비디오게임을 즐기는 세상이란 인접 가능한 영역에 들어가지 않을 것이다. 하지만 기계 지능을 활용해 탄소 배출량을 줄이고 희귀 질환의 치료법을 찾아내며 저소득층을 위한 정부 서비스를 향상하는 세상은 충분히 인접 가능한 영역이다. 인접 가능성을 탐색하고 최상의 버전을 추구하는 것은 기술을 사랑하나 그 활용법은 두려워하는 우리에게 달려 있다.

너무 실망하지 않는 것도 중요하다. 우리의 모든 걱정에도 불구하고 인공지능과 자동화는 올바르게 사용하기만 한다면 인류에게 **믿을 수 없을 정도로 좋은** 도구가 될 수 있음을 기억해야 한다. 인공지능으로 가득한 세상에는 인간의 창의력과 의미 있는 일, 탄탄한 커뮤니티도 가득할 수 있다. 역사적으로 볼 때 기술적 충격이 일어난 뒤에는 비록 시간이 걸리더라도 사회적 진보가 뒤따랐다는 사실을 기억해야 한다.

산업혁명 기간의 노동자 불안은 노동 개혁으로 이어졌고 뒤이어 노동자를 위한 첫 번째 제도적 보호 장치도 마련되었다. 20세기 중반에는 자동화에 대한 우려 속에 노동조합의 힘이 확대되어 중산층이 탄탄해졌다. 21세기의 첫 10년간 '긱 이코노미'가 부상하자 계약 노동자를 착취로부터 보호할 조직적이고 에너지 넘치는 파도가 일찌감치 나타났다.

분명히 말해두건대 모든 기기를 뽑아버리고 산속으로 도피하길 원하는 사람을 비판할 마음은 없다. 기술을 적당한 위치에 둠으로써 균형 잡힌 생활 방식을 채택하는 것도 반대하지 않는다. 하지만 기술적 금욕은 문제 해결의 열쇠가 아니다. 나는 잠재적으로 해로운 시스템을 접해봐야만 그 경로를 바꿀 수 있다고 믿는다.

우리를 분열시키는 인공지능을 쉽게 볼 수 있듯이 반대로 우리를 한데 뭉치게 하는 인공지능도 쉽게 확인할 수 있다. 기술은 우리가 스스로를 연구하게 다그쳐 그 장점과 한계를 파악하게 한다. 기계보다 한발 앞서기 위해 우리가 참신하고 창의적인 방식을 떠올린다는 점에서 기계는 회복력과 창의력을 일깨우기도 한다. 나아가 인공지능과 자동화는 새롭게 나타난 강력한 힘을 동원해 인류 최대의 문제를 함께 해결하도록 도울 수도 있다.

하지만 이 모든 일은 우리가 있어야만 실현된다. 미래는 관중석에 가만히 앉아 지켜보는 스포츠가 아니며, 인공지능은 억만장자와 로봇 설계자들에게만 맡겨두기에는 너무 중요한 문제다. 우리도 이 싸움에 참여해야 한다.

* * *

1846년 2월 21일 사라 배글리는 노동자의 권리를 요구하며 관중을 열광케 한 이후 1년도 되지 않아 또 다른 역사를 써냈다.[124] 전자 전신을 발명해 유명해진 새뮤얼 모스의 동료가 보스턴과 뉴욕을 잇는 새 전신 계획에 관해 문의하고자 로웰을 방문한 적이 있었다. 이 전신을 설치하려면 로웰의 관리 지점이 필요했고 모스는 이를 운영할 마땅한 사람을 물색하고 있었다. 그는 배글리에게 이 일에 관심이 있는지 물었다.

배글리는 전신을 운용해본 경험이 전혀 없었다. 그녀는 공장 노동자이자 노동 기획자였다. 전신은 특수 훈련이 필요한 최신 장치였다. 그때까지 전신을 다뤄본 여성이 거의 없었기에 일부 남성은 배글리의 능력에 의문을 품었다. 한 지역 신문 기사는 "여자가 비밀을 지킬 수 있을까?"라며 의구심을 드러냈다. 전신의 미래도 매우 불투명한 상황이었다.

하지만 배글리는 위험을 감수하는 사람이었고 도전을 좋아했기에 모스의 요청을 받아들였다. 배글리는 400달러의 연봉을 수락하고 몇 주간 전신 작동법을 익힌 뒤 업무에 투입되었다. 사실 배글리는 직업을 바꿀 이유가 전혀 없었다. 이미 뉴잉글랜드 노동 운동에서 전설이 되어 있었고 앞으로도 몇 년은 자신의 평판에 기댈 수 있었으니 말이다. 배글리는 지나간 날들을 읊조리며 여생을 보내고 싶지 않았다. 그녀는 새로운 역사를 쓰고 싶었다.

퓨처프루프형 인간이 되기 위한 실천 계획 세우기

이 책에 제시된 대다수 조언은 널리 적용할 만한 폭넓은 법칙이므로 사람마다 자신의 상황에 맞게 다양한 형태로 활용할 수 있다. 일부러 그렇게 해두었다. 찾고 있던 일반 법칙을 이 책에서 모두 얻었다면 더할 나위 없이 좋다.

하지만 조금 더 구체적인 내용이 갈급하다면 시간을 들여 자기만의 계획을 세우길 권한다. 어떤 계획이 될지는 각자에게 달려 있다. 단기에 달성할 작은 목표를 좋아하는 사람이 있는가 하면 오랜 시간을 두고 변화를 일구는 데 초점을 맞추는 사람도 있다. 굵직한 목표를 설정하기보다는 날마다 기억하고 실천할 1~2가지 원칙을 좋아하는 사람도 있다(내 친구 중에는 "물을 더 마시자", "트위터에서 바보가 되지 말자"와 같이 수시로 기억할 말을 포스트잇에 써서 컴퓨터 화면에 붙여

둔 사람도 있다).

개인적으로 나는 충분히 성취할 만한 단기 목표를 선호한다. 이에 법칙 1을 지키려고 다음과 같은 표를 만들어 삶의 3대 영역(가정, 일, 지역 사회)에서 달성할 목표를 채워 넣었다.

법칙 1. 대응력과 사회성, 희소성을 갖춰라

	대응력	사회성	희소성
가정	특별한 이유 없이 꽃을 사들고 귀가하기	몇 년째 소식이 끊긴 오래된 친구에게 전화하기	지인 중에는 읽은 사람이 없는 책 읽기
일	기술 외 분야에 관한 기사 쓰기	온라인 친목 모임 기획하기	뉴스웝 NewsWhip(〈뉴욕 타임스〉 기자 중에는 정기적으로 사용하는 사람이 거의 없는 소셜 미디어 분석 도구) 마스터하기
지역 사회	'포트홀 pothole 감시대'(어두운 밤에 나가 도로 곳곳에 듬성듬성 난 구멍을 메우는 오클랜드 주민 모임)와 함께 활동하기	이웃들을 초대해 만찬 열기	긴급 재난 대비 수업 등록하기

그 외 규칙에 관한 목표도 세워두었다. 현재 만들어둔 목록은 다음과 같다.

법칙 2. '기계로 인한 표류'에 저항하라

· 유튜브 추천 기능을 해제하고 최대한 오프라인에서 쇼핑하기
· '휴먼 아워' 지키기
· 매일 명상하기

법칙 3. 기기의 영향력과 지위를 떨어뜨려라

· 휴대전화 보는 시간을 일일 1.5시간 미만으로 유지하기
· 일요일에는 메일 보지 않기
· 1년에 한 번 필요하다고 생각될 때 캐서린 프라이스의 휴대전화 디톡스 30일 프로그램 반복하기

법칙 4. 당신의 일에 손자국을 남겨라

· 일주일에 한 번은 손으로 쓴 글을 보내기
· 언론학 전공생의 멘토가 되어주기
· 내가 보기에 훌륭한 작업물을 낸 동료가 있으면 좋은 점을 세세히 밝혀 피드백하기

법칙 5. 기계 사이에 끼어 있지 말라

· 스텔라Stela 확인을 멈추기(스텔라는 〈뉴욕 타임스〉 내부 분석 대시보드다. 편집자에게는 유용한 도구지만 내 기사가 얼마나 읽혔는지 너무 잘 알게 되어 나중에는 높은 조회 수를 얻을 만한 기사만 쓰게 된다.)
· 독서와 새 취재원 개발을 위해 금요일 오후 시간 떼어두기
· (팬데믹 상황을 지켜보며) 일주일에 적어도 3일은 사무실에 나가기

법칙 6. 인공지능을 침팬지 군단으로 여겨라

- 베이 에어리어에서 알고리즘이 사법 체계에 미치는 영향 조사하기
- 기계 학습에 관한 온라인 과정 수강하기
- 〈뉴욕 타임스〉 최고 데이터 과학자와 만나 우리 회사의 앱과 웹 사이트에 알고리즘 추천이 어떻게 활용되는지 파악하기

법칙 7. 넓고 촘촘한 안전망을 만들라

- 블록 파티를 열어 이웃과 어울리기
- 퀘이커교도 모임에 나가보기
- 〈뉴욕 타임스〉 노조 뉴스 길드에 대한 관심과 참여 높이기

법칙 8. 기계 시대에 걸맞은 인간다움을 길러라

- 더 많이 칭찬하기
- 소셜 미디어에 공유하고 싶은 이야기는 우선 처음부터 끝까지 잘 읽어보기
- 적어도 일주일에 하루는 낮잠 자기

법칙 9. 반란자를 무장시켜라

- 시빅 시그널스 Civic Signals (디지털 플랫폼이 더 공공장소다운 역할을 하도록 노력하는 학자와 활동가들의 모임)와 만나기
- 기사 작성을 위해 만나는 취재원의 다양성 추구하기(동료 벤 카셀먼 Ben Casselman이 준 아이디어다. 그는 매년 자기가 쓴 기사에 대한 '다

양성 감사'를 실시해, 이름을 밝힌 취재원 중 여성과 유색 인종에 해당하는 사람이 적절한 비율을 이루도록 노력한다.)
- 패스트 포워드 Fast Forward (굵직굵직한 사회 문제를 해결하고자 노력하는 기술 비영리 단체들을 돕는 전문 기관)에 기부하기

이 목표들은 모든 사람에게 꼭 맞지는 않으므로 각자의 계획표는 사뭇 다른 모양을 띨 것이다. 또한 내 목표들을 보면 상당수가 인공지능이나 자동화와는 아무 관계가 없다는 것을 알 수 있다. 오히려 일반적인 자기 계발 요령에 가깝다. 이 부분이 중요하다. 기술 변화 속에 살아남는 방법이 인간다움을 키우는 것이라면, 우리가 해야 할 일의 대부분은 그동안 녹슬게 내버려둔 기본 기술을 고치고 회복하는 것이다.

내게 미래에도 끄떡없는 계획이란 스스로 책임을 다하고 나날의 선택이 의미 있음을 기억하게 만드는 방법이자 인간다움을 키워나가는 데 스스로 얼마나 성장했는지 확인하는 방법이기도 하다. 바라건대 일뿐만 아니라 삶의 모든 영역을 아우르는 자기만의 계획을 수립했으면 한다. 미래에도 끄떡없는 사람이 된다는 것은 단순히 일자리를 지키는 일을 넘어 우리의 정신과 인간성에 대한 통제권을 되찾는 일이다.

머리말_ 당신의 미래를 보장해주는 것

1   Kevin Roose, "The Hidden Automation Agenda of the Davos Elite," *New York Times*, January 25, 2019.

2   Sean Carroll, "Aristotle on Household Robots," *Discover*, September 28, 2010.

3   Evans Clark, "March of the Machine Makes Idle Hands," *New York Times*, February 26, 1928.

4   Brad Darrach, "Meet Shaky, the First Electronic Person," *Life*, November 20, 1970.

5   Carl Benedikt Frey and Michael A. Osborne, "The Future of Employment: How Susceptible Are Jobs to Computerisation?," Oxford Martin Programme on Technology and Employment, September 17, 2013.

6   Gallup and Northeastern University, "Optimism and Anxiety: Views on the Impact of Artificial Intelligence and Higher Education's Response," 2017.

7   Jacob Bunge and Jesse Newman, "Tyson Turns to Robot Butchers, Spurred by Coronavirus Outbreaks," *Wall Street Journal*, July 10, 2020.

8   Christopher Mims, "As E-Commerce Booms, Robots Pick Up Human Slack," *Wall Street Journal*, August 8, 2020.

9   Michael Corkery and David Gelles, "Robots Welcome to Take Over, as Pandemic Accelerates Automation," *New York Times*, April 10, 2020.

10   Chris Bradley, Martin Hirt, Sara Hudson, Nicholas Northcote, and Sven Smit, "The Great Acceleration," McKinsey, July 14, 2020.

11   Jared Spataro, "2 Years of Digital Transformation in 2 Months," Microsoft 365 (blog), April 30, 2020.

12   PA Media, "Bosses Speed Up Automation as Virus Keeps Workers Home,"

The Guardian, March 29, 2020.

13   Peter Dizikes, "The Changing World of Work," *MIT News*, May 18, 2020.

Part 1. 주도할 것인가, 밀려날 것인가?

1   낙관주의를 가로막는 주범은 바로 인간

1   Byron Reese, *The Fourth Age* (New York: Atria Books, 2018).

2   Will Knight, "AI Is Coming for Your Most Mind-Numbing Office Tasks," *Wired*, March 14, 2020.

3   Emma Griffin, *Liberty's Dawn: A People's History of the Industrial Revolution* (New Haven: Yale University Press, 2013).

4   Gregory Clark, "The Condition of the Working-Class in England, 1209~2003," *Journal of Political Economy* (2005).

5   Robert C. Allen, "Engels' Pause: Technical Change, Capital Accumulation, and Inequality," *Explorations in Economic History* (2008).

6   Daron Acemoglu and Pascual Restrepo, "Automation and New Tasks: How Technology Displaces and Reinstates Labor," *Journal of Economic Perspectives* (2019).

7   Kelemwork Cook, Duwain Pinder, Shelley Stewart, Amaka Uchegbu, and Jason Wright, "The Future of Work in Black America," McKinsey, October 4, 2019.

8   Carl Benedikt Frey, *The Technology Trap: Capital, Labor, and Power in the Age of Automation* (Princeton, N.J.: Princeton University Press, 2019).

9   Jean M. Twenge, "Are Mental Health Issues on the Rise?," *Psychology Today*, October 12, 2015.

10   David E. Nye, *Electrifying America: Social Meaning of a New Technology* (Cambridge, Mass.: MIT Press, 1990).

11   Mary L. Gray and Siddharth Suri, *Ghost Work: How to Stop Silicon Valley from Building a New Global Underclass* (New York: Houghton Mifflin Harcourt, 2019).

12   Li Yuan, "How Cheap Labor Drives China's A.I. Ambitions," *New York Times*, November 25, 2018.

13   Gagan Bansal et al., "Does the Whole Exceed Its Parts? The Effect of AI Explanations on Complementary Team Performance," *ArXiv*, June 2020.

14   Kenneth W. Regan et al., "Human and Computer Preferences at Chess," MPREF@AAAI, 2014.

15   H. James Wilson, Paul R. Daugherty, and Nicola Morini-Bianzino, "The

Jobs That Artificial Intelligence Will Create," *MIT Sloan Management Review*, Summer 2017.

16   Benjamin Pring et al., "21 Jobs of the Future: A Guide to Getting—and Staying—Employed for the Next 10 Years," Cognizant, 2017.

2   인간이 할 수 있다면 기계도 할 수 있다?

17   Michael Marshall, "10 Impossibilities Conquered by Science," *New Scientist*, April 3, 2008.

18   C. I. J. M. Stuart, *Report of the Fifteenth Annual (First International) Round Table Meeting on Linguistics and Language Studies* (Washington, D.C.: Georgetown University Press, 1964).

19   Corbin Davenport, "Google Translate Processes 143 Billion Words Every Day," Android Police, October 9, 2018.

20   "Airport Ticket Machines Gain," *New York Times*, July 9, 1984.

21   Stuart Armstrong, Kaj Sotala, and Séan S. ÓhÉigeartaigh, "The Errors, Insights, and Lessons of Famous AI Predictions—and What They Mean for the Future," *Journal of Experimental & Theoretical Artificial Intelligence* (2014).

22   Richard E. Susskind and Daniel Susskind, *The Future of the Professions: How Technology Will Transform the Work of Human Experts* (Oxford: Oxford University Press, 2015).

23   Gallup and Northeastern University, "Optimism and Anxiety: Views on the Impact of Artificial Intelligence and Higher Education's Response," 2017.

24   Wendy MacNaughton, "What Truck Drivers Think About Autonomous Trucking," *New York Times*, May 30, 2019.

25   Mark Muro, Jacob Whiton, and Robert Maxim, "What Jobs Are Affected by AI? Better-Paid, Better-Educated Workers Face the Most Exposure," Brookings Institution, November 20, 2019.

26   Hugh Son, "JPMorgan Software Does in Seconds What Took Lawyers 360,000 Hours," Bloomberg, February 27, 2017.

27   Nathaniel Popper, "The Robots Are Coming for Wall Street," *New York Times Magazine*, February 25, 2016.

28   Alfred Liu, "Robots to Cut 200,000 U.S. Bank Jobs in Next Decade, Study Says," Bloomberg, October 1, 2019.

29   Laura Yan, "Chinese AI Beats Doctors in Diagnosing Brain Tumors," *Popular Mechanics*, July 14, 2018.

30   Jameson Merkow et al., "DeepRadiologyNet: Radiologist Level Pathology

Detection in CT Head Images," *ArXiv* preprint (2017).

31   Jonathan Marciano, "20 Top Lawyers Were Beaten by Legal AI. Here Are Their Surprising Responses," *Hacker Noon*, October 25, 2018.

32   Tom Simonite, "Google's AI Experts Try to Automate Themselves," *Wired*, April 16, 2019.

33   GPT-3, "A Robot Wrote This Entire Article. Are You Scared Yet, Human?," *The Guardian*, September 8, 2020.

34   Megan Molteni, "The Chatbot Therapist Will See You Now," *Wired*, June 7, 2017.

35   Mikaela Law et al., "Developing Assistive Robots for People with Mild Cognitive Impairment and Mild Dementia: A Qualitative Study with Older Adults and Experts in Aged Care," *BMJ Open* (2019).

36   Eva G. Krumhuber et al., "Emotion Recognition from Posed and Spontaneous Dynamic Expressions: Human Observers Versus Machine Analysis," *Emotion*, 2019.

37   Clive Thompson, "What Will Happen When Machines Write Songs Just as Well as Your Favorite Musician?," *Mother Jones*, March/April 2019.

38   Thuy Ong, "Amazon's New Algorithm Designs Clothing by Analyzing a Bunch of Pictures," *The Verge*, August 14, 2017.

39   Rob Dozier, "This Clothing Line Was Designed by AI," *Vice*, June 3, 2019.

3 기계는 어떻게 인간을 대체하는가?

40   Drew Harwell, "As Walmart Turns to Robots, It's the Human Workers Who Feel Like Machines," *Washington Post*, June 6, 2019.

41   Brian Merchant, "There's an Automation Crisis Underway Right Now, It's Just Mostly Invisible," *Gizmodo*, October 11, 2019.

42   Marco Iansiti and Karim R. Lakhani, *Competing in the Age of AI* (Boston: Harvard Business Review Press, 2020).

4 알고리즘 상사

43   David Noble, *Forces of Production: A Social History of Industrial Automation* (New York: Knopf, 1984).

44   Kevin Roose, "A Machine May Not Take Your Job, but One Could Become Your Boss," *New York Times*, June 23, 2019.

45   Colin Lecher, "How Amazon Automatically Tracks and Fires Warehouse Workers for 'Productivity,'" *The Verge*, April 25, 2019.

46   Tristan Greene, "IBM Is Using Its AI to Predict How Employees Will Per-

form," *TheNextWeb*, July 10, 2018.

47 Hazel Sheffield, "The Great Data Leap: How AI Will Transform Recruit-
    ment and HR," *Financial Times*, November 4, 2019.

48 Daisuke Wakabayashi, "Firm Led by Google Veterans Uses AI to 'Nudge'
    Workers Toward Happiness," *New York Times*, December 31, 2018.

49 Kevin Roose, "After Uproar, Instacart Backs Off Controversial Tipping Pol-
    icy," *New York Times*, February 6, 2019.

50 Mareike Möhlmann and Ola Henfridsson, "What People Hate About Being
    Managed by Algorithms, According to a Study of Uber Drivers," *Harvard
    Business Review*, August 30, 2019.

5 관료형 봇의 위험성

51 Bauserman v. Unemployment Ins. Agency, Case No. 333181 (Michigan Su-
    preme Court, 2018).

52 Virginia Eubanks, *Automating Inequality: How High-Tech Tools Profile, Police, and
    Punish the Poor* (New York: St. Martin's Press, 2018).

53 "Computer Glitch May Have Cost Thousands Their Benefits," *Orange County
    Register*, March 2, 2007.

54 Rita Price, "New Computer System Causing Confusion, Benefit Delays for
    Ohio Food-stamp Recipients," *Columbus Dispatch*, January 21, 2019.

55 Colin Lecher, "What Happens When an Algorithm Cuts Your Healthcare,"
    The Verge, March 21, 2018.

56 James Phillips, "Announcing RPA, Enhanced Security, No-Code Virtual
    Agents, and More for Microsoft Power Platform," Microsoft Dynamics 365
    (blog), November 4, 2019.

57 Craig Le Clair, *Invisible Robots in the Quiet of the Night: How AI and Automation
    Will Restructure the Workforce* (Forrester, 2019).

58 Daron Acemoglu and Pascual Restrepo, "Automation and New Tasks:
    How Technology Displaces and Reinstates Labor," *Journal of Economic Per-
    spectives* (2019).

Part 2. 퓨처프루프형 인재가 되는 9가지 법칙

법칙 1. 대응력과 사회성, 희소성을 갖춰라

1 William Lovett, *Life and Struggles of William Lovett, in His Pursuit of Bread, Knowl-
    edge, and Freedom* (Knopf, 1876).

2   Lance Ulanoff, "Need to Write 5 Million Stories a Week? Robot Reporters to the Rescue," *Mashable*, July 1, 2014.

3   Steve Lohr, "In Case You Wondered, a Real Human Wrote This Column," *New York Times*, September 10, 2011.

4   Hannah Kuchler, "How Silicon Valley Learnt to Love the Liberal Arts," *Financial Times Magazine*, October 31, 2017.

5   Vinod Khosla, "Is Majoring in Liberal Arts a Mistake for Students?," *Medium*, February 10, 2016.

6   Scott Jaschik, "Obama vs. Art History," *Inside Higher Education*, January 21, 2014.

7   Kevin Hartnett, "Machine Learning Confronts the Elephant in the Room," *Quanta Magazine*, September 20, 2018.

8   Maria Popova, "Networked Knowledge and Combinatorial Creativity," Brain Pickings, August 1, 2011.

9   William Lovett and John Collins, *Chartism: A New Organization of the People* (London: J. Watson, 1840).

법칙 2. '기계로 인한 표류'에 저항하라

10   Kurt Vonnegut, *Player Piano* (New York: Scribner, 1952).

11   Douglas B. Terry, "A Tour Through Tapestry," *Proceedings of the 1993 ACM Conference on Organizational Computing Systems* (1993).

12   Michael Schrage, *Recommendation Engines* (Boston: MIT Press, 2020).

13   Paresh Dave, "YouTube Sharpens How It Recommends Videos Despite Fears of Isolating Users," *Reuters*, November 28, 2017.

14   Amit Sharma, Jake M. Hofman, and Duncan J. Watts, "Estimating the Causal Impact of Recommendation Systems from Observational Data," *Proceedings of the 2015 ACM Conference on Economics and Computation* (2015).

15   Devindra Hardawar, "Spotify's Discover Weekly Playlists Have 40 Million Listeners," *Engadget*, May 25, 2016.

16   Ashley Rodriguez, "'Because You Watched': Netflix Finally Explains Why It Recommends Titles That Seem to Have Nothing in Common," *Quartz*, August 22, 2017.

17   Gediminas Adomavicius, Jesse C. Bockstedt, Shawn P. Curley, and Jingjing Zhang, "Effects of Online Recommendations on Consumers' Willingness to Pay," *Information Systems Research* (2017).

18   Christian Sandvig, "Corrupt Personalization," *Social Media Collective*, June 26, 2014.

19 Steve Lohr, "Sure, Big Data Is Great. But So Is Intuition," *New York Times*, December 29, 2012.

20 Alex Kantrowitz, "Facebook Is Still Prioritizing Scale over Safety," *BuzzFeed News*, December 17, 2019.

21 Camille Roth, "Algorithmic Distortion of Informational Landscapes," *Intellectica* (2019).

22 Brent Smith and Greg Linden, "Two Decades of Recommender Systems at Amazon.com," *IEEE Computer Society* (2017).

23 Brenden Mulligan, "Reduce Friction, Increase Happiness," *TechCrunch*, October 16, 2011.

24 Brittany Darwell, "Facebook's Frictionless Sharing Mistake," *Adweek*, January 22, 2013.

25 Jeff Bezos, "2018 Letter to Shareholders," Amazon.com, 2018.

26 Arik Jenkins, "Why Uber Doesn't Want a Built-In Tipping Option," *Fortune*, April 18, 2017.

27 Tim Wu, "The Tyranny of Convenience," *New York Times*, February 16, 2018.

법칙 3. 기기의 영향력과 지위를 떨어뜨려라

28 Adam Smith, *The Wealth of Nations* (1776).

29 Sherry Turkle, *Reclaiming Conversation: The Power of Talk in a Digital Age* (New York: Penguin, 2015).

30 Ryan J. Dwyer, Kostadin Kushlev, and Elizabeth W. Dunn, "Smartphone Use Undermines Enjoyment of Face-to-Face Social Interactions," *Journal of Experimental Social Psychology* (September 2018).

31 Philippe Verduyn et al., "Passive Facebook Usage Undermines Affective Well-Being: Experimental and Longitudinal Evidence," *Journal of Experimental Psychology* (2015).

32 Moira Burke and Robert E. Kraut, "The Relationship Between Facebook Use and Well-Being Depends on Communication Type and Tie Strength," *Journal of Computer-Mediated Communication* (2015).

33 Kevin Roose, "Do Not Disturb: How I Ditched My Phone and Unbroke My Brain," *New York Times*, February 23, 2019.

34 Timothy D. Wilson et al., "Just Think: The Challenges of the Disengaged Mind," *Science* (2014).

35 Jenny Odell, *How to Do Nothing: Resisting the Attention Economy* (New York: Melville House, 2019).

법칙 4. 당신의 일에 손자국을 남겨라

36   Shusuke Murai, "Hands-on Toyota Exec Passes Down Monozukuri Spirit," *Japan Times*, April 15, 2018.

37   "The Automation Jobless," *Time*, February 24, 1961.

38   Rick Wartzman, "The First Time America Freaked Out over Automation," *Politico*, May 30, 2017.

39   "Toyota's 'Oyaji' Kawai Calls to Protect Monozukuri," *Toyota News*, June 17, 2020.

40   Frederick Winslow Taylor, *The Principles of Scientific Management* (New York: Harper & Brothers, 1915).

41   Ted Fraser, "I Spent a Week Living Like Gary Vaynerchuk," *Vice*, December 17, 2018.

42   Catherine Clifford, "Elon Musk on Working 120 Hours in a Week: 'However Hard It Was for [the Team], I Would Make It Worse for Me,'" CNBC, December 10, 2018.

43   Max Chafkin, "Yahoo's Marissa Mayer on Selling a Company While Trying to Turn It Around," *Bloomberg Businessweek*, August 4, 2016.

44   Derek Thompson, "Workism Is Making Americans Miserable," *The Atlantic*, February 24, 2019.

45   "Yann LeCun—Power & Limits of Deep Learning," accessed on YouTube, October 4, 2020.

46   Derrick Wirtz, Justin Kruger, William Altermatt, and Leaf Van Boven, "The Effort Heuristic," *Journal of Experimental Social Psychology* (2004).

47   Adam Waytz, *The Power of Human: How Our Shared Humanity Can Help Us Create a Better World* (New York: W. W. Norton, 2019).

48   Kurt Gray, "The Power of Good Intentions: Perceived Benevolence Soothes Pain, Increases Pleasure, and Improves Taste," *Social Psychological and Personality Science* (2012).

49   Timothy B. Lee, "Automation Is Making Human Labor More Valuable Than Ever," *Vox*, September 26, 2016.

50   Glenn Fleishman, "How Facebook Devalued the Birthday," *Fast Company*, April 6, 2018.

51   B. Joseph Pine II and James H. Gilmore, *The Experience Economy: Competing for Customer Time, Attention, and Money*, revised edition (Boston: Harvard Business Review Press, 2019).

52   Kevin Roose, "Best Buy's Secrets for Thriving in the Amazon Age," *New York Times*, September 18, 2017.

53 Hannah Wallace, "This Ceramics Company Had a Cult Following but No Money. Then, 2 New Owners Brought It Back from the Brink," *Inc.*, July/August 2019.

법칙 5. 기계 사이에 끼어 있지 말라

54 Khristopher J. Brooks, "Why Automation Could Hit Black Workers Harder Than Other Groups," CBS News, October 10, 2019.

55 Chris Welch, "Google Just Gave a Stunning Demo of Assistant Making an Actual Phone Call," *The Verge*, May 8, 2018.

56 Tweet by @chrismessina, May 8, 2018.

57 Martin Ford, *Rise of the Robots: Technology and the Threat of Mass Unemployment* (London: OneWorld Publications, 2015). 마틴 포드, 《로봇의 부상》, 세종서적, 2016, 195~196쪽-옮긴이].

58 Atul Gawande, "Why Doctors Hate Their Computers," *The New Yorker*, November 12, 2018.

59 Emily Silverman, "Our Hospital's New Software Frets About My 'Deficiencies,'" *New York Times*, November 1, 2019.

60 Catherine M. DesRoches et al., "Electronic Health Records in Ambulatory Care—A National Survey of Physicians," *New England Journal of Medicine* (2008).

61 Gwynn Guilford, "GM's Decline Truly Began with Its Quest to Turn People into Machines," *Quartz*, December 30, 2018.

62 Peter Herman, *In the Heart of the Heart of the Country: The Strike at Lordstown* (Greenwich, Conn.: Fawcett, 1975).

63 Bennett Kremen, "Lordstown—Searching for a Better Way of Work," *New York Times*, September 9, 1973.

64 Agis Salpukas, "Workers Increasingly Rebel Against Boredom on Assembly Line," *New York Times*, April 2, 1972.

65 "Gartner Survey Reveals 82% of Company Leaders Plan to Allow Employees to Work Remotely Some of the Time," Gartner, July 14, 2020.

66 Kevin Stankiewicz, "Adobe CEO Says Offices Provide Some Boost to Productivity That Remote Work Lacks," CNBC, August 11, 2020.

67 Joe Flint, "Netflix's Reed Hastings Deems Remote Work 'a Pure Negative,'" *Wall Street Journal*, September 7, 2020.

68 Jerry Useem, "When Working from Home Doesn't Work," *The Atlantic*, November 2017.

69 Kyung-joon Lee, John S. Brownstein, Richard G. Mills, and Isaac S. Ko-

hane, "Does Collocation Inform the Impact of Collaboration?," *PLoS ONE* (2010).

70 Tammy D. Allen, Timothy D. Golden, and Kristen M. Shockley, "How Effective Is Telecommuting? Assessing the Status of Our Scientific Findings," *Psychological Science in the Public Interest* (2015).

71 Steve Henn, "'Serendipitous Interaction' Key to Tech Firms' Workplace Design," NPR, March 13, 2013.

72 Sid Sijbrandij, "'Virtual Coffee Breaks' Encourage Remote Workers to Interact Like They Would in an Office," *Quartz*, December 6, 2017.

73 Ben Johnson, "How Well Do You Really Know Your Coworkers? A Virtual Company Shares All," Seeq Culture Blog, May 15, 2018.

74 Matt Mullenweg, "The Importance of Meeting In-Person," Unlucky in Cards (blog), October 16, 2018.

법칙 6. 인공지능을 침팬지 군단으로 여겨라

75 Mariel Padilla, "Facebook Apologizes for Vulgar Translation of Chinese Leader's Name," *New York Times*, January 18, 2020.

76 Eric Limer, "Amazon Blocks the Sale of Gross, Auto-Generated 'Keep Calm and Rape Her' Shirts," *Gizmodo*, March 2, 2013.

77 Barry Libert, Megan Beck, and Thomas H. Davenport, "Self-Driving Companies Are Coming," *MIT Sloan Management Review*, August 29, 2019.

78 Janelle Shane, *You Look Like a Thing and I Love You* (New York: Headline, 2019). 저널 셰인, 《좀 이상하지만 재미있는 녀석들》, RHK, 2020, 12쪽―옮긴이].

79 Nathaniel Popper, "Knight Capital Says Trading Glitch Cost It $440 Million," *New York Times*, August 2, 2012.

80 Casey Ross and Ike Swetlitz, "IBM's Watson Supercomputer Recommended 'Unsafe and Incorrect' Cancer Treatments, Internal Documents Show," Stat, July 25, 2018.

81 Rashida Richardson, Jason M. Schultz, and Kate Crawford, "Dirty Data, Bad Predictions: How Civil Rights Violations Impact Police Data, Predictive Policing Systems, and Justice," *New York University Law Review*, Online Feature (2019).

82 Julia Angwin, Jeff Larson, Surya Mattu, and Lauren Kirchner, "Machine Bias," ProPublica, May 23, 2016.

83 Martin Ford, *Architects of Intelligence: The Truth About AI from the People Building It* (Birmingham, U.K.: Packt Publishing, 2018).

84 Dana Hull, "Musk Says Excessive Automation Was 'My Mistake,'"

Bloomberg, April 13, 2018.

85 John R. Allen and Darrell M. West, *Turning Point: Policymaking in the Era of Artificial Intelligence* (Washington, D.C.: Brookings Institution Press, 2020).

86 "Booker, Wyden, Clarke Introduce Bill Requiring Companies to Target Bias in Corporate Algorithms," Senator Booker's official site, April 10, 2019.

87 "Chicago Police Drop Clearview Facial Recognition Technology," Associated Press, May 29, 2020.

88 Erin Winick, "This Company Audits Algorithms to See How Biased They Are," *MIT Technology Review*, May 9, 2018.

법칙 7. 넓고 촘촘한 안전망을 만들라

89 Kevin Roose, "The Life, Death, and Rebirth of BlackBerry's Hometown," *Fusion*, February 8, 2015.

90 Frederik L. Schodt, *Inside the Robot Kingdom: Japan, Mechatronics, and the Coming Robotopia* (New York: Harper & Row, 1988).

91 Peter S. Goodman, "The Robots Are Coming, and Sweden Is Fine," *New York Times*, December 27, 2017.

92 Richard Rubin, "The Robot Tax Debate Heats Up," Wall Street Journal, January 8, 2020.

93 "Towards a Reskilling Revolution: Industry-Led Action for the Future of Work," World Economic Forum, January 22, 2019.

94 Erin Griffith, "Airbnb Was Like a Family. Until the Layoffs Started," *New York Times*, July 17, 2020.

95 Sarah Fielding, "Accenture and Verizon Lead Collaborative Effort to Help Furloughed or Laid-Off Workers Find a New Job," *Fortune*, April 14, 2020.

96 David E. Nye, *Electrifying America: Social Meaning of a New Technology* (Cambridge, Mass.: MIT Press, 1990).

법칙 8. 기계 시대에 걸맞은 인간다움을 길러라

97 Daniel Goleman, *Focus: The Hidden Driver of Excellence* (New York: A&C Black, 2013).

98 Mengran Xu et al., "Mindfulness and Mind Wandering: The Protective Effects of Brief Meditation in Anxious Individuals," *Consciousness and Cognition* (2017).

99 Yuval Noah Harari, *21 Lessons for the 21st Century* (New York: Spiegel & Grau, 2018). 유발 하라리, 《21세기를 위한 21가지 제언》, 김영사, 2018, 402쪽-옮긴이.

100 "Listen: You Are Worthy of Sleep," *Social Distance* podcast, April 30, 2020.

101 William D. S. Killgore et al., "The Effects of 53 Hours of Sleep Deprivation on Moral Judgment," *Sleep* (2007).

102 William D. S. Killgore et al., "Sleep Deprivation Reduces Perceived Emotional Intelligence and Constructive Thinking Skills," *Sleep Medicine* (2007).

103 Yvonne Harrison and James A. Horne, "Sleep Deprivation Affects Speech," *Sleep* (2010).

104 Aki Tanaka and Trent Sutton, "Significant Changes to Japan's Labor Laws Will Take Effect in April 2019: Are You Prepared?," *Littler*, February 12, 2019.

105 Alanna Petroff and Océane Cornevin, "France Gives Workers 'Right to Disconnect' from Office Email," CNN, January 2, 2017.

106 John Michael Baglione, "Countering College's Culture of Sleeplessness," *Harvard Gazette*, August 24, 2018.

107 Sarah McGrew et al., "Can Students Evaluate Online Sources? Learning from Assessments of Civic Online Reasoning," *Theory & Research in Social Education* (2018).

108 Niraj Chokshi, "Older People Shared Fake News on Facebook More Than Others in 2016 Race, Study Says," *New York Times*, January 10, 2019.

109 Monica Bulger and Patrick Davison, "The Promises, Challenges, and Futures of Media Literacy," *Journal of Media Literacy Education* (2018).

110 Frank Chen, "Humanity+AI: Better Together," Andreessen Horowitz (blog), February 22, 2019.

111 Damon E. Jones, Mark Greenberg, and Max Crowley, "Early Social-Emotional Functioning and Public Health: The Relationship Between Kindergarten Social Competence and Future Wellness," *American Journal of Public Health* (2015).

112 Rebecca D. Taylor, Eva Oberle, Joseph A. Durlak, and Roger P. Weissberg, "Promoting Positive Youth Development Through School-Based Social and Emotional Learning Interventions: A Meta-Analysis of Follow-Up Effects," *Child Development* (2017).

113 *The Daily* podcast, "Jack Dorsey on Twitter's Mistakes," *New York Times*, August 7, 2020.

114 Erin Hudson, "An Inside Look at the 'Not Secretive but Modestly Discrete' Iron Ring Ritual for Canadian Trained-Engineers," *The Sheaf*, January 10, 2013.

법칙 9. 반란자를 무장시켜라

115   Henry David Thoreau, *Walden, Civil Disobedience, and Other Writings* (New York : W. W. Norton, 2008). 헨리 소로, 《월든》, 이레, 2008, 76~77쪽 –옮긴이.

116   Cara Giaimo, "Sarah Bagley, the Voice of America's Early Women's Labor Movement," *Atlas Obscura*, March 8, 2017.

117   Philip Dray, *There Is Power in a Union: The Epic Story of Labor in America* (New York : Anchor Books, 2011).

118   Margot Lee Shetterly, *Hidden Figures: The American Dream and the Untold Story of the Black Women Mathematicians Who Helped Win the Space Race* (New York : William Morrow, 2016).

119   Vanessa Taylor, "This Founder Is Using Technology to Clear Criminal Records," *Afrotech*, February 22, 2019.

120   Kevin Roose, "The 2018 Good Tech Awards," *New York Times*, December 21, 2018.

121   Kevin Roose, "The 2019 Good Tech Awards," *New York Times*, December 30, 2019.

122   Sasha Costanza-Chock, *Design Justice: Community-Led Practices to Build the Worlds We Need* (Boston : MIT Press, 2020).

123   Stuart Kauffman, *The Origins of Order: Self-Organization and Selection in Evolution* (New York : Oxford University Press, 1993).

124   Madeleine B. Stern, *We the Women: Career Firsts of Nineteenth-Century America* (Lincoln, Neb.: Bison Books, 1994).

인공지능과 자동화에 관한 책을 쓸 때 나쁜 점은 이미 수많은 훌륭한 작가가 이 작업을 했다는 사실이다. 하지만 이는 반가운 일이기도 하다. 내가 존경하는 많은 저자가 이미 다양한 측면에서 기술의 미래를 설명하는 도전에 나섰으므로 이 주제에 관해 더 찾아보고 싶은 독자는 훌륭한 책들을 골라 읽을 수 있다.

다음은 내가 자동화와 미래 사회를 고민하는 동안 가장 유용하게 읽은 책들이다. 로봇에 관한 책들이 궁금하다면 이 책들부터 읽어보길 권한다(국내에 소개된 책은 번역된 제목을 따랐고, 소개되지 않은 책은 우리말로 옮기고 원제목을 병기했다—옮긴이).

《페미니즘 인공지능》(메러디스 브루서드, 2018).
노련한 데이터 저널리스트이자 뉴욕 대학 교수인 브루서드는 정통한 지식을 바탕으로 인공지능의 약점과 한계를 설명한다. 이 책은 브루서드가 말하는 '기술지상주의'에 대항하는 강력한 주장을 담고 있다.

《제2의 기계 시대》(에릭 브린욜프슨 · 앤드루 맥아피, 2014).
MIT 교수 2명이 쓴 이 책은 시대를 몇 년 앞서 나왔다. 나는 지금도 수시로 이 책을 찾아본다.

《인간은 과소평가 되었다》(제프 콜빈, 2015).
〈포춘〉의 편집자이자 오랫동안 글을 써온 콜빈은 이 책을 통해 인간 기술의 경제적 가치에 관한 설득력 있는 주장을 펼친다.

《휴먼＋머신》(폴 도허티 · 제임스 윌슨, 2018).
컨설팅 회사인 액센츄어에서 인공지능과 자동화를 다루는 전문가 2명이 내부자의 시선으로 기업의 자동화를 대체로 긍정적으로 서술한다.

《기계를 다스리는 정신 Mind over Machine》(휴버트 드레이퍼스 Hubert L. Dreyfus · 스튜어트 드레이퍼스 Stuart E. Dreyfus, 1985).

각각 철학과 공학을 전공하고 대학에서 교편을 잡고 있는 부자가 쓴 책이다. 이 책은 디지털 기술의 한계에 관한 여러 질문에 처음으로 답을 제시하고자 노력했다.

《로봇의 부상》(마틴 포드, 2015).

로봇을 오랫동안 추적해온 언론인으로서 로봇 시대에 관한 생생하고 조금은 두려운 관점을 알기 쉽게 풀어쓴 책이다.

《테크놀로지의 덫》(칼 베네딕트 프레이, 2019).

옥스퍼드 대학 경제학자가 기술 변화의 견고한 역사를 제시하면서 새로운 연구와 추측에 도전하는 결론을 제시한다.

《AI 슈퍼파워》(리카이푸, 2018).

노련한 인공지능 리더이자 벤처 자본가인 리카이푸는 인공지능과 인간성을 다루는 새로운 언어를 제시하고, 중국의 인공지능 시장에 관한 유용한 창을 제공한다.

《축복의 기계 Machines of Loving Grace》(존 마코프 John Markoff, 2015).

기술 분야의 전설적인 언론인이자 〈뉴욕 타임스〉에서 나와 함께 일하기도 한 마코프는 인공지능 세계를 이해하는 데 꼭 필요한 안내자이자 인공지능 설계 이면에 존재하는 사람들과 철학에 관한 훌륭한 해설자다.

《생산력 Forces of Production》(데이비드 노블 David F. Noble, 1984).

제2차 세계대전 이후 자동화의 지형을 살핀 이 책은 산업 자동화의 문화를 이해하는 데 큰 도움을 준다. 노블은 훌륭한 작가이자 탁월한 역사학자로서 자동화가 기업의 생산성을 높일 뿐만 아니라 노동자에게 권위를 행사하는 수단으로도 사용되었다는 설득력 있는 주장을 제시한다.

《테크노폴리》(닐 포스트먼, 1992).

위대한 기술 비평가로 손꼽히는 저자가 쓴 고전이다. 포스트먼은 이 책에서 기술이 우리의 인간성에 도전하는 다양한 방식을 예견한다.

《당신의 휴대전화와 헤어지는 방법 How to Break Up with Your Phone》(캐서린 프라이스 Catherine Price, 2018).

휴대전화 디톡스 코치가 쓴 이 책은 내 삶을 바꿔놓았다. 캐서린의 휴대전화 디톡스 30일 프로그램은 휴대전화와의 관계를 송두리째 바꿔놓았고 내가 기계에 내준 통제권에 관해 생각하게 했다. 나는 이 책을 셀 수 없이 많은 친구와 가족에게 선물했다.

《로봇 왕국의 내부 Inside the Robot Kingdom》(프레드릭 쇼트 Frederik L. Schodt, 1988).

1980년대 출간된 흥미로운 책이다. 이 책은 일본에서 진행된 무자비한 공장 로봇화 문화를 다루고 있다.

《좀 이상하지만 재미있는 녀석들》(저넬 셰인, 2019).

유명한 인공지능 연구자가 쓴 훌륭한 입문서다. 기계 학습을 다룬 책 중 나를 웃게 만든 몇 안 되는 책에 꼽힌다.

《미래 쇼크》(앨빈 토플러, 1970).

미래주의 열풍을 처음 일으킨 책이다. 지금도 기술 변화의 심리적 여파를 다룬 훌륭한 책으로 손꼽힌다.

《인간의 인간적 활용》(노버트 위너, 1950).

기계의 도덕성을 고찰한 책이다. 작가 노버트 위너는 내가 좋아하는 기술 사상가다.

《지능형 기계의 시대 In the Age of the Smart Machine》(쇼샤나 주보프 Shoshana Zuboff, 1988).

《감시 자본주의 시대》의 저자로 널리 알려진 주보프의 초기작이다. 이 책에는 1980년대에 일어난 첫 IT 붐 속에서 미래를 내다본 그녀의 선경지명과 혜안이 담겨 있다.

책 쓰기는 아직 자동화가 되지 않았다. 그렇기에 이 프로젝트에 친절한 도움을 준 많은 사람에게 감사 인사를 전해야 한다.

나에게 든든한 지지와 조언을 주고 너그러움을 보여준 〈뉴욕 타임스〉의 동료 A. G. 설즈버거 A. G. Sulzberger, 딘 바케이 Dean Baquet, 조 칸 Joe Kahn, 레베카 블루먼스타인 Rebecca Blumenstein, 샘 돌닉 Sam Dolnick, 엘런 폴록 Ellen Pollock, 푸 윙 탐 PuWing Tam, 조 플램벡 Joe Plambeck, 마이크 아이작 Mike Isaac, 넬리 볼스 Nellie Bowles, 나탈리 키트로에프 Natalie Kitroeff, 케이드 메츠 Cade Metz, 카라 스위셔 Kara Swisher, 리사 토빈 Lisa Tobin, 마이클 바르바로 Michael Barbaro, 앤디 밀스 Andy Mills, 라리사 앤더슨 Larissa Anderson, 웬디 도르 Wendy Dorr, 줄리아 롱고리아 Julia Longoria, 신두 그나나삼반단 Sindhu Gnanasambandan 등 이런저런 방법으로 힘을

보태준 수많은 사람에게 감사의 말을 전한다.

이 책의 가능성을 보고 책이 완성되기까지 방향을 잡아준 편집자 벤 그린버그 Ben Greenberg와 랜덤하우스의 아일렛 그룬스펙트 Ayelet Gruenspecht, 몰리 터핀 Molly Turpin, 그레그 쿠비 Greg Kubie 등의 팀원들에게도 감사를 보낸다. ICM 파트너스 ICM Partners의 자문인 슬론 해리스 Sloan Harris, 카리 스튜어트 Kari Stuart도 늘 끈기 있고 신중한 태도로 조언해주었다. 레이철 고겔 Rachel Gogel은 또 하나의 기가 막힌 표지를 디자인해주었다.

인터뷰에 응해주고 유용한 도서를 제안해주며 초고를 검토해준 모든 취재원과 전문가들에게 감사하며 특히 로이 바해트 Roy Bahat, 캐서린 프라이스 Catherine Price, 제시카 올터 Jessica Alter, A. J. 제이콥스 A. J. Jacobs에게 진심으로 감사한다.

집필 초기에 소중한 피드백을 제공해준 토리 주에즈 Tori Jueds와 웨스트타운 스쿨 Westtown School 학생들에게 감사한다.

원고를 고쳐주고 사무실 공간을 내주며 기운을 북돋아주는 등 다양한 방식으로 힘을 보태준 폴 루스 Paul Roose, 앤 로렌스 Anne Lawrence, 니콜 잉거 Nikole Yinger, 에런 프리드먼 Aaron Freedman, 알렉시스 마드리갈 Alexis Madrigal, 앤드루 마란츠 Andrew Marantz, 사라 러스트베이더 Sarah Lustbader, 아리엘 워너 Ariel Werner, 아리 사비츠키 Ari Savitzky, 케이트 리 Kate Lee, 캐럴라인 란다우 Caroline Landau, 알렉스 골드버그 Alex Goldberg 등 내가 미처 기억하지 못하는 많은 친구와 가족에게도 감사의 인사를 전한다.

"더는 책을 쓰지 않겠다"라는 서약을 어겼음에도 변함없는 사랑과 지지를 보내준 가까운 가족 다이애나 루스^{Diana Roose}, 칼 루스^{Carl Roose}, 줄리아 슬로컴^{Julia Slocum}에게도 감사한다. 지금은 돌아가셨지만 맨 처음 내게 작가가 되라고 격려해주신 두 분을 기억하며 마음으로 감사의 인사를 보내드린다. 한 분은 2018년에 돌아가신 아버지 커크 루스^{Kirk Roose}고, 다른 한 분은 2020년에 돌아가신 할머니 그레천 루스^{Gretchen Roose}다. 할머니께서는 이 책을 편집하는 동안 돌아가셨는데 살아계셨다면 틀림없이 모든 주변 사람에게 책을 나눠주셨을 것이다.

마지막으로 내가 매일 인간으로서 가슴 벅찬 삶을 살아가게 해주는 내 파트너이자 배우자 토바 애커먼^{Tovah Ackerman}에게 무한한 감사의 마음을 전한다.

퓨처프루프

2022년 10월 12일 초판 1쇄 발행

지은이 케빈 루스 **옮긴이** 김미정
펴낸이 박시형, 최세현

책임편집 최세현 **디자인** 임동렬 **교정교열** 신상미
마케팅 권금숙, 양근모, 양봉호, 이주형 **온라인마케팅** 정문희, 신하은, 현나래
디지털콘텐츠 김명래, 최은정, 김혜정 **해외기획** 우정민, 배혜림
경영지원 홍성택, 이진영, 임지윤, 김현우, 강신우
펴낸곳 (주)쌤앤파커스 **출판신고** 2006년 9월 25일 제406-2006-000210호
주소 서울시 마포구 월드컵북로 396 누리꿈스퀘어 비즈니스타워 18층
전화 02-6712-9800 **팩스** 02-6712-9810 **이메일** info@smpk.kr

ⓒ 케빈 루스 (저작권자와 맺은 특약에 따라 검인을 생략합니다)
ISBN 979-11-6534-625-6 (03320)

쌤앤파커스(Sam&Parkers)는 독자 여러분의 책에 관한 아이디어와 원고 투고를 설레는 마음으로 기다리고 있습니다. 책으로 엮기를 원하는 아이디어가 있으신 분은 이메일 book@smpk.kr로 간단한 개요와 취지, 연락처 등을 보내주세요. 머뭇거리지 말고 문을 두드리세요. 길이 열립니다.